图书在版编目(CIP)数据

　　恐慌帝国:传染病与统治焦虑 / (英)白锦文
(Robert Peckham)编;何文忠,蔡思慧,郑文慧译.—
杭州:浙江大学出版社,2021.12(2022.10重印)
　　书名原文:Empires of Panic: Epidemics and
Colonial Anxieties
　　ISBN 978-7-308-21862-7

　　Ⅰ.①恐… Ⅱ.①白… ②何… ③蔡… ④郑… Ⅲ.
①社会心理—研究 Ⅳ.①C912.6

　　中国版本图书馆 CIP 数据核字(2021)第216542号

浙江省版权局著作权合同登记图字:11-2020-273号

恐慌帝国:传染病与统治焦虑
[英]白锦文(Robert Peckham) 编
何文忠　蔡思慧　郑文慧 译

责任编辑	罗人智
责任校对	闻晓虹
封面设计	尚书堂
出版发行	浙江大学出版社
	(杭州市天目山路148号　邮政编码310007)
	(网址:http://www.zjupress.com)
排　　版	杭州朝曦图文设计有限公司
印　　刷	浙江新华数码印务有限公司
开　　本	710mm×1000mm　1/16
印　　张	21
字　　数	310千
版 印 次	2021年12月第1版　2022年10月第3次印刷
书　　号	ISBN 978-7-308-21862-7
定　　价	78.00元

出版说明

　　《恐慌帝国：传染病与统治焦虑》一书是由香港大学历史系副教授、香港大学人文与医学中心联席主任白锦文先生编选的一部关于"恐慌"主题的学术论文集。该书从比较视角和历史维度，将"恐慌"作为一种"帝国现象"进行研究，主要以霍乱、鼠疫、流感和新型传染病为切入点，展现了西方政府机构、政策制定者、规划者及其他权威机构应对恐慌的尝试，由此展现了殖民帝国与其统治地区错综复杂的关系。

　　由于本书作者多为英美学者，个别观点和论述难免带有一种"东方主义"的色彩，尤其在论述有关中国历史和文化现象时，常流露出一种不自觉的偏见，还望读者在阅读时多加批判和注意。

浙江大学出版社

2021 年 7 月

致谢

我很感谢香港大学文学院慷慨支持由查良镛研究基金资助的关于"恐慌与帝国"的研讨会。此外,我也要感谢雷金庆(Kam Louie)、蔡宽量(Daniel Chua)和历史系同事对我的鼓励。我从与朋友和同事的对话中受益匪浅,他们帮助我以新的方式思考"恐慌"的历史。我特别感谢大卫·阿诺德(David Arnold)的意见和建议。我还欠艾莉森·巴什福德(Alison Bashford)、约翰·卡罗尔(John Carroll)、哈拉尔德·费希尔–蒂内(Harald Fischer-Tiné)、艾伦·莱斯特(Alan Lester)、克里斯托弗·穆恩(Christopher Munn)、克里·沃德(Kerry Ward)和克里斯丁·怀特(Christine Whyte)的人情。感谢两位匿名读者对稿件提出的有益意见。香港大学出版社的Clara Ho、Serina Poon及出版团队在整个过程中都是耐心和高效的典范。最后,我要感谢人文医学中心的冼顺英(Maria Sin),她从一开始就协助监督这个"恐慌计划"。

各章作者简介

大卫·阿诺德：华威大学（The University of Warwick）历史系亚洲史和全球史名誉教授，撰写了许多关于南亚现代史及其他方面的著作，包括《殖民身体：19世纪印度的国家医学和流行病》（*Colonizing the Body：State Medicine and Epidemic Disease in Nineteenth-Century India*，1993）、《自然问题》（*The Problem of Nature*，1996）、《殖民地印度的科学、技术和医学》（*Science，Technology and Medicine in Colonial India*，2000）、《甘地》（*Gandhi*，2001）、《热带和旅行见闻：印度、景观和科学，1800—1856年》（*The Tropics and the Traveling Gaze：India，Landscape，and Science，1800-1856*，2006），以及《日常技术：机器与印度现代性的形成》（*Everyday Technology：Machines and the Making of India's Modernity*，2014）。

艾莉森·巴什福德：剑桥大学帝国史和海军史的维尔·哈姆斯沃斯（Vere Harmsworth）讲席教授、耶稣学院研究员。她与人合编的三本书——《传染病》（*Contagion*，2001）、《隔离》（*Isolation*，2003）和《边境医学》（*Medicine at the Border*，2006）——将历史学家和地理学家聚集在一起探讨地域和疾病问题。其后来的作品分析了人口和环境史，最近的相关作品是《全球人口：历史、地缘政治和地球上的生命》（*Global Population：History，Geopolitics，and Life on Earth*，2014）。她最近与大卫·阿米蒂奇（David Armitage）一起编辑了《太平洋历史：海洋、土地、人》（*Pacific Histories：Ocean，Land，People*，2014）。

詹姆斯·比蒂（James Beattie）：怀卡托大学（The University of Waikato）历史学高级讲师，从事环境史和科学史以及艺术收藏方面的教学和写作，对帝国主义推动的东亚、南亚和澳大拉西亚①之间的思想、人员和植物交流特别感兴趣。其专著《帝国与环境焦虑（1800—1920）：南亚和澳大拉西亚的健康、科学、艺术和保护》（*Empire and Environmental Anxiety, 1800-1920: Health, Science, Art and Conservation in South Asia and Australasia*, 2011）探讨了南亚和澳大拉西亚之间的环境和健康联系。他最近与人合编了两本书，一本是与爱德华·梅利洛（Edward Mellilo）、埃米莉·奥格曼（Emily O'Gorman）合编的《生态文化网络与大英帝国》（*Eco-Cultural Networks and the British Empire*, 2014），一本是与埃米莉·奥格曼和马特·亨利（Matt Henry）合编的《气候、科学与殖民：澳大利亚与新西兰史》（*Climate, Science and Colonization: Histories from Australia and New Zealand*, 2014）。

约翰·卡罗尔：香港大学文学院历史学教授和外联副院长。研究兴趣包括中国近代史、香港史，以及亚洲的殖民主义和帝国主义，著有《帝国的边缘：中国精英与在香港的英国殖民者》（*Edge of Empires: Chinese Elites and British Colonials in Hong Kong*, 2005）《香港简明史》（*A Concise History of Hong Kong*, 2007）。其目前的项目《广州岁月》（*Canton Days*）是一部有关鸦片战争前夕中国的英国人社区的社会和文化史。

艾米·L.费尔柴尔德（Amy L. Fairchild）：哥伦比亚大学梅尔曼（Mailman）公共卫生学院社会医学教授，是一位研究产生疾病和形成公共卫生政策的广泛社会力量的历史学家，也是一位专注于当代卫生辩论中伦理和政治的两难问题的公共卫生政策分析家。其工作重点是探索国家的功能和局限（特别是当国家试图解决触及因疾病、阶级和种族而被边缘化的群体的健康问题时）。著有《边界的科学》（*Science at the Borders*, 2003），并与罗纳德·拜尔（Ronald Bayer）和詹姆斯·科尔格罗夫（James Colgrove）合著了《搜索之眼：美国的隐私、国家和疾病监测》（*Searching Eyes: Privacy, the State, and Disease Surveillance in America*, 2007）。

大卫·梅里特·约翰斯（David Merritt Johns）：哥伦比亚大学梅尔曼公共

---

① 澳大拉西亚一词最早由法国学者布罗塞于1956年提出，泛指澳大利亚、新西兰及其附近的诸多太平洋岛屿。——译者注

卫生学院公共卫生历史与伦理中心的博士候选人,也是数据与社会研究所的研究员,该研究所是一个专注于以数据为中心的技术发展所带来的社会、文化和伦理问题的智库。其研究考察了营养和预防医学等领域的循证决策和公共卫生政策制定的政治。其文章发表在《科学》《新英格兰医学杂志》《健康论坛》《美国公共卫生杂志》和《全球公共卫生》上。他还是《石板》(*Slate*)杂志的撰稿人、美国公共广播电台前记者。

尼古拉斯·B.金(Nicholas B. King):麦吉尔大学(McGill University)医学社会研究系副教授,也是流行病学和生物统计学系的准成员(associate member),拥有哈佛大学科学史博士学位和医学人类学硕士学位,是MEDEC(测量、伦理和决策合作)实验室的主任,并在公共卫生伦理和生物安全方面发表了大量文章。

艾伦·莱斯特:苏塞克斯大学(The University of Sussex)历史地理学教授,著述丰富,包括《帝国网络:在 19 世纪的南非和英国构建身份》(*Imperial Networks: Creating Identities in Nineteenth-Century South Africa and Britain*, 2001)、与法埃·杜萨特(Fae Dussart)合作的《殖民化和人道主义治理的起源:保护 19 世纪大英帝国的原住民》(*Colonization and the Origins of Humanitarian Governance: Protecting Aborigines across the Nineteenth-Century British Empire*, 2014),以及与大卫·兰伯特(David Lambert)合编的《大英帝国的殖民生活》(*Colonial Lives Across the British Empire*, 2006)。

白锦文(Robert Peckham):香港大学历史系副教授,香港大学人文与医学中心联席主任。其研究重点是传染病史和医学史,特别是与英国有关的历史。他与庞德威(David M. Pomfret)合编了《帝国传染病:亚洲规划的医学、卫生与文化》(*Imperial Contagions: Medicine, Hygiene, and Cultures of Planning in Asia*, 2013),编有《疾病与犯罪:社会病理学与新卫生政治史》(*Disease and Crime: A History of Social Pathologies and the New Politics of Health*, 2014)。另有《现代亚洲的传染病》(*Epidemics in Modern Asia*)一书即将出版。

若昂·兰格尔·德·阿尔梅达(João Rangel de Almeida):柏林马克斯·普朗克(Max Planck)科学史研究所的博士后研究员,目前正在准备一本专著

《健康帝国：外交官、医生和传染病的标准化（1851—1911）》（*Empires of Health：Diplomats，Doctors and the Standardization of Epidemic Diseases，1851-1911*）。他在爱丁堡大学获得科技研究博士学位，对将医学史与当前国际公共卫生领域联系起来有着浓厚的兴趣。其研究项目涉及公共卫生、标准化、未知科学和国际关系。

目　录

引言

恐慌：解读蛛丝马迹

白锦文

Panic: Reading the Signs

亚洲幅员辽阔,人口密集,民族多元,这些问题引发的焦虑一直是殖民档案中挥之不去的主题。对众多殖民者来说,亚洲广袤的大地似乎无视划分逻辑。例如,19世纪的荷属东印度群岛的档案中就反映出统治者认识不清,面对异见者的谣言十分不安。①档案文件里非但没有显现出殖民当局精明的集权化运作,反而揭示了其存在普遍的怀疑和不确定性。

殖民地的不安全感促使人们创造出了环形空间,即"确定的飞地",以减轻"迷失在帝国中的普遍焦虑"。②正如拉纳吉特·古哈(Ranajit Guha)观察到的那样,"焦虑",而非"恐惧",或许更适合描述这种殖民反应,因为它没有"确定的因果关系"。③除了不确定的预兆,即一种什么事情即将发生的感觉,对于殖民地的不安,通常没有确切理由。

在香港(见第六章),少数英国人管理着众多中国人,这种数量悬殊引起了潜在焦虑,在零星的反西方示威中凸显出来。在关于1891年人口普查的报告中,香港总登记官指出,欧洲人开始把香港视作"永久的家,因此,所谓的'家庭生活'比以前更丰富了"。但在总人口221441人中,只有795名英国男性和300名英国女性。④尽管大多数西方人不懂中文,但当地的中文"揭帖"和相伴而来的流言蜚语,还是引发了要求港英政府镇压暴乱的呼声。这就是1894年鼠疫大流行时的实际情况:反英揭帖首先在香港街头出现,并逐渐传播到内地的广州,虽然港英政府当局试图实施严苛的卫生措施以控

① Ann Laura Stoler, *Along the Archival Grain: Epistemic Anxieties and Colonial Common Sense* (Princeton: Princeton University Press, 2009).

② Ranajit Guha, "Not at Home in Empire," *Critical Inquiry*, Vol. 23, No. 3 (1997): 482-493 (484).

③ 同上,第485页。

④ 根据1891年的人口普查,在香港的欧洲人和美国人(包括军事和海军人员),人数为8545人。"Census Report 1891," *Hongkong Sessional Papers*(《香港会期文件》)(1891),373-395(374).

制鼠疫的暴发——包括挨家挨户搜查，在私人宅邸强行消毒（印度的鼠疫中就有记录，见第五章）等措施。

时任香港总督威廉·罗便臣爵士（Sir William Robinson）谴责"文人墨客"制造了"毫无根据的恶意谣言"。[①]"为了阻止鼠疫，政府决定从每个学校中挑选一些儿童，摘除他们的肝脏，作为唯一能够治愈鼠疫患者的药方。"相关谣言在香港学校中的中国人之间流传，结果使得当地人的"恐慌，就像野火一样蔓延"。[②]港英政府向广州地方衙门频频施压，要求其遏制"在港治疗鼠疫的谣言"[③]，以防止"谣言歪曲事实"，并要求下令逮捕"造谣生事者"。[④]恐慌具有传染性，由谣言产生，又进一步滋生谣言，并产生恶性循环。"惊恐万状"的中国人让港英政府也高度紧张，后者一直对煽动性言论和反动分子的叛乱保持警惕。鼠疫又助长了谣言蔓延，中国人和欧洲人都陷入恐慌，纷纷逃离。1894年5月31日，英国什罗普郡团（Shropshire Regiment）的乔治·维思（George Vesey）上尉感染鼠疫，几天后死亡，这证明即使华人为此次鼠疫的主要患者，欧洲人也不能幸免。香港"市民医院"（Government Civil Hospital）的主管医生詹姆斯·劳森（James Lowson）在其日记中写道："欧洲人和日本人也纷纷搭船离开香港回国，这几乎演变成了一场逃港的大恐慌。"[⑤]正如微依那·达斯（Veena Das）对印度谣言的描述，这种"引发恐慌的谣言创造了一种镜像，侵略者开始在镜像里进行身份认同，甚至将自己视为受害者"[⑥]。

当香港媒体报道坊间出现的煽动性揭帖时，港英政府收到了来自印度

---

① "Governor's Despatch to the Secretary of State with Reference to the Plague（总督就鼠疫问题向殖民地事务大臣发出的通知），" *Hongkong Sessional Papers*（1894），283-292（285）.

② "Educational Report for 1894," *Hongkong Sessional Papers*（1895），447-463（450）.

③ "Government Notification No. 318," *Hongkong Government Gazette*（《香港政府公报》），September 1, 1894, 731.

④ "Government Notification No. 223," *Hongkong Government Gazette*, June 9, 1894, 506.

⑤ G. H. Choa（蔡永业），"The Lowson Diary: A Record of the Early Phase of the Hong Kong Bubonic Plague 1894（劳森的日记：1894年香港腺鼠疫早期阶段记录），" *Journal of the Hong Kong Branch of the Royal Asiatic Society*（《英国皇家亚洲学会香港分会会刊》），Vol. 33（1993）：129-145（135）.

⑥ Veena Das, *Life and Words: Violence and the Descent into the Ordinary*（《生命与言辞：日常隐秘之处的暴力》）（Berkeley：California University Press，2007），111.

的情报，说在印度，树木被神秘地抹上了泥浆。①这让人不禁想起1857年印度民族大起义前的情形，当时作为起义信号的"印度薄饼"（chapatis，一种未发酵的印度面包）逐渐在印度土兵中传递，并在短短几个月内传遍了印度北部广大农村。涂上泥浆的树木被多疑的殖民者解读为暴动前的不祥征兆。②因此，此时将香港出现的恶意揭帖和印度涂抹树木的单个奇异事件列举在一起，似乎暗示了某种时空的连续性。对某时某地暴动迹象的解读可能会迁移到另一个情境，以解读类似的神秘迹象。③达斯写道，谣言和恐慌"在过去的某些区域，在两件似乎毫不相干的事件之间创造出一种连续性"。④

殖民当局对这些事件的反应凸显了殖民协议的不确定性及对殖民协议的错误认识，也凸显了沟通（或误解）在恐慌制造中的关键作用。正如艾莉森·巴什福德在本书后记中所言，恐慌与"交流及言语接触密切相关，从词源上看，又和传染紧密联系。恐慌，在人群和区域中的蔓延，成为一种超越个人和地方的现象，离不开交流和传播媒介。这种'接触'就是恐慌实现传播、交流以及如何变得'常见化'的方式"。然而，这种交流的确切内涵常常受到质疑。正如1871年《弗雷泽杂志》（Fraser's Magazine）上一篇《中国人对欧洲人的真实看法》的文章指出："表面上，中国人和外国人友好相处，但在内心深处，他们极其厌恶老外。"⑤这就是在殖民背景下交流的模糊性，外在形式和内在意图总被认为是有差异的，即使社会治理也是根据种族差异进行严格划分的。殖民国家的代理人往往认为，有效治理要透过"事物的表面"洞彻本质，以预见当地反动分子的煽动言论和公开暴动的表现。这就需要

---

① 关于揭帖，例见"The Hongkong Government and Chinese Traitors," *Hongkong Telegraph*（《士蔑西报》），May 24, 1894, 2；关于树木涂层，例见"Tree Daubing in India," *Hongkong Telegraph*, June 30, 1894, 3.

② Kim A. Wagner, "'Treading Upon Fires': The 'Mutiny'-Motif and Colonial Anxieties in British India（踏在火上：英属印度的"兵变"主题和殖民焦虑），" *Past & Present*, Vol. 218, No. 1 (2013)：159—197.

③ Kim A. Wagner, *The Great Fear of 1857: Rumours, Conspiracies, and the Making of the Indian Uprising*（《1857年的大恐慌：谣言、阴谋和印度起义的形成》）(Oxford: Peter Lang, 2010), 61—77.

④ Das, *Life and Words*, 108.

⑤ "What the Chinese Really Think of Europeans." *Fraser's Magazine*. New Series. Vol. Ⅲ. January to June 1871 (London: Longmans, Green and Co, 1871), 375—406(395).

建立起集监管、信息收集和情报评估的一套完整体系，即伯纳德·科恩（Bernard Cohn）提出的殖民主义"研究模式"的三要素。①

1894年香港和印度相继爆发的恐慌阐明了本书所探讨的一些主题：第一，历史事件如何在大英帝国中发挥解读现在和预测未来恐慌的作用？第二，恐慌在多大程度上暗示着空间和时间的连续性，被概念化为帝国的、跨殖民的现象？第三，技术（包括电报等一些新的通信方式）如何助长恐慌？第四，传染病和恐慌存在什么样的关系？特别是传染病模型下的恐慌研究，强调了它的"致病性"和"传染性"。第五，宗主国和殖民地共存恐慌背后复杂的生成机制。

本书从比较视角和历史维度研究作为一种帝国现象的恐慌，特别是传染病，如霍乱、鼠疫、流感，以及20世纪末新出现的传染病等引发的恐慌。尽管现在已有关于恐慌影响的大量文献，但对恐慌的本质鲜有关注，也少有文章论及恐慌的发展、定义和管理方式的历史演变。通过对从东亚到21世纪美国的一系列案例研究，本书探索了西方政府机构、政策制定者、规划者和其他权威机构为理解、应对和消除由传染病和其他危机引发的恐慌所做的尝试。本书还研究了从电报到医疗技术和公共卫生等多种技术对传播和约束"恐慌"信息所起的作用，考察了帝国复杂关系网络和恐慌之间的关系，并得出疾病威胁会产生特定焦虑和集体恐慌的结论。

每一章重点关注从19世纪早期到现在发生的恐慌反应的连续性和非连续性及其阐释。正如艾伦·莱斯特在第一章"帝国与恐慌之地"中指出，每一章节从不同方面研究恐慌：鸦片战争前的广东地形、英属印度的山间避暑小镇、流行疾病映射图、实施检疫措施控制恐慌和病毒传播等，主要集中在大英帝国和英语世界，涉及南非、中国香港、印度、新西兰和美国这些国家和地区。仅仅关注英国这一殖民帝国是本书的局限，但本书旨在对帝国恐慌进行初步概述，为今后更深入、更具比较性和包容性的研究做铺垫。

---

① Bernard S. Cohn, *Colonialism and Its Forms of Knowledge: The British in India*(《殖民主义及其知识形态：英国人在印度》)(Princeton: Princeton University Press, 1986), 4-5.

原始还是现代?

社会学家恩里克·克兰特利(Enrico Quarantelli)在20世纪中叶称:"恐慌的频率被过分夸大了,与其他反应相比,恐慌相对来说不那么常见。"[①]从那时起,许多学者开始质疑大众和官方对恐慌的描述。他们认为,事实上,在灾难事件中,恐慌很少发生。然而,尽管有越来越多的证据对"恐慌"作为解释性概念提出了怀疑,恐慌继续在大众媒体中蔓延,甚至连政策制定者们在战略上也坚持假定恐慌是对灾难的一种常见(甚至可以说是典型)反应。[②]

如今,由于大众媒体的普及和数字通信技术(包括互联网)的出现,世界各地的政府和国家机构不仅重视降低自然灾害、传染病、冲突和金融危机带来的真正威胁,也同样重视应对和减轻这些潜在灾难性事件引发的虚拟焦虑。正如李·克拉克(Lee Clarke)和卡隆·切斯(Caron Chess)所评论的那样,"政策规划和制定者有时表现得好像人类对威胁的反应比威胁本身更危险"[③]。

恐慌被定义为一种对某种外部威胁的心理状态或强烈的群体性情绪反应(总是被视为非理性的),无论这威胁是自然的还是人为的,是实际的还是想象的。[④]它意味着"基于歇斯底里的概念化信念的抽逃"。[⑤]集体恐慌被定义为一种情绪反应,也许应该与情绪的历史相联系来研究,这就引出了一个问题:什么是情绪? 情绪如何与认知联系? 例如,恐慌是一种社会建构还

① Enrico L. Quarantelli, "The Nature and Conditions of Panic(恐慌的本质与条件)," *American Journal of Sociology*(《美国社会学期刊》), Vol. 60, No.3 (1954):267-275 (275).

② 关于"恐慌问题"的论著有很多。相关有益的概述,请参见李·克拉克和卡隆·切斯对克兰特利的引用:"Elites and Panic: More to Fear than Fear Itself," *Social Forces*, Vol. 87, No. 2 (2008): 993-1014 (994);另请参见 Ben Sheppard, G. James Rubin, Jamie K. Wardman, and Simon Wessely, "Viewpoint: Terrorism and Dispelling the Myth of a Panic Prone Public," *Journal of Public Health Policy*(《公共卫生政策期刊》), Vol. 27, No. 3 (2006): 219-245.

③ Clarke and Chess, "Elites and Panic," 994.

④ 正如克拉克和切斯指出的,"恐慌"的定义一直不一致;同上,第996页。《牛津英语词典》将"panic"定义为"突然感到惊慌或恐惧……导致过度或不经思考的行为"。

⑤ Neil J. Smelser, *Theory of Collective Behavior*(《集体行为理论》)(New York: Free Press, 1962), 131。

是集体意识？作为一种特殊的情感唤醒，恐慌是否有生物学基础？恐慌的经验与其表达之间有什么关系？①

至少从19世纪起，恐慌就被理解为一种"原始"恐惧的表现。正如20世纪早期的心理学家威廉·麦独孤（William McDougall）在其影响深远的集体心理学分析中指出，恐惧是人类进化中残留下来的一种心理机制："恐慌是人类最基本的原始情绪。"②长期以来，人们一直在热烈探讨恐慌的定义。一方面，恐慌被定义为一种非理性（前现代）反应，其词源就很好地凸显了这一点。恐慌（panic）源于希腊牧羊神潘（Pan），他生活在野外山林间，常常躲在隐蔽处，蓦地跳出，用丑陋的面目把旅行者吓得魂不附体。恐慌与群体行为有关，引起包括谣言、狂热和骚乱在内的各种行为的"集体爆发"，激发动物的战斗或逃跑本能，或者"增加其大脑的兴奋"。③麦独孤观察到：

> 恐慌是生物共有的情绪，由简单的本能反应引起。其本质是群体本能情绪加强，产生惧怕心理和逃生愿望。最原始的移情原则似乎对本能情绪的强化提供了详尽充分的解释。④

这种把恐慌作为原始民族特性的一个方面的表述，显然与帝国对"原始"民族的主权主张重叠。正如许多作者在本书中注意到的那样，在殖民主义和帝国主义的论述中，恐慌经常与原始主义混为一谈。例如，"东方人"被认为特别容易恐慌。用殖民地公务员和历史学家威廉·威尔逊·亨特（William Wilson Hunter）的话说："恐慌对东方人的作用就像酒精对欧洲暴

---

① 参见 William M. Reddy, *The Navigation of Feeling: A Framework for the History of Emotions* (Cambridge: Cambridge University Press, 2001)。有关情感历史关键问题的深入讨论，请参见："AHR Conversation: The Historical Study of Emotions," *American Historical Review*（《美国历史评论》），Vol.117, No. 5 (2012): 1487–1531.

② William McDougall, *The Group Mind: A Sketch of the Principles of Collective Psychology with Some Attempt to Apply Them to the Interpretation of National Life and Character*（《群体心理：集体心理学原理概论以及将其用于解释国民的生活和性格》）(Cambridge: Cambridge University Press, 1920), 24. 杰克·沃尔（Jackie Orr）在其书中引用并探讨了麦独孤的观点，见 *Panic Diaries: A Genealogy of Panic Disorder* (Durham, NC: Duke University Press, 2006), 6.

③ McDougall, *The Group Mind*, 25.

④ 同上，第24—25页。

徒的作用一样。"①因此,比较历史框架下的恐慌研究可能有助于提供"一种关于西方对其他文化表现的现象学解读"②。

　　然而,在19世纪后半叶,恐慌也逐渐与现代集体联系在一起。因此,恐慌被认为具有很强的现代性,在新型交通和通信方式、城市化压力和工业大众文化的动态发展下,呈现出全新的形式。19世纪90年代,法国社会心理学家古斯塔夫·勒庞(Gustave Le Bon)将群众的非理性行为确立为现代性的一个特征,其群体心理学理论在二战期间深刻影响了美国军队管理思想和实践。③与此同时,同期的社会学家加布里埃尔·塔德(Gabriel Tarde)认为群体恐慌是通过"情绪感染"蔓延的,可以理解为群体间的相互模仿。④恐慌与现代生活画上等号,被视为现代精神病理的一种表现。正如安东尼·维德勒(Anthony Vidler)所言,疏远的"现代主义偏执狂空间"转变成了"恐慌空间"。⑤也许有人会认为当代社会就是这样一个恐惧的"饱和"体,到处充斥着不确定的灾难,群体"高度焦虑"。⑥

　　另一些人则认为,恐慌反映了一种普遍的(现代)焦虑——"科技、社会

---

① William Wilson Hunter, *A Brief History of the Indian People*(《印度人简史》)(London: Trübner & Co., 1884), 217.

② Christopher B. Steiner, "Travel Engravings and the Construction of the Primitive," in *Prehistories of the Future: The Primitivist Project and the Culture of Modernism*, ed. Elazar Barkan and Ronald Bush (Stanford: Stanford University Press, 1995), 202–225 (203).

③ Gustave Le Bon, *The Crowd: A Study of the Popular Mind*(《乌合之众:大众心理研究》)(New York: Macmillan, 1896); J. W. Bendersky, "'Panic': The Impact of Le Bon's Crowd Psychology on U.S. Military Thought(恐慌:勒庞的大众心理对美国军事思想的影响)," *Journal of the History of Behavioral Sciences*(《行为科学史杂志》), Vol. 43, No. 3 (2007): 257–283.

④ Gabriel Tarde, *The Laws of Imitation*(《模仿法则》), trans. Elsie Clews Parsons (New York: Henry Holt, 1903).

⑤ Anthony Vidler, *Warped Space: Art, Architecture, and Anxiety in Modern Culture*(《扭曲空间:现代文化中的艺术、建筑和焦虑》)(Cambridge, MA: MIT Press, 2000), 1; *The Architectural Uncanny: Essays in the Modern Unhomely*(《建筑异常:现代不宜居性》)(Cambridge, MA: MIT Press, 1992), 225.

⑥ Brian Massumi, "Preface," in *The Politics of Everyday Fear*(《日常恐惧的政治学》), ed. Brian Massumi (Minneapolis: University of Minnesota Press, 1993), vii–x (viii); Patricia Mellencamp, *High Anxiety: Catastrophe, Scandal, Age & Comedy*(《高度焦虑:灾难、丑闻、年龄和喜剧》)(Bloomington and Indianapolis: Indiana University Press, 1990).

组织和交流方式可以削弱人类的自主性和独特性"。①在这种情况下,恐慌就变成了一种维持"长期存在的人格模型的策略——人类是理性和自主的个体,以信念、欲望和记忆为内在核心"。②在这里,恐慌被理解为一种特定的现代反应,是人类在日益科技化和联系紧密的世界里对个体能力不断被侵蚀的情绪回应。艾伦·布鲁姆(Alan Blum)指出,在后现代主义中,恐慌继续被视为"与我们时代的情绪完全对等"。③

当代社会对恐慌正常化和个人化的强调,与恐慌作为一种集体和特殊体验的概念共存,可能与现代"人格"的焦虑有关。因此,人们现在更容易出现"恐慌症",他们在床头安装"恐慌按钮",以防摔倒或入室盗窃。在这里,恐慌被解释为"心理活动",关注"感知、情绪和自律"。④在冷战期间,应对个人恐慌的策略与应对潜在核危机时的集体恐慌的政治策略是一致的。自我控制和大众恐慌管理趋同。20世纪50年代,美国研制出抗抑郁药物并大量生产,声称人的精神健康是可以调节的。与此同时,这一时期也见证了:

> 一场精心策划的政治宣传运动也在进行,电影、文学、城镇会议和教育活动都被巧妙设计,这让美国人民了解到核武器的强大威力并产生畏惧心理;但核武器又被阐明是为了在冷战中遏制苏联,保护美国国

8

---

① 见 Timothy Melley, *Empire of Conspiracy: The Culture of Paranoia in Postwar America*(《阴谋帝国:战后美国的偏执狂文化》)(Ithaca, NY:Cornell University Press, 2000), 7;亦见 Kirsten Drotner, "Dangerous Media? Panic Discourses and Dilemmas of Modernity(危险媒体? 恐慌性话语与现代性困境)," *Paedagogica Historica*, Vol. 35, No. 3 (1999): 593-619。

② Melley, *Empire of Conspiracy*, p.14.

③ Alan Blum, "Panic and Fear: On the Phenomenology of Desperation(恐慌与恐惧:关于绝望的现象学)," *Sociological Quarterly*(《社会学季刊》), Vol.37, No. 4 (1996): 673-698 (677). 正如布鲁姆所指出的,鲍德里亚(Baudrillard)的"恐慌"被认为是"当代生活的特征"(第674页)。关于后现代主义和恐慌,另见 Arthur Kroker, Marilouise Kroker, and David Cook, "PANIC USA: Hypermodernism as America's Postmodernism(恐慌的美国:作为美国后现代主义的超现代主义)," *Social Problems*(《社会问题》), Vol. 37, No. 4 (1990): 443-459.

④ Joseph Masco, "Atomic Health, or How the Bomb Altered American Notions of Death(原子弹健康,或原子弹如何改变美国人的死亡观念)," in *Against Health: How Health Became the New Morality*(《反对健康:健康如何成为新道德》), ed. Jonathan M. Metzl and Anna Kirkland (New York: New York University Press, 2010), 133-153 (144).

家和人民的安全,防止民众产生过度核恐惧,这样就把政府应对核危机的责任顺利地转移到公民身上,让所有公民广泛参与到新时期的美国军国主义。①

　　模拟核袭击,训练公民应对未来的危机,目的是将"核恐怖"造成的衰竭性瘫痪和大规模恐慌转化为积极适度的"核恐惧"。正如1953年联邦民防局(Federal Civil Defense Administration)局长所言:"恐慌就像原子弹一样,是可以裂变的。它能产生比任何已知炸药更具破坏性的连锁反应。如果有终极武器,那一定是大规模恐慌,而不是原子弹。"②利用"恐慌裂变"的思维,在将易恐慌群体转变为"恐慌终结者"的过程中,也创造出了一张如何"让恐惧为你服务"的清单。因此,尽管民防政策旨在培养敏感的美国公民的反恐慌本能,但恐慌政治本身和持久化的恐惧语言也有好处。它们促进了公共合作,为干预主义辩护,并以安全的名义制裁极端措施。

帝国、网络和对立知识

　　本书通过探索不同形式的殖民和后殖民恐慌,追踪其与不断演变的帝国形态间的联系,旨在进一步从历史视角看待安全化这一过程。本书以连续和非连续的帝国体系为主线:从19世纪的广州(第二章)跨越到21世纪的"美帝国主义"(第七章、第八章)。政治学者们注意到,特别是在911事件后,美帝国主义行为变本加厉,并在外交政策方面对其进行了重新包装。正如《纽约时报杂志》(*The New York Times Magazine*)在美国入侵伊拉克(2003年3月19日)前夕那显眼的封面标题——"美利坚帝国:学

---

① 同前。
② 同上。

会适应它吧"。①

　　在历史长河中存在过众多截然不同的帝国,大卫·哈维(David Harvey)这样评价道,"我们很容易就能得出如下结论,对于如何诠释、管理和积极地构建一个帝国,存在着很大的空间。有关帝国的相异有时甚至是相冲突的观点,甚至可以内化和适用于同一个帝国"。②哈维从领土主权逻辑和全球资本逻辑来定义美帝国主义。同时期的其他学者也开始关注科学技术在帝国统治中发挥的作用。如希拉·加萨诺夫(Sheila Jasanoff)提出,当代生物技术是帝国的同谋,可能通过不同的方式参与帝国的建立,包括"自下而上的抵制、自上而下的意识灌输、行政标准化和共识性的宪政"。③加萨诺夫把帝国视为一个类大型技术系统,像电网或民航系统一样极为复杂,充满异质,内部松散,即使细看粗制滥造,但稳定性是其必须考虑的因素。④

　　尼古拉斯·金在第八章中也表示,通过技术演进的历史来追溯恐慌的演变,或许可以为我们审视20世纪末和21世纪初"新"帝国主义的运作提供一个宝贵视角。在第七章中,艾米·费尔柴尔德和大卫·梅里特·约翰斯同样通过追踪美国应对传染病恐慌的变化,描绘帝国的故事:从黄热病到乔治·布什总统的"反恐战争",从通过疾病侵袭的冷战政治到将传染病威胁纳入国

---

① 见 Michael Ignatieff, "The Burden," *New York Times Magazine*, January 5, 2003, pp.22-54. Cited in David Harvey, *The New Imperialism*(《新帝国主义》)(Oxford: Oxford University Press, 2003, 3)。关于"美帝国"的论著,见:Chalmers Johnson, *Blowback: The Costs and Consequences of American Empire*(《反击:美利坚帝国的代价与后果》)(New York: Metropolitan Books, 2000); Niall Ferguson, *Colossus: The Price of America's Empire*(《巨像:美利坚帝国的代价》)(New York: Penguin, 2004); Andrew J. Basevich, *American Empire: The Realities and Consequences of U.S. Diplomacy*(《美利坚帝国:美国外交的现实和后果》)(Cambridge, MA: Harvard University Press, 2004); Rashid Khalidi, *Resurrecting Empire: Western Footprints and America's Perilous Path in the Middle East*(《复兴帝国:西方足迹和美国在中东的危险之路》)(Boston, MA: Beacon Press, 2004); and Anne-Marie Slaughter, *A New World Order*(《新世界秩序》)(Princeton: Princeton University Press, 2004)。

② Harvey, *The New Imperialism*, 5.

③ Sheila Jasanoff, "Biotechnology and Empire: The Global Power of Seeds and Science(生物技术与帝国:种子与科学的全球力量)," *Osiris*, Vol. 21, No.1 (2006): 273-292 (292).

④ 同上,第275页。

土安全议程。①

　　帝国是比人们通常认为的"更零散的结构"，"多样而非同质"，往往在矛盾中整合和区分是其主要特征，加萨诺夫对于帝国的描述无疑是正确的。②《恐慌帝国》的一个重要主题是，恐慌如何暴露一个国家管理体系的缺陷，每当公共突发事件爆发时，原有规则无法应对，往往需要制定临时性政策。现有资源不足以应对来自社会、政治、环境和生物各方面的挑战。

　　关于跨国网络是如何促进西方现代帝国建立、扩张和巩固的，学界已有很多论述。铁路、蒸汽轮船和电报等新技术架起的全球通道，大大便利了人员、动物、商品、资本和信息的全球流动。③尽管科技、交通这些新兴因素让各国联系更加紧密，也加快了全球治理和初期全球监测体系的发展，但由此形成的错综复杂的跨国网络也起到了破坏稳定、削弱帝国影响的作用。④

　　各国市场相互联系，特别是美国在世界经济中扮演至关重要的角色，在19世纪50年代爆发的一系列危机中愈发突出。1873年的金融恐慌引发了全球经济大衰退，全球金融体系的脆弱性以及市场危机的传染性给经济学家沃尔特·白芝浩（Walter Bagehot）留下了深刻印象，他以此为背景撰写了《伦巴第街》。恐慌始于5月维也纳证券交易所的倒闭，然后蔓延开来，9月传到北美，然后返回欧洲（见图1）。伦敦，作为大英帝国的首都、全球金融中心，拥有无尽的财富和权力，但显然还是很容易受到这种突发性"恐慌"的影响：

---

① 黄热病流行的殖民背景，见 Mariola Espinosa, *Epidemic Invasions: Yellow Fever and the Limits of Cuban Independence, 1878-1930*（《流行病入侵：黄热病和古巴独立的界限（1878—1930）》），Chicago: University of Chicago Press, 2009。亦见 Alejandro Colás and Richard Saull, eds., *The War on Terrorism and American "Empire" after the Cold War*（《冷战后的反恐战争和美利坚"帝国"》）(Abingdon, UK and New York: Routledge, 2006)。

② Jasanoff, "Biotechnology and Empire," p.274.

③ Alan Lester, "Imperial Circuits and Networks: Geographies of the British Empire（帝国电路和网络：大英帝国的地理分布）," *History Compass*（《历史指南针》）, Vol. 4, No. 1 (2006): 124-141.

④ 正如沃里克·安德森（Warwick Anderson）指出，"在把'全球'想象成前所未有的流动和循环的产物时"，出现了一种倾向，即"忽略其不平坦的地形、异质性和竞争"。见："Making Global Health History: The Postcolonial Worldliness of Biomedicine（创造全球健康史：后殖民时代的生物医学世界）," *Social History of Medicine*（《医学社会史》）, Vol. 27, No. 2 (2014): 372-384。

图1　1873年5月9日维也纳证券交易所的"黑色星期五"

金融体系存在着一组内在矛盾，它有着至高无上的权力，同时也天生脆弱——关于其危险，我不该说太多……即使在繁荣的最后时刻，整个结构都是脆弱的。我们金融体系的特殊本质是人与人之间前所未有的信任。当这种无需证明的信任被隐藏的原因大大削弱时，一场小事故就可能带来巨大的伤害，而大事故则可能几乎摧毁它。①

就像大英帝国下建立起的全球货币市场（伦巴第街）一样，帝国体系是"力量"和"脆弱"的结合，容易受到传染性恐慌的影响，帝国网络可能"被隐藏的原因削弱"，也可能被战争、饥荒和传染病等不幸事件"严重打击"。正如英国地理学家哈尔福德·麦金德（Halford Mackinder）在1899年观察到的：

① Walter Bagehot, *Lombard Street: A Description of the Money Market*（《伦巴第街：货币市场记述》）(London: K. Paul, Trench, Trübner, 1896 [1873]), 17.

　　随着经济和商业活动范围日益扩大,未来任何一个重大问题,以及作为政治基础的任何重大经济问题,都日趋世界性。①

　　麦金德认为,这个互联互通的新世界中,局部事件往往会升级为全球危机。他简明扼要地指出:"我们所处的世界就是一个闭合的电路——一台机器的正常运作需要所有部分完整和平衡,牵一发就会动全身。"②

　　白芝浩很早就观察到,在一个日益全球化的机构体系内部,恐慌是通过像毛细血管那样分叉的网络传播的。一开始是"初期的恐慌",相当于"一种模糊的对话",随着网络中参与者变多,恐慌加剧,更加"扩散","比一开始更恶毒"地攻击着。他断言到19世纪末,恐慌将成为一个典型的病理特征,"恐慌,是神经痛的一种,根据科学规律,你不能让它挨饿"。③白芝浩也敏锐地捕捉到了其中的讽刺意味:支撑着帝国权力和财富的跨国网络,同时竟然也意外地通过传染性恐慌成为打破帝国平衡的武器。

　　从以上的表述中可以发现,恐慌的历史与危机的历史密切相关。正如珍妮特·罗伊特曼(Janet Roitman)基于莱因哈特·柯塞勒克(Reinhart Koselleck)等学者的著作所提出的那样,"危机是当代历史叙事的名词形式;在这样一条非轨迹的路线里,我们可以感知历史并获得历史知识"。根据罗伊特曼的定义,"危机时刻也是对常态的一种暴露,例如在危机中,我们长期信奉的知识(包括原则、假设、前提、标准、逻辑或因果关系等),其偶然性和片面性受到争议、批评、挑战或披露"。片面知识主张的暴露导致了危机的出现,在研究殖民档案时,安·劳拉·斯托勒(Ann Laura Stoler)发现了危机与不确定性和由此产生的"认知焦虑"有着明显关联。④事实上,本书许多

①　Halford Mackinder, "The Great Trade Routes: Lecture II," *Journal of the Institute of Bankers*(《银行家学会期刊》), Vol. 21, No. 3 (1900): 137-155 (151-152). 也见于 Robert Peckham, "Infective Economies: Empire, Panic and the Business of Disease(传染性经济:帝国、恐慌和疾病的商业)," *Journal of Imperial and Commonwealth History*(《帝国和联邦历史期刊》), Vol. 41, No. 2 (2013): 211-237(216-217).

②　Halford Mackinder, "The Great Trade Routes: Lecture V," *Journal of the Institute of Bankers*, Vol. 21, No.5 (1900): 266-273 (271).

③　Bagehot, *Lombard Street*, 53.

④　Stoler, *Along the Archival Grain*.

作者都一致认为,恐慌和危机一样,可以作为一种手段,"允许并促成某些叙事,引发某些问题,抑制其他问题"。[①]"恐慌反映了知识的不确定性,也是对不确定知识的反应,同时又与危机一起作为知识创造的有利盲点。"[②]

正如本书各章所阐明的,国家机构、政策制定者和规划者以及应急响应人员常常在制定和实施政策时引起恐慌。"恐慌"往往被精英统治阶层归类于从属阶级的非理性反应。克拉克指出,这种自上而下的视角一直把恐慌与"普罗大众"绑定在一起,或者更准确地说,是与缺乏权威的民众绑定在一起。[③]换句话说,恐慌反映了一种基本的社会不对称:是对他者的形容。在过去,对恐慌的研究常常站在傲慢的统治阶级视角,把恐慌描述为大众的无知和天真,重点关注"非理性"大众心理。[④]虽然20世纪60—70年代的社会人类学和历史学,包括爱德华·帕尔默·汤普森(E. P. Thompson)、乔治·鲁德(George Rudé)和艾瑞克·霍布斯鲍姆(Eric Hobsbawm)的著作,都鼓励学者们重新审视"大众",但在今天看来,这一时期的重点又回到了将恐慌视为群体的非理性——往往是带有暴力的非理性——表现上来。[⑤]

恐慌很少和当权者联系起来。然而,本书的作者在描述历史上发生的某一特定恐慌时发现,"公众"或大众的反应与"精英"的反应总是纠缠在一起的。在对印度19世纪末黑死病和20世纪初流感暴发的讨论中,大卫·阿诺德将恐慌定义为一种复合反应,即多重恐慌相互交织,相互影响。印度流

---

① Roitman, *Anti-Crisis*, 5.

② 同上,第13页。

③ Lee Clarke, *Worst Cases: Terror and Catastrophe in the Popular Imagination*(《最恶劣情况:大众想象中的恐怖与灾难》),Chicago: University of Chicago Press, 2006.

④ 参见 Elias Canetti(埃利亚斯·卡内蒂), *Crowds and Power*(《群众与权力》)[New York: Farrar, Straus and Giroux, 1984(1960)];Le Bon, *The Crowd*。

⑤ 例见 E. P. Thompson, *The Making of the English Working Class*(《英国工人阶级的形成》)(London: Penguin, 2002[1963]);乔治·鲁德的作品,包括 *The Crowd in History: A Study of Popular Disturbances in France and England, 1730-1848*(《历史上的乌合之众:1730—1848年法国和英国民众骚乱研究》)(New York: New York University Press, 1981);George Rudé and Eric Hobsbawm, *Captain Swing: A Social History of the Great English Agricultural Uprising of 1830*(《斯温暴动:1830年英国农业大起义的社会历史》)(New York: Pantheon, 1968)。对卡内蒂"普遍恐惧"概念的当代解读,即"普遍恐惧"牵动着人的神经,促使他们抱团,可参见 Lesley Brill, "Terrorism, Crowds and Power, and the Dogs of War," *Anthropological Quarterly*(《人类学季刊》),Vol. 76, No. 1(2003): 87-94。

感的死亡率很高(超过1200万人死亡),但却并未在印度引起恐慌,一个重要原因是殖民地代理人对信息的有效管控,理性应对。[①]相反,在鼠疫危机中,殖民当局的恐慌导致了过激的公共卫生干预措施,激起了印度一些地区的恐慌。

殖民当局眼中"惊慌失措"的大众群体,把实施隔离和其他强制性防疫措施解读为殖民者掩盖其更加险恶阴谋的借口。因此,一方面,土著居民的"恐慌"成了反对帝国统治的"工具",也是对帝国权威的一种挑战。另一方面,殖民当局陷入"道德恐慌",引发了当局的过度反应。"道德恐慌"由斯坦利·柯恩(Stanley Cohen)提出,用以形容"一种状态、一个事件、一个由个人所组成的群体表现出的被定义为对社会价值和利益构成威胁的性质"。[②]精英阶层为防止大众恐慌的蔓延而进行的干预,往往会产生其他(和不同的)形式的恐慌。

从这个角度来看,把"恐慌"视为一种复合而非单方的反应,能够更全面地认识特定的历史事件。可以说,恐慌最初通过口口相传(谣言),缓慢地在人群中传播,但随着现代技术的出现,如今可以以前所未有的速度在众多通信媒介中同时蔓延。恐慌无处不在,我们可以看到恐慌,听到恐慌,甚至远程交流恐慌。相反,威胁却无法可视化,恐慌因此而爆发。柯尔斯顿·奥斯特赫尔(Kirsten Ostherr)对电影《围歼街头》(*Panic in the Streets*)的评论就提到了这一点。这是一部1950年的电影,以新奥尔良可能暴发的肺鼠疫困境为背景,讲述了公共卫生局面临的检疫恐慌——"必须在大规模疫病暴发前,秘密查找出所有与患有肺部疾病的死者有过接触的人。但病毒是肉眼看不见的,等到感染群体显现症状又为时已晚"[③]。此外,如本书的几位作者所指出的,恐慌往往不是由疾病本身引起的,而是有时由这些威胁暴露出

[①] 关于统计学、后现代主义和恐慌,见:Kathleen Woodward, "Statistical Panic," *Differences: A Journal of Feminist Cultural Studies*, Vol. 11, No. 2 (1999): 177-203.

[②] Stanley Cohen, *Folk Devils and Moral Panics: The Creation of Mods and the Rockers*(《民间恶魔与道德恐慌:摩登派和摇滚乐手的产生》)(London: MacGibbon and Kee, 1972), 9.

[③] Kirsten Ostherr, *Cinematic Prophylaxis: Globalization and Contagion in the Discourse of World Health*(《电影预防:全球化与世界卫生话语中的传染》)(Durham, NC: Duke University Press, 2005), 20.

的被释放出的社会、政治和经济力量引起的。因此，与恐慌的历史作斗争可能有助于阐明对世界相互矛盾的理解：在一个特定社会中，紧张、斗争和冲突往往是模糊的但已形成的，以及与感知风险和公共安全相关的社会控制和索赔过程。

恐慌危机是一种病

从历史上看，恐慌一直与传染病有关。1817年印度暴发霍乱并蔓延到亚洲其他地方和欧洲，引发了巨大恐慌。尤其是印度人和英国殖民者之间长期的不信任，也导致了关于这场大传染病起源的阴谋论，这进一步激化了两者矛盾，这是1857年印度民族大起义爆发的一大历史根源（第四章中讨论）。正如阿诺德所言，印度人把"霍乱视为殖民者征服印度的手段"，认为霍乱就是英国人制造出来的。[①]本土人民对殖民者的怀疑为谣言散布和恐慌蔓延提供了温床。[②]

如果可能暴发的传染病能够煽动恐慌，那么恐慌本身也常常被认为是一种致命的感染。在本书的后记中，巴什福德也指出了传播和传染之间的联系，这一联系在疾病的可传播性这一术语中得到了体现。达斯认为：

> "谣言"的本质特征就是传播。因此当传染和感染的想象被精英话语利用，谣言就不再是非理解性的语言，或者次等的沟通形式，它也展现了语言功能的转变。也就是说，语言不再只是一个媒介，语言本身就具有传染性，能够把未发生的事件渲染成一种已发生的事实。[③]

柯塞勒克在研究"危机"这个词的历史时，关注到了其与医学的关联，覆盖了其早期的司法含义。早在罗马帝国时期，希腊医生盖伦（Galen）就用

---

① David Arnold, *Colonizing the Body: State Medicine and Epidemic Disease in Ninteenth-Century India* (Berkeley: University of California Press, 1993), 171.

② Wagner, *The Great Fear of 1857*, 61.

③ Das, *Life and Words*, 119.

"危机"来指病情的"关键观察期及判断疾病变好或变坏的关键时刻"，以决
定该病人的生死。①类似的病理学类比也用于描述恐慌。正如我们所见，
白芝浩把恐慌比作神经折磨，并称之为"一种神经痛"。在对现代大众心理
的阐释中，勒庞独特地观察到：

> 各种观念、感情、情绪和信念，在群体中都具有和病菌一样强烈的
> 传染力……在群体中，每一种情感和行为都有极强的传染性，这也是恐
> 慌会突然爆发的原因。头脑混乱就像疯了一般，它本身是会传染的。
> 脑部疾病，例如疯狂，本身具有传染性。②

情绪像传染性微生物一样迅速传播。恐慌与传染病的类比出现在越来
越多的文章中，作为传染性极强的形式，不仅等同于社会混乱，也等同于疯
狂。从这个意义上讲，恐慌是一种疾病，属于一种新发现的精神病理学现象
（包括神经衰弱、歇斯底里和惧旷症），伴随着现代性运动的进程中面临的反
向作用和"扭曲"效应。③技术、信息流动和资本在造福人类的同时，又腐蚀
着人类精神，让人类又重新挣扎在不确定的深渊中。④

"现实"传染和"隐喻"传染的区别是本书的焦点，本书的作者们也探讨
了恐慌在"正常"和"异常"两个状态间的激烈较量。正如布鲁姆所言，恐慌
常常被视为"一种正常的社会现象"，尽管它也被用来解释"与常态相异的非
正常行为"⑤，是一种"歇斯底里"的表现，或者是一种具有"传染性"或"有毒
害"的现象，会像传染病一样传播。这一定义让恐慌成为典型伪生物失常或

---

① Reinhart Koselleck, trans. Michaela W. Richter, "Crisis," *Journal of the History of Ideas*（《理念史
　期刊》）, Vol. 67, No. 2(2006): 357−400 (360).
② Le Bom, *The Crowd*, 128。
③ 关于现代城市空间的心理病理学，参见 Vidler, *Warped Space*, 24−50。
④ George Simmel, "The Metropolis and Mental Life(都市与精神生活)," in *The Blackwell City Reader*
　（《布莱克威尔城市读本》）, ed. Gary Bridge and Sophie Watson (Chichester: Wiley-Blackwell,
　2010［2007］), 103−110.
⑤ Blum, "Panic and Fear," 674.

畸变中的一大类。①

各章节概要

本书的前六章探讨了从19世纪到20世纪的帝国主义和殖民主义的恐慌。第七章和第八章是关于后殖民时期的恐慌，以及史前恐慌在"新"威胁和技术创新背景下的重构。全球化背景下的当代恐慌与后殖民时期的地图制图学在多大程度上重叠是本书的一个主题。每一章都从不同的视角探讨恐慌与危机、焦虑、沟通以及片面知识之间的相互关系。

艾伦·莱斯特在开篇介绍了在大英帝国不同类型殖民地中发生的恐慌。在第一章"帝国与恐慌之地"中，他特别关注恐慌对移民型殖民地的影响，以及殖民地对于边疆地区少数人暴力反抗的恐慌，常常激起殖民国家或他们在当地的雇佣军采取更有组织的、更暴力的和"地毯式"的围捕。这一章还考虑了白人的"道德恐慌"，跨种族性行为的个案——尤其是黑人强奸白人女性的谣言被大肆渲染——引发国家和人民的过度反应。虽然这些事件引发的恐慌与疾病的关系没有那么明显，但莱斯特举的例子表明，殖民时期的恐慌往往既是危机的导火索，也是危机的产物。或者换句话说，恐慌在一种自我延续、不断强化、具有共同生产力的循环效应里不断蔓延。该章最后总结了不同规模的恐慌——从微观个体恐慌到跨国恐慌和全球性的恐慌——的相互影响。对恐慌的研究也许可以为帝国和全球史上关于跨国互动如何塑造殖民和帝国身份及其重要性的持续争论开拓新的思路。

恐慌的对立面显然是非恐慌。第二章"在中国怒火渐升：广州十三行的火灾与恐惧"中，约翰·卡罗尔认为，考虑到近似恐慌、错过恐慌或未实现的恐慌的例子，可能会阐明恐慌产生的要素。卡罗尔指出，鸦片战争前，西方非常关注广州频繁发生的火灾：从担忧延伸到焦虑——甚至可能是周期性

---

① 伊莱娜·施沃特（Elaine Showalter）注意到外星人绑架恐惧、慢性疲劳综合征、海湾战争综合征、心理治疗中受压抑记忆的重现是"歇斯底里综合征"的表现，她认为"谣言恐慌"是这些当代"流行病"的一个关键特征，这些"流行病"通过"故事"和"叙述"在流行文化中传播；见 *Hysteries: Hysterical Epidemics and Modern Media*（《历史记录：歇斯底里的流行病与现代媒体》）（New York: Columbia University Press, 1997）。

的恐惧——但没有引发大规模的恐慌，这和书中其他研究的案例不同。长期以来，火跟疾病一样，能引起人们的本能恐慌。[①]大火、传染病和恐慌在1894年的香港汇聚在了一起，当时黑死病引发了巨大的恐慌，"像野火一样迅速蔓延"。在第七章中，费尔柴尔德和约翰斯探究了1947年纽约爆发的天花，纽约市卫生局局长伊斯雷尔·温斯坦（Israel Weinstein）在广播中警告说天花病毒可能会像野火一样在人群中传播。在20世纪中叶，遏制如"野火、洪水和猩红热"般的极权主义是二战后杜鲁门主义的核心。极权主义的蔓延隐喻为传染病扩散和烈火燃烧，凸显其对美国构成的巨大威胁。[②]第二章（以及第五章）的一个主题是地方性危机如何激化文化和种族差异。在那一历史时期，广州的火灾危机就加深了中国国家和社会的性质、公共和私人空间的使用，以及东西方的兼容性等问题的矛盾。

危机并不总是绝对的灾难，危机也可能是一种机遇，是实现政治目的的托辞，是进行国家和私人干预的理论依据。正如普里西拉·瓦尔德（Priscilla Wald）所指出的那样，灾难的流行表现形式所引发的"恐慌"，可能有利于公共卫生改革。20世纪90年代初，分子生物学家乔舒亚·莱德伯格（Joshua Lederberg）就非常欢迎夸大传染病危机的虚构小说。瓦尔德说："即使在最耸人听闻的情况下，这些关于传染病的小说和电影，也是公众了解这些致命病毒的威胁的重要渠道。"[③]这种虚构的表现形式所产生的"可控"恐慌，可以作为一种防止"真实"恐慌的方法，促使观看电视的公众改变其看法和行为。

在第三章"传染病下的机遇：恐慌、检疫和1851年国际卫生大会"中，若昂·兰格尔·德·阿尔梅达以这一主题探讨被政治利用的传染病恐慌，具体以

---

① 例如格列高利（Gregory）描述马赛的瘟疫，"就像一片被点燃的麦田，整个城镇突然被瘟疫点燃"；参见 Lester K. Little, "Introduction: Life and Afterlife of the First Plague Pandemic," in *Plague and the End of Antiquity*（《瘟疫与古代的终结》）, ed. Lester K. Little（Cambridge: Cambridge University Press, 2007）, 3-32（11）。

② Robert L. Ivie, "Fire, Flood, and Red Fever: Motivating Metaphors of Global Emergency in the Truman Doctrine Speech（火灾、洪水和猩红热：杜鲁门主义演讲中全球紧急状况的激励隐喻）," *Presidential Studies Quarterly*（《总统研究季刊》）, Vol. 29, No. 3（1999）: 570-591.

③ Priscilla Wald, *Contagious: Cultures, Carriers, and the Outbreak Narrative*（《传染：文化、携带者和疫情暴发叙述》）（Durham, NC: Duke University Press, 2008）, 31.

霍乱为例,分析霍乱暴发下的恐慌是如何被利用的。该章认为,1851年在巴黎召开的国际卫生大会上,欧洲各国代表以霍乱危机作为谈判筹码,寻求新的外交方式并解决科学争议,揭开了现代意义上国际防疫行动的序幕。若昂·兰格尔·德·阿尔梅达提出,为应对一场特殊的危机——霍乱——而建立的制度,使西方对非西方国家的"公共卫生"干预合法化,为外交关系的外国干预创造了更广泛的背景,其影响延续至今。

前面提到的恐慌复合性被本书的许多作者多次讨论。实际上,多重恐慌归入一个大"恐慌"中。在第四章"1857年印度民族大起义后的健康恐慌、移民和生态交流"中,詹姆斯·比蒂分析指出两种恐慌重叠相互影响,不可分割。1857年印度民族大起义激起了英国殖民者对印度人民谋杀意图的恐慌,同时也激起了他们对印度土地及其气候对体格的病态影响的恐慌。比蒂发现在澳大利亚、新西兰和印度这些英属殖民地之间存在着令人惊讶的联系,这种联系长期被忽视了。这一章讲述了在1857年印度民族大起义之后,殖民者对印度热带气候的恐惧(疾病往往在潮湿的热带地区广泛传播),促使一系列将英国军队和官员从印度迁移到澳大利亚和新西兰的意见的提出。另外这种恐惧还促使殖民者引进澳大利亚的树木,因为他们认为这些植物对健康有益,以及在澳大拉西亚开发山间避暑小镇。

比蒂让我们重新思考作为一种环境困境的恐慌。在英国殖民者的眼里,印度是一个易恐慌的国家。历史记载往往强调本土"暴民"如何"陷入恐慌",恐慌本身又具有危险的传染性。根据瘴气理论和种族主义理论,恐慌源于有害身心健康的东方环境。恐慌被认为是一种印度病,这里的热带气候和拥堵的城市生活让人精神萎靡。与此同时,1857年以后,殖民者对印度的环境也做出了恐慌反应。

危机的严重性及其引发的恐慌规模并不总是对等的。阿诺德在第五章"1896—1919年印度腺鼠疫和流感爆发:疾病、谣言和恐慌"中揭示了这一点。鼠疫在孟买流行起来,据估测850万人死亡,到1921年死亡数上升至1000万人;1918—1919年爆发的大流感更加猛烈,短短几个月内,仅在印度就夺走1200万条生命。但是,死亡率更高、致死更快的大流感并没有引发明显的危机,死亡率较低的鼠疫却引发了严重的"恐慌"——无论是在英国殖民政权中还是在印度本土被殖民者之间。当时谣言、骚乱纷起,殖民者不断进行武装镇压,殖民地人民大规模移民。显然,单看死亡率,是不足以解释为何1896—1897年鼠疫时危机会爆发,而1918—1919年流感时却没有。阿诺德也在思考,难道大流感是"不会叫的狗"?本章从不同疾病的传染病学对比、社会文化建构、政府和公共卫生反应差异、传染病暴发时国内政治和经济发展情况及国际形势中寻找答案。

在第六章"电缆传递的恐慌:传染病和电报世界"中,白锦文探究了19世纪90年代电报作为新式通信工具如何影响人们对传染病的反应及管理。在这一时期,实验室科学制度化,基于传染病学的公共卫生得到发展,电报的出现推动了全球"一体化"进程。帝国的建立离不开跨国流动和扩散网络,其中革命性新技术(如蒸汽船、铁路和电报)的出现扮演了重大角色,但到目前为止鲜有研究分析电报作为传染病监测工具及其在"帝国再扩张力量"中所扮演的角色。[①]白锦文以都会中暴发的流感和香港暴发的黑死病为例,研究电报对于传染病的信息收集和传播作用,以及"电报式讲话"对官方话语的影响。他重点关注语言的功能及其如何促成恐慌事件。正如达斯在"恐慌谣言"中所观察到的,这种情况下的一个特点是"言语的言外之力,即通过言语来实现行动的能力,此时,言语从一种交流媒介转变为力量的承载者"[②]。

白锦文认为:第一,电报可以"精确定位"传染病,追踪它们发生的时间和地点,而且还用似乎客观性的技术语言来固化其形象;第二,通过暗示本不相关的数据之间的联系,电报放大了人们的焦虑。白锦文也表明,在试图遏制恐慌的过程中,电报往往会加剧恐慌。

第七章和第八章将读者的视野带到20世纪和21世纪,探讨19世纪传染病恐慌在当代世界的演变。费尔柴尔德和约翰斯对美国的大规模传染病恐慌进行了理论和实证研究。他们认为,当代对恐慌的担忧是早期恐慌事件的预演。根据文化人类学家维克多·特纳(Victor Turner)提出的"社会戏

---

① Tony Ballantyne and Antoinette Burton, *Empires and the Reach of the Global, 1870-1945*(《帝国与全球扩张(1870—1945)》)(Cambridge, MA: Belknap Press, 2014), 65.

② Das, *Life and Words*, 119.

剧"概念,他们提出"恐慌戏剧"的概念用于解释19世纪末和20世纪恐慌反应背后的"剧本"。通过聚焦黄热病、流感、天花、猪流感和生物战(后来被称为生物恐怖主义)这些案例,他们展示了恐慌是如何深入"传染病的构建",与之形影不离的。他们的目的是追溯一个多世纪以来"恐慌戏剧"的演变。虽然基本的恐慌叙事保持不变,但戏剧成分被重组——制度和权威在这一过程中所扮演的角色也发生了转变。

第八章也重点探讨了恐慌叙事的延续及其具体演变。该章研究了从20世纪30年代中期到2009年H1N1禽流感大流行的传染病威胁,并绘制了可视化图像。尼古拉斯·金认为,新型传染病的暴发是高度非理性的,这些传染病的致病病毒大都极其细微,病原体是肉眼不可见的,带菌者难以觉察或分布无规律,即使出现症状,很多也只有专家才能辨别出来。这一章研究了将这些不可见的元素可视化的过程和技术,强调了在恐慌叙事中视觉领域是如何占据优势地位的。金也提醒我们,地图和统计图——包括本书封面①上引用的威廉·法尔(William Farr)绘制的关于霍乱的统计图——等图表表现形式在塑造公众对传染病的反应方面发挥了至关重要的作用。通过对电影画面、摄影照片和新闻媒体的分析,金收集了一系列图像并发现图像和传染病恐慌之间的关联——他称之为新传染病威胁的"图像学"——通过对图像的重新加工以反映过去80年传染病的暴发情况,及其对"恐慌"不断演变的本质的影响。金表明,部分由消费文化视觉语言塑造的"新奇"话语将"新"出现的致病威胁和"新"的全球互联互通联系在一起,模糊传染病恐慌演变的连续性。通过这样做,金暗示了媒体中无处不在的诱导恐惧的图像、缓解恐惧的消费产品和新出现的疾病之间的联系。②这一章最后反思了在全球化浪潮中传染病图像学"以及西方人,尤其是美国人对现代性的矛盾心理和帝国秩序瓦解的关联"。

第七章和第八章指出美国及其政治是造成全球疾病恐慌的中心因素;20 他们进一步指出在以美国主导的后殖民主义时代中前殖民空间和历史如何

---

① 指英文版封面。——译者注
② 关于"社会空间饱和的恐惧",参见 Massumi, "Preface," ix。

继续塑造当今世界对于病毒的想象。最后，在后记中，巴什福德回顾了几个世纪以来传染病恐慌发展的潜在连续性，也指出过度的"现代主义"视角对于研究恐慌是有缺陷的。该章还简要回顾了本书的几大主题，提出对未来大传染病恐慌的预测。

与时俱进的思考

在《恐慌帝国》中，恐慌作为一种社会状态和一个具体的社会危机，被视为一种持续的"缓慢燃烧"、一种内在的结构现象，以及一种单一的、爆炸性的事件。既有慢性的"恐慌"，也有突发的"恐慌"，以及介于两者之间的恐慌——既不是完全的恐慌，也不是不恐慌。本书试图就什么是恐慌、人们如何理解恐慌，以及在当今世界中，恐慌如何被管理及利用等话题进行讨论。但问题依然存在："恐慌"在阐释灾难的集体反应方面有多大用处？如今，人们经常声称我们生活在一个"风险社会"中。当然，当代生活充满了不确定性，人们常常将现在所面临的灾难和过去的灾难进行对比：例如，2008年的金融危机与1929年的股市崩盘、2009年的甲型H1N1流感与1918年的西班牙大流感、2011年福岛第一核电站核泄漏与1986年切尔诺贝利事件。这些事件类比的基础是什么？关于当今世界，关于今天的恐慌，过去的恐慌又能告诉我们什么？[1]

正如谢尔顿·昂加尔（Sheldon Ungar）所指出的，社会焦虑正越来越多地与核、医疗、环境和化学威胁联系起来。[2]然而，正如《恐慌帝国》的作者

---

[1] 正如克拉克所说，在考虑和计划灾难应对时，重点往往放在可探测性和风险上，而不是可能性上；参见 *Worst Cases*。

[2] 昂加尔关注核军备竞赛、埃博拉和禽流感等新疾病以及全球气候变化加剧的"恐慌"。他认为，这些新的焦虑点需要重新思考"道德恐慌"的研究议程。见 Sheldon Ungar, "Global Bird Flu Communication（全球禽流感传播）," *Science Communication*（《科学传播》）, Vol. 29, No. 4（2008）: 472-497（472）; "Moral Panic Versus the Risk Society: The Implications of the Changing Sites of Social Anxiety（道德恐慌与风险社会：社会焦虑点变化的影响）," *British Journal of Sociology*（《英国社会学期刊》）, Vol. 52, No. 2（2001）:271-291. 对于昂加尔的评论，见 Sean P. Hier, "Risk and Panic in Late Modernity: Implications of the Converging Sites of Social Anxiety（晚期现代性中的风险和恐慌：社交焦虑聚集点的影响）," *British Journal of Sociology*, Vol. 54, No. 1（2003）: 3-20。

们指出的那样,当代恐慌继续利用旧世界帝国秩序和历史遗留的以种族、阶级和差异为中心的焦虑。本书揭示了往往被掩盖的后殖民主义地图中的严重不平等和种族化的特性。本书中的很多作者都认为种族和文化差异被不断放大并助推先前存在的焦虑,制造出不同类型的恐慌。贝利追踪了英国对殖民地印度的情报收集以及当局对情报的误读导致了殖民当局在1857年民族大起义中的恐慌反应。[1]或许还有人认为,今天的金融全球化和大流感恐慌,以及全球恐怖主义网络引发的恐慌,是从对早期(广义上讲是殖民时代)其他种族和文化的危险性和反复性的恐惧情绪中持续演变而来的。换句话说,恐慌总是源于过去的一系列恐惧:海洋可能发生海啸,疾病可能成为大传染病,战争可能升级为大屠杀。

　　恐慌的出现可能使彻底的政治改革和激进的政府干预正当化。最明显的例子就是,2001年9月11日基地组织在华盛顿和纽约发动恐怖袭击后,美国颁布《州卫生应急授权示范法》。理解恐慌在历史上是如何产生的、人们对恐慌的认知、如何利用恐慌,可能有助于培养当前人们对恐慌的批判性认识。[2]正如最近发生的事件所表明的,恐慌和焦虑突出长期社会行动的必要性,并促使应对突发疾病的新模式或公共财政体系的出现。从这个意义上讲,恐慌的作用可能超出了政府的控制范围。

---

① C. A. Bayly, *Empire and Information: Intelligence Gathering and Social Communication in India, 1780-1870*(《帝国与信息:印度的情报收集与社会传播(1780—1870)》)(Cambridge: Cambridge University Press, 1996).

② Richard E. Neustadt and Ernest R. May, *Thinking in Time: The Uses of History for Decision-Makers*(《与时俱进的思考:决策者对历史的利用》)(New York: Free Press, 1986).

第一章
帝国与恐慌之地

艾伦·莱斯特

Empire and the Place of Panic

本书的诸多章节都表明,发达的帝国通信系统不仅实现了信息和权力 [23] 的传播,而且促进了19世纪后半叶和20世纪初疾病和恐慌的传播。这些研究或隐或显地推动了近期殖民研究的"空间转向"。在该转向中,帝国的地理与历史同样受到重视,而且帝国的本质——孤立的国家在全新的全球互联互通中相遇相交——得以凸显。[①]这一探索性的章节用了两个简单的例子来说明,恐慌伴随着帝国主义大厦的建立而出现,尤其是在殖民者的边疆上。恐慌,或者更确切地说,政治,可能还有恐慌的表象,对于建立和维持帝国网络至关重要,延续了其在不平衡的殖民领土上至高无上的权力。

恐慌可能源于对死亡的恐惧,但是,谁的生命受到威胁、受到什么威胁或来自何人威胁以及威胁如何表现,有待进一步探究。大卫·阿诺德在第五章中指出,恐慌的社会建构本质表现为实际死亡率与威胁引发的恐惧之间的不对称。[②]虽然在殖民语境下,白锦文也提到,殖民地研究者常常把盲目的信仰及其"传染性"视为非理性的非欧洲人的特点,本章引用的两个案例——19世纪30—40年代的开普殖民地(Cape Colony)东部边区和19世纪60—70年代的纳塔尔(Natal),聚焦于英国殖民者自己制造的恐慌。恐慌不仅使殖民地激进的统治者的高压统治所引起的不安全感具体化,又在战略上实现了这种统治。当然,在现实中,殖民者和"原住民"的恐慌绝对不是割 [24]

---

① Antoinette Burton, *Empire in Question: Reading, Writing and Teaching British Imperialism*(《问题帝国:英帝国主义的阅读、写作和教化》)(Durham, NC: Duke University Press, 2011), 14-15.

② 另见菲利浦·阿卡比斯(Philip Alcabes),他指出:"每年有超过10万美国人死于意外伤害,其中约4万人死于车祸。"相比较而言,死于艾滋病的人数是意外伤害的1/7或1/8。然而,艾滋病引发的道德恐慌远远超过了交通事故。*Dread: How Fear and Fantasy Have Fueled Epidemics from the Black Death to Avian Flu*(《恐惧:害怕和幻想如何助长黑死病和禽流感的流行》)(New York: Public Affairs, 2009), 2-3.

裂开的。路易斯·怀特(Luise White)和拉纳吉特·古哈,从不同的角度展现了原住民和殖民者的恐慌是殖民主义构建中主体交锋、对抗及重构过程的共同产物。在下文纳塔尔的例子里将会看到,针对非洲一夫多妻制提出的修订预案是与白人殖民者对黑人强奸白人女性的恐慌紧密相连的。①

本章中介绍的两个恐慌案例,似乎是在不同地理空间发生的两个毫无关联的例子。但是,在具体介绍后,我希望能建立两个案例的空间联系,并呼吁在今后的研究中构建新型帝国交流网络。每一个案例都有超越本土的原因及影响。也正是这些跨地域的联系,才体现了真正的帝国力量。

还有,我想超越被认为完全归属于人类领域的恐慌,强调恐慌网络不仅跨越空间,而且跨越人类与非人类的界限。正如丹尼尔·汉德里克(Daniel Headrick)指出的那样,帝国的扩张完全取决于技术的发展,技术促进了空间中的各大力量的联系,同时加剧了权力关系的不平衡。但是殖民关系也由非人类的行为体构成,这些行为体比蒸汽船、枪炮、运河、电缆和铁路的影响更微妙,甚至超越了奎宁这种渗透性的医疗技术。②本书着重分析恐慌的传播为帝国历史上的超越人类的网络制定了更为广泛的议程。本章的最后部分旨在作为本书方法的序言。

两大恐慌事件

可以预料的是,殖民统治危险重重。被殖民者会反抗,但是以什么形式反抗、何时何地反抗,永远是不确定的。谣言很容易演变成恐慌,而且通常是殖民者内部的恐慌导致殖民地政府实施干预。恐慌可能被殖民者利用,将非法入侵的土地上建立的私人"公司"扩张成正式的合法殖民政府。恐慌

① Luise White, *Speaking with Vampires: Rumor and History in Colonial Africa* (《与吸血鬼对话:非洲殖民地的谣言与历史》) (Berkeley: University of California Press), 2000; Ranajit Guha, *Elementary Aspects of Peasant Insurgency in Colonial India* (《印度殖民地农民叛乱的基本方面》) (Delhi: Oxford University Press, 1983); Homi K. Bhabha, "In a Spirit of Calm Violence(以平静暴力的精神)," in *After Colonialism: Imperial Histories and Postcolonial Displacements*(《殖民主义之后:帝国历史和后殖民位移》), ed. Gyan Prakash (Princeton: Princeton University Press, 1995), 326-343。
② Daniel Headrick, *The Tools of Empire: Technology and European Imperialism in the Nineteenth Century*(《帝国的工具:19世纪的技术与欧洲帝国主义》)(New York: Oxford University Press, 1981).

也要求建立这样一个政府,以便在危机出现时,相比个人倡导或请愿,能做出更高效的反应。殖民政府的成立又进一步使殖民边疆上不确定的地区更加稳固,迫使本土居民由独立自主的个体沦为殖民政府的臣民。①恐慌还可能产生种族化的影响。虽然根据19世纪30年代和40年代早期人道主义者和殖民者所谓的人道主义准则,东开普省的科萨族(Xhosa)和纳塔尔省的祖鲁族(Zulu)已经被改造成了多变的"可教化"族群,恐慌事例及其叙述却帮助殖民者强化和宣传了不可教化的原住民的反人道主义行为。通过对邻近的黑人族群引发的焦虑的表述,殖民当局将种族差异观念具体化,并在更广阔的殖民地范围中传播。②

　　第一个案例发生在19世纪40年代,讲述了对这一时期科萨族突袭开普殖民地东部边疆的恐慌,英国殖民者促使当局采取了更加强硬的殖民管理措施并加强内部的种族化。在拿破仑战争后的大萧条时期,受土地和新的发展前景的诱惑,大约4000名英国移民来到了东开普殖民地。这些移民最初在一些科萨小酋长国的边境上建立起定居点,但经常受到原住民的威胁。在几次边境战争中,许多人流离失所,但并未被击败。当科萨酋长联盟在1834年攻入殖民地,试图夺回失去的土地时,这个殖民者定居点就成为头号攻击目标。24名定居者在第一次袭击中丧生。到1836年底,殖民势力发动的焦土作战迫使科萨人投降。开普殖民地的总督,来自英国的本杰明·德班爵士(Sir Benjamin D'Urban)宣布,将更多原属科萨人的土地划归为殖民当局所有,并和原来吞并的土地相连,改名为阿德莱德

---

① 面对外界压力,将所有科萨族人驱逐出定居点的计划只得作罢。定居者恐慌并不总是产生这样的结果。从1751年南卡罗来纳州对切诺基(Cherokee)袭击的恐慌可以看出,征服战争并不总是会发生,一些恐慌会在没有军事干预的情况下平息。见:Gregory Evans Dowd, "The Panic of 1751: The Significance of Rumors on the South Carolina-Cherokee Frontier(1751年的恐慌:南卡罗来纳州切诺基边境谣言的意义)," *William and Mary Quarterly*(《威廉与玛丽季刊》),Vol. 53, No. 3(1996):527-560.

② 关于同时期的东开普省科萨族的种族化的问题,参见:Robert Ross, *The Borders of Race in Colonial South Africa: The Kat River Settlement, 1829-1856*(《殖民地南非的种族边界:卡特河定居点(1829—1856)》)(Cambridge: Cambridge University Press, 2013);关于解放的人道主义项目本身刺激了整个殖民地的种族化的论点,见 R. L. Watson, *Slave Emancipation and Racial Attitudes in Nineteenth-Century South Africa*(《19世纪南非的奴隶解放和种族态度》)(Cambridge: Cambridge University Press, 2012).

女王省（Queen Adelaide Province），并将科萨人驱逐出去，以示惩戒和威慑。但定居点的安宁只是昙花一现。这在《格雷厄姆斯敦日报》（*Grahamstown Journal, GTJ*）编辑罗伯特·戈登顿（Robert Godlonton）的文章中最能体现出来。

废除奴隶贸易取得胜利后，传教士和人道主义者的影响力高涨，他们还试图说服英国政府归还被征用的土地，戈登顿的文章传达了定居者们的普遍愤怒。但大都市的自由主义者们认为，科萨人对定居者发动攻击是走投无路下的最后一搏，而不是所谓的天性野蛮。殖民政府（不情愿地）把他们视为独立的民族，通过条约和外交"管理"他们，这一切都由东开普新省督安德烈斯·斯托克恩斯特（Andries Stockenström）全权负责。①

从 19 世纪 30 年代末到 40 年代，《格雷厄姆斯敦日报》在很大程度上——甚至可能是精心策划——加剧了殖民者的恐慌。它报道了一系列关于科萨人犯下的卑劣行径：偷盗仓库、抢劫，甚至谋杀无辜的殖民者。把殖民者的"掠夺"行为美化成殖民者对科萨人的人道主义努力不仅具有误导性，而且非常危险。通过对"斯托克恩斯特条约体系"缺乏安全保障的不断抱怨以及对某些事件的危言耸听的报道（边境居民似乎每天都暴露在危险之中，实际上并无死亡），《格雷厄姆斯敦日报》将边疆地区危险化：遭受着"无可救药"的科萨族的"恐怖威胁"。②约翰·加尔布雷斯（John S. Galbraith）指出，就连总督德班"都认为《格雷厄姆斯敦日报》是谣言的温床。这些谣言恶化了气氛，使争取和平更加艰难，甚至使和平难以达成"。1835年，德班观察到："格雷厄姆斯敦处处充满恐慌，不时出现各种各样的不可思议的幻想，这些故事一旦被编造出来，就不胫而走，迅速传播。"③

我将在下文回到东开普省的恐慌事件中，但现在让我们将视线拉到 30

---

① 更多详细信息，请参见：Alan Lester, *Imperial Networks: Creating Identities in Nineteenth Century South Africa and Britain* (London: Routledge, 2001)。

② Michael Taussig, "Culture of Terror—Space of Death: Roger Casement's Putumayo Report and the Explanation of Torture(恐怖文化——死亡空间：罗杰·贾思门的普图马约报告和对酷刑的解读)," *Colonialism and Culture*（《殖民主义与文化》）, ed. Nicholas B. Dirks (Ann Arbor: University of Michigan Press, 1992), 135–173.

③ 引自 John S. Galbraith, *Reluctant Empire: British Policy on the South African Frontier, 1834-1854*（《不情愿的帝国：英国对南非边界的政策，1834—1854》）(Berkeley: University of California Press, 1963), 42。

年后毗邻东开普省的纳塔尔殖民地,初次一看,这里是完全不同的定居者恐慌。

纳塔尔的恐慌开始于19世纪60年代末,当时殖民地的报纸大肆报道彼得马里茨堡(Pietermaritzburg)和德班(Durban)的非洲男子袭击白人妇女,到处人心惶惶。[1]尽管缺乏证据,尚未定罪,恐慌仍然不断升级,直到1872年才平息。诺曼·埃瑟林顿(Norman Etherington)指出,"指控威胁的证词"主要来自"白人男性,他们自称是白人妇女的代言人,因为在当时的社会风气下,女性出庭证明自己遭受性侵是不得体的,是败坏名声的"[2]。除了一个本身也是含糊其辞的案件外,这些白人男性提供的证据难以令人信服:

> 1872年5月,一个彼得马里茨堡的妇女说,她一直感觉有个黑影潜伏在附近,但警察去追时立马就消失了。1873年2月,一个营业到很晚的店主说他听到女儿卧室里有动静,就跑去看发生了什么事。他发现一扇原先锁着的窗户被撬开了,后来看到一个裸体的黑人男子迅速逃窜到灌木丛中。1874年5月,一个女人走在街上被陌生男子摸了一下,之后男人立马跑开了。《目击者》(Witness)的编辑认为这些证据足够让当局专门成立一个治安委员会来协助警方。[3]

每一场南部非洲的恐慌通常被视为有明确空间界限的事件,某个恐慌事件对应某个定居点,取决于特定环境及特定时间中定居者与土著居民的关系。但我认为,与其他恐慌事件一样,在跨帝国主义视角下研究这两个案例可能收获更丰硕的成果。在"空间转向"的启发下,在近来关于帝国的许多文献中,这一概念已经奠定了基础。

---

[1] 正如帕梅拉·斯库利(Pamela Scully)指出,文献中的重点往往是非洲男子强奸白人妇女,而不是更常见的白人男子强奸非洲妇女。参见:"Rape, Race, and Colonial Culture: The Sexual Politics of Identity in the Nineteenth-Century Cape Colony, South Africa(强奸、种族和殖民文化:19世纪南非开普敦殖民地的性政治认同)," *American Historical Review*, Vol. 100, No. 2 (1995): 335-359.

[2] Norman Etherington, "Natal's Black Rape Scare of the 1870s(19世纪70年代纳塔尔的黑人强奸恐慌)," *Journal of Southern African Studies*(《南部非洲研究期刊》), Vol.15, No. 1 (1988): 36-53 (37).

[3] 同上,第37—38页.

最近关于帝国的学术研究发现了多个边界交叉点，超越地理单元限制，英国史、帝国史、地区研究和前殖民地史这些以前相互独立的领域之间都建立了联系。殖民地史的空间研究与历时研究一样重要。在编写历史时，为了获得更广阔的视角，人们常常用比较法来摆脱单一空间单位的限制。通过比较法我们能够识别空间的相似之处和差异，但最近的研究关注点转移到了相互转化的联系上，这些联系有助于构建互相关联的场所。[1]"积极、具体、精确的历史联系的作用"，而不是"相似性"或"差异性"，受到越来越多的关注。[2]

比较历史的观点倾向于割裂地看待空间和场所，近来多琳·玛西（Doreen Massey）对此提出了批评。在比较历史的观点中，场所被看作是离散、有界的实体，就像放在桌子上的台球，桌和球的整体代表了空间。[3]"台球桌"和特定的场所，即排列在桌面上的"台球"是被割裂来看待的。而在玛西对空间和场所的相对概念中，"台球"和"桌子"之间的区别，场所和空间之间的区别，变得模糊起来。一般而言，具体场所和空间是由相同的运动和关系构成的。

28

通过网络化方式，这种相对的空间和地点概念逐渐渗透到帝国史研究之中。网络化，既是描述性又是分析性工具，允许各种规模的节点存在，从个体到传教站或实验室等机构空间，再到如城镇、城市、地区和国家等大型空间。历史学家感兴趣的现象可以看作是结合现实和想象的路径，以文本或视觉形式在这些节点间进行的资本流动，人员、物体或有机体的移动，以及思想交流。[4]如果能够超越殖民领土的范畴，追溯这两起恐慌事件的因果关系和传播网络，则可以从不同视角来看待东开普省和纳塔尔省的恐慌。

---

① Tony Ballantyne, *Orientalism and Race: Aryanism in the British Empire*(《东方主义与种族：大英帝国的雅利安主义》)(Basingstoke: Palgrave, 2002).

② Gillian Whitlock, "A 'White-Souled State': Across the 'South' With Lady Barker(一个"白色灵魂的州"：与巴克尔夫人横跨"南部")," in *Text, Theory, Space: Land, Literature and History in South Africa and Australia*(《文本、理论、空间：南非和澳大利亚的土地、文学和历史》), ed. Kate Darian-Smith, Liz Gunner and Sarah Nuttall (London: Routledge, 1996), 65-80 (68, citing Robert Wilson).

③ Doreen Massey, *For Space* (London: Sage, 1995).

④ Ballantyne, *Orientalism and Race*.

在这个阶段,来往于开普省和英国间的船只构成了帝国的通信线路。《格雷厄姆斯敦日报》的大量报道跨越大洋抵达伦敦,《泰晤士报》等都市报又对其内容进行提取,组成自己的殖民地事务报道(这一点通常被否认)。戈登顿等编辑和与其通信交谈的殖民者们充分意识到言辞在塑造大都市舆论方面的作用,这些殖民者向他们传达了边境上"野蛮人"突发奇想的放纵所引发的恐慌。他们利用这种传播渠道,希望影响国内舆论和政策倒向殖民者一边。①

然而,在表现定居者的恐慌和科萨人的野蛮时,这些英国移民面临着重重困难。一方面,他们需要说服大都市的观察者们加强军事保护并最终征服科萨。另一方面,如果要吸引更多的移民和国内投资,确保其物质生活,他们又需要为该地区的安全提供保障。1841年,《边疆时报》(*The Frontier Times*)就抨击了"那些夸大其词或不实陈述的人,会误导远方的人认为我们一直处于危险和恐怖状态",他们的陈述将吓退开普省海岸的"资本和移民"。②在殖民者为打算移民的英国人提供的指南中,殖民者传播恐慌而导致的问题就清楚地呈现出来。《殖民地杂志和东印度评论》(*Colonial Magazine and East India Review*)中,澳大利亚原住民被描述为"对我们来说幸运的是……他们是地球上最胆小的懦夫",而科萨人却被描述为注定遭受"最严厉的灭绝",鲜有潜在移民会喜欢在抵达新家园时遇到这个族群。③

29

---

① Alan Lester, "British Settler Discourse and the Circuits of Empire(英国殖民者话语与帝国的循环)," *History Workshop Journal*(《历史工场期刊》), Vol.54, No. 1(2002): 24-48.

② 引自 John Mitford Bowker, *Speeches, Letters and Selections from Important Papers*(Grahamstown: Godlonton and Richards, 1864), 104。另见 Tony E. Kirk, "Self-government and Self-defence in South Africa: The Inter-relations between British and Cape Politics, 1846-1854(南非自治与自卫: 1846—1854年英国与开普敦的政治关系)"(unpublished PhD thesis, Oxford University, 1972), 61, 63-64。

③ 引自 Simon Dagut, "The Migrant Voyage as Initiation School: Sailing from Britain to South Africa, 1850s-1890s(作为启蒙学校的移民航行:19世纪50年代至90年代从英国航行到南非)," University of Western Australia, Perth, November, 26-29, 1999, 11. 该文是其在"新非洲视角:20世纪末的非洲、澳大拉西亚和更广阔的世界"国际会议上发表的论文。澳大利亚边疆实际上也是恐慌的场所,它呼吁扩大殖民主权;亦可参见 Alan Lester and Fae Dussart, *Colonization and the Origins of Humanitarian Governance: Protecting Aborigines Across the Nineteenth-Century British Empire*(《殖民和人道主义治理的起源:保护19世纪大英帝国的土著居民》)(Cambridge: Cambridge University Press, 2014)。

然而，19世纪40年代，大多数殖民者的首要任务是推翻条约体系，收回阿德莱德女王省，呼吁英国扩大殖民地的驻军规模。无论如何，许多殖民者都很清楚，较大规模的驻军本身就能带来物质利益，弥补延迟的移民。[①]1838年，《泰晤士报》发表了从《格雷厄姆斯敦日报》收集到的关于斯托克恩斯特条约体系对跨边境贸易带来的灾难性影响，更不用说保障英国移民的安全，该报以开普省为例更广泛地阐述了所有涉及国家贸易的利益都要牢牢掌握在殖民政府的手中。[②]随着与边境农民进行贸易的伦敦商人加入抗议的队伍中，新任殖民大臣被说服罢免这个条约体系坚定的捍卫者、省督斯托克恩斯特的职务，理由是他"不受欢迎"。尽管新省督不信任格雷厄姆斯敦的殖民者——他们"对卡菲尔族（the Kaffirs）的土地有着强烈的渴望"，前任总督与科萨人的和平条约还是在1840年被打破，殖民者再次越过边境取回"被偷的牛"。然后，在1844年，新任总督佩雷格林·梅特兰爵士（Sir Peregrine Maitland）带着伦敦的新指示抵达开普省，斯托克恩斯特的政策随之被彻底废除。梅特兰认同戈登顿的看法，认为殖民者们正面临着"无穷无尽的麻烦"，"在殖民地边疆，谋杀和抢劫频发"。[③]在殖民者的施压下，针对殖民地上发生的一次小争端，梅特兰下达了最后通牒，由此也引发了1846年至1847年的边境战争。这场战争导致了阿德莱德女王省被永久吞并。英属卡夫拉里亚（British Kaffraria）殖民地在1847年建立，西斯凯（Ciskeian）地区的科萨人被迫接受英国的殖民统治。[④]

在纳塔尔这个案例中，强奸恐慌并没有促使殖民地和宗主国的利益重新调整以实现进一步的殖民扩张，而是创造了巩固这个新生殖民国家的机会。在殖民社会，黑人和亚洲男性对白人女性的性威胁所引发的道德恐慌

[①] Anthonie E. Du Toit, *The Cape Frontier: A Study of Native Policy With Special Reference to the Years 1847-1866*（《开普边境：对1847—1866年的本土政策的研究》）(Pretoria: Government Printer, 1954), 52-53.

[②] *Times*（《泰晤士报》）[London]（February 7, 1838), 5.

[③] *GTJ* (January 9, 1847), 转载于 Robert Godlonton, *Case of the Colonists* (Grahamstown: Richards, Slater and Co., 1879), 103。

[④] 关于对科萨族的毁灭性后果，见 Lester, *Imperial Networks* 和 Jeffrey B. Peires, *The Dead Will Arise: Nongqawuse and the Great Xhosa Cattle Killing Movement of 1856-7*（《死灰将复燃：农卡乌塞和1856—1857年科萨大屠牛运动》）(Johannesburg: Ravan Press, 1989)。

和政治影响已被广泛报道。①乔克·麦卡洛克(Jock McCulloch)在罗得西亚 ₃₀(Rhodesia)案中表明,对非洲男子强奸白人妇女的恐慌激起了国家反应,进一步巩固了种族、阶级和性别界限,维护了殖民者特权。它们起到了重申白人男子对白人妇女身体和公民权利的唯一合法地位的作用。在20世纪的前几十年里,这种"恐慌既是白人身份建构问题的一种表现,也是白人身份实现的一种手段"②。

在埃瑟林顿的分析中,纳塔尔恐慌由两个因素引起:一是少数白人群体建立的脆弱的殖民统治面临日益凸显的威胁;另一个是更直接的触发因素,即对非洲实行的一夫多妻制婚姻制度征税。报纸和立法议会对征税都展开了热烈讨论,宣传这样一种观念:非洲男人的"巨大欲望"会因为对一夫多妻的限制而受挫,他们可能会从白人中寻找发泄出口。立法议会"在颁布新婚姻法规的同时","还通过了一项法律,强奸白人女性的黑人男子必须受到严惩"。正如埃瑟林顿所写的那样,"这个法案,是在殖民者对性侵行为的焦虑达到顶峰前通过的,所以可以推测,媒体和立法议会的讨论是殖民者恐慌的原因,而不是结果"③。

但是,埃瑟林顿也注意到,触发这一事件的背景还包括一系列更深层次的因素,这些因素重构了纳塔尔和该地区内外其他地点的联系。与强奸恐慌同期的还有金伯利(Kimberley)钻石矿的巨大吸引力:不但有大笔投资不

---

① 斯坦利·科恩(Stanley Cohen)用"道德恐慌"一词描述一部分人被恐惧笼罩的情况,其恐惧与任何现有威胁并不成比例。科恩分析认为这种恐慌是出于对财产和社会控制的恐惧,可参见 *Folk Devils and Moral Panics: The Creation of the Mods and Rockers* (London: MacGibbon and Kee, 1972)。在定居者殖民地背景下,种族因素更为明显,参见:David M. Anderson, "Sexual Threat and Settler Society: 'Black Perils' in Kenya, c. 1907-30(性威胁和定居者社会:肯尼亚的黑色危险,1907—1930年)," *Journal of Imperial and Commonwealth History*, Vol. 38, No. 1 (2010):47-74; Henriëtte J. Lubbe, "The Myth of 'Black Peril': Die Burger and the 1929 Election("黑色危险"的神话:公民和1929年的选举)," *South African Historical Journal*(《南非历史期刊》), Vol. 37, No. 1 (1997): 107-132; 以及 Paul Scott 的小说 *The Jewel in the Crown (The Raj Quartet)* (London: Arrow, 1996)。

② Jock McCulloch, *Black Peril, White Virtue: Sexual Crime in Southern Rhodesia, 1902-1935*(《黑色危险、白色美德:南罗得西亚的性犯罪,1902—1935年》)(Indiana: Indiana University Press, 2000). 见英文版封底。

③ Etherington, "Natal's Black Rape Scare," 39. 次年伦敦的强奸法被否决了,因为它是根据罪犯的种族而不是犯罪的性质进行处罚的。

断流入——塞西尔·罗德斯（Cecil Rhodes）等人通过伦敦的阿西纳姆（Athenaeum）俱乐部的人脉网络筹集资金，还有大量移民劳工流入。这些劳工被酋长送到这里来挖矿，后者用挣来的钱购买武器。广泛的移民劳工网络逐渐将纳塔尔的游牧经济与金伯利地区的新工业经济更充分地结合起来，因此，当地移民雇主发现他们对当地非洲男性劳动力的依赖急剧上升。不仅如此，在新殖民社会中寻求同化的大量"科尔瓦"（Kholwa）基督徒皈依者也成了商品农业的有力竞争者。这些经过重组的在空间上延展的工业资本和移民劳工网络重新定位了纳塔尔的政治经济，并给殖民者在殖民地享有的特权和集权统治带来了新的威胁，加剧了19世纪60年代末和70年代初的强奸恐慌。

在恐慌的影响下，定居者更加支持巩固殖民国家的统治，而在过去，许多定居者更偏向与殖民国家保持一定距离。这种恐慌促使殖民政府成为殖民定居点安全的一种保障。纳塔尔省总督西奥菲勒斯·谢普斯通爵士（Sir Theophilus Shepstone），也是最高长官，在其制定的"谢普斯通体系"中认为，务必组织警力专门负责"居民区和主要道路上的巡逻，以便及时发现和制止非洲人的不良行为，防止他们在雇主不知情的情况下四处游荡，以减少最近频频听闻的暴行的诱因和可乘之机，为打击边界和乡镇以外的各种犯罪做贡献"①。在许多方面，纳塔尔的强奸恐慌与重建时期美国南部的强奸恐慌以及随之而来的滥用私刑是一致的。这些也反映了一种特殊的时代背景，白人对从属的、被压迫的非裔美国人的控制力明显减弱。

纳塔尔省的恐慌在对兰加里巴莱尔（Langalibalele）酋长实施极为残忍的公开惩罚和羞辱之后平息了下来。兰加里巴莱尔酋长之前拒绝交出利用移民劳工在金伯利矿上做工挣来的枪支。埃瑟林顿认为，"虽然很难证明对兰加里巴莱尔酋长的羞辱和惩罚与美国南部迪克西州（Dixie，南方诸州的别称）采用私刑一样，起到了宣泄情绪的作用，但强奸恐慌在1874年后的确迅速减少了"②。对非洲男性侵犯白人女性的恐慌也产生同样的影响：呼吁

① 同前，第46页。
② 同上，第51页。

殖民政府加强对殖民地事务的干涉和监管;需要时可以进行干预,巩固白人特权的政府,即使以牺牲定居者习惯的自由为代价。但是,有人认为这种恐慌的影响包括恐慌的原因,不仅仅是纯粹地方力量的结果,还是跨帝国和跨区域资本及劳动力流动网络重组的产物。在本书中可以看到恐慌的起因和影响是多方面的,远远超出了其发源地。

恐慌与非人类

近年来,在关于帝国的著作中,空间界限不断被跨越,学科界限也同样如此。社会、经济和文化史学者与科学技术史学者更密切地互动,而历史学者、人类学者、地理学者和环境科学学者都开始以类似方式构想帝国,包括人类和非人类参与者的网络集合。这种跨学科的浪潮,在很大程度上暗示了学者们渴望一种更具融合性的研究方法,以打破过去和现在、社会和自然、个人和集体的对立。一些帝国历史学者也曾努力捍卫其分支学科的界限,但在跨学科的浪潮下,其声音渐渐衰微,在这种广泛的跨学科努力中,帝国历史编写将在其初期发展进程中获得源源不断的成果。①

布鲁诺·拉图尔(Bruno Latour)的著作在很大程度上推动了人类与非人类(或"超越人类")主体的融合。其作品以两种方式将非人类参与者带入历史:首先,通过展示这些非人类如何便利人类参与者;其次,通过主张它们自身的主观能动性。虽然帝国历史学者想要追踪的通常是被视为本质上或专属于人类的现象,如政治影响力、身份争论和贸易争夺(人们通过帝国网络推动的事物),但拉图尔指出,"我们必须小心谨慎,不要把最初生成循环的异质要素和在一切准备就绪后才开始传播的影响混为一谈"。拉图尔举了

---

① 帝国环境史的强大传统仍然存在,但我在这里更多地考虑帝国社会政治史和环境史的融合,以重新思考人类和整个"自然"之间的界限。帝国史学家可能更本能地看到人类和非人类的活动结合起来重塑殖民地、空间和经验。参见:Richard Drayton, "Maritime Networks and the Making of Knowledge(海洋网络与知识的形成)," *Empire, the Sea and Global History: Britain's Maritime World, c. 1760-c. 1840*(《帝国、海洋和全球历史:英国海洋世界,约1760—约1840年》), ed. David Cannadine, Basingstoke: Palgrave Macmillan, 2007, 72-82;Kirsten Greer, "Red Coats and Wild Birds: Military Culture and Ornithology across the Nineteenth-Century British Empire," (unpublished PhD thesis, Queen's University, 2011).

"天然气让俄罗斯人的帝国得以延续"这一事实为例。为了使高加索地区和法国之间天然气流通顺畅，必须将这些非人类因素（钢管、泵站和固定在永久冻土层里的塔架）与人类因素（如国际条约、俄罗斯黑手党、乌克兰政客、"忍受极地严寒的技术人员"，更不用说除非发生"网络中断"的危机，不然还不知道自己一直消费的天然气是如何而来的数百万法国消费者）相结合。①帝国影响力和殖民权力关系网络同样依赖于非人类因素，比如船只、洋流、信风、植物标本、动物、印刷机、纸张和枪支等，这些因素不断建立联系以实现传播。

随着事物在超越人类因素构成的连接和传播点上流动或循环，一定的小障碍或是差距也需要不断克服。这在不同类型的网络中以不同的方式发生。拉图尔的例子包括律师学习如何通过法律手段将小事件上升到法庭诉讼，以及科学家如何证明实验结果，还包括将实验室的发现转变为一篇发表的论文。同样，殖民地的官员学习如何通过发挥写作的艺术来说服遥远的中央政府，并在殖民地树立个人美德来拉拢人心。②个人如果能够跨越这些连接环节的各个部分和阶段，他就能够获得网络中的能力——或者我们称之为权力。但是，能够跨越这些障碍的不仅仅是人类。

本书的编者和许多作者先前的作品也已表明，当疾病借助帝国的流通渠道在人员、物资、思想和资本构成的帝国通信系统中蔓延时，帝国内部就会发生特别严重的"网络中断"。③在拉图尔之后，我们可以看到细菌作为"可识别疾病的代理人……具有感染性和自主权"，在如此巨大的网络"链"

---

① Bruno Latour, *An Inquiry into Modes of Existence*（《对存在方式的探究》），Cambridge, MA：Harvard University Press, 2013), p.33. 2014 年的乌克兰危机以及俄罗斯和欧洲在能源供应问题上的紧张关系，使这些关系网络成为人们关注的焦点。

② 例见：Alan Lester, "Personifying Colonial Governance: George Arthur and the Transition from Humanitarian to Development Discourse（殖民统治的人格化：乔治·亚瑟和从人道主义到发展话语的过渡），" *Annals of the Association of American Geographers*（《美国地理学家协会年鉴》），Vol. 102, No. 6（2012）：1468-1488。

③ Robert Peckham, "Infective Economies: Empire, Panic and the Business of Disease" *Journal of Imperial and Commonwealth History*, vol. 41, no. 2（2013）：211-237；Robert Peckham and David M. Pomfret, eds., *Imperial Contagions: Medicine, Hygiene, and Cultures of Planning in Asia*（Hong Kong: Hong Kong University Press, 2013）.

中找到了自己的媒介"。①细菌的媒介可以与维系跨帝国通信网络的殖民地代理机构的恐慌相互作用。黑死病就是一个典型的例子：1894年从广州传到香港，1896年传到印度孟买，经由铁路蔓延到加尔各答（在1896—1914年间夺走了700万印度人的生命），英布战争爆发后随着人员的流动在1900年又入侵了开普敦，1902年蔓延到内罗毕，1908年又传播到西非，引起了大英帝国及其他地区"极端和激烈的反应"。②几乎每个主要城市都迅速设立了改进委员会和信托机构，负责前所未有的拆毁工作、贫民窟清理工作，并实行严格的种族隔离。

　　当然，在殖民话语中，这种疾病的非人类因素被迅速人性化和种族化。人们把疾病完全归咎于"亚洲种族不卫生和不道德的生活"，而不是帝国的传播网络。传播网络维持了帝国的存在，并使细菌得以流动。帝国采取了新措施。一方面，将帝国大多数亚洲和非洲南部港口城市的欧洲定居点附近的原住民、南亚移民和华人驱逐出去。另一方面，"成立卫生检查队对原住民习俗进行检查、管制和惩戒"。③

　　本书的创新之处在于，它将恐慌——特别是其政治、文化和社会表现与疾病的流动性、火灾和其他人身威胁——联系起来。作者们也重新审视了帝国的历史，既有非人类学的也有人类学的研究，既有跨帝国的也有当地的研究。恐慌是小规模事件通过网络和跨空间的扩散和放大，是人类和非人类流动性结合并共同重塑错综复杂的帝国网络（包括其身份、思想和实践）的实例。从18世纪奴隶起义的谣言和恐慌，到19世纪30年代定居者编造原住民对其造成威胁引发的恐惧，再到声称白人女性的贞洁受到"黑祸"的威胁引起的道德恐慌，然后到19世纪末至20世纪初的传染病恐慌，恐慌渗

---

① Bruno Latour, *We Have Never Been Modern*（《我们从未现代过》）, trans. Catherine Porter (Cambridge, MA: Harvard University Press, 1993), quoted in Robert Peckham and David M. Pomfret, "Introduction: Medicine, Hygiene, and the Re-ordering of Empire," in Peckham and Pomfret, *Imperial Contagions*, 1–14 (3–4).

② Home, *Of Planning and Planting*, 87; Peckham, "Infective Economies." 有关"第三次瘟疫大流行"期间的全球蔓延问题，见 Myron Echenberg, *Plague Ports: The Global Urban Impact of Bubonic Plague, 1894-1901*（《瘟疫港：黑死病对全球城市的影响，1894—1901年》）(New York: New York University Press, 2007).

③ Home, *Of Planning and Planting*, 87.

透进大英帝国各大边境殖民者生活的方方面面。它通过谈话和八卦形式的个人接触传播,也通过报纸传播;它通过帆船和蒸汽船在殖民地之间传播,继而通过电报和航空传播。它是催化剂,常常将殖民当局的意图转化成现实,使自治的原住民沦为帝国的臣民;使政府加强对这些民族的严格控制;推动殖民当局在被殖民者和地位更尊贵优越的殖民者间实行更严格的种族隔离。

第二章

在中国怒火渐升：广州十三行的火灾与恐惧

约翰·卡罗尔

Slow Burn in China: Factories, Fear, and Fire in Canton

　　从18世纪中期到1842年《南京条约》签订，西方人在中国的活动范围被 ³⁵
限制在广州城的一小块区域。在这里，中国和西方之间的贸易在广州贸易体
制下通过各大洋行进行。这些洋行由清政府特许专营对外贸易，各大商行组
成了公行。根据清政府的规定，外国人只允许在每年10月至次年3月期间进
行贸易，并且他们只能在商馆内活动，不允许携带妻小。

　　尽管在广州的外国人很少需要担心人身安全，但火灾是一大灾难，它夺
去了许多人的生命，并且最重要的是威胁到了贸易。外国人经常担心火灾，
尤其是在1822年那场大火之后，在火灾更易发生的干燥秋冬季节就更加担
忧。1836年11月，《广州周报》(The Canton Press)报道了一场伤亡惨重的
大火，许多人在试图逃跑时被烧死或跌落到河里溺死。更糟的是，被大火烧
毁的妓院里"很多"年轻女子在混乱中被绑架。①即使是未造成严重人员伤
亡的火灾，也造成了巨大的财产损失。1807年12月的一场大火后，传教士
马礼逊(Robert Morrison)报告称，大约300间房屋"化为灰烬"，三天三夜的
大火"烧毁了大约1000间房屋"。②1832年1月，一个木材场发生了火灾，将
一个"年轻有为"的行商的4000包棉花尽数烧毁。③1835年11月的一场大 ³⁶

---

① "Fires in Canton," *Canton Press*, Vol. 2, No. 12 (November 26, 1836): n.p.。从燃烧的妓院绑架
年轻妇女似乎是常见的事件。1832年11月，一场大火袭击了沙面，该地区位于商行以西约1600
米，以"无数的赌场和其他名声更差的地方"而闻名。《广州纪录报》记载，"在这些情况下，大帮大
帮的强盗来到这些被大火焚毁的妓院，据说妓女是匪徒最值钱的战利品，他们将这些妓女带走，
然后出售。这些匪徒的数量有时太多，已经超过了警察"；*Canton Register*, Vol. 5, No.17
(November 3, 1832): 122。1830年2月，沙面在三天之内发生了两起火灾，大约40名妇女从废墟
中被绑架；*Canton Register*, Vol. 3, No. 3 (February 3, 1832): 9。

② Robert Morrison, Canton, December 18, 1807, CWM South China Journals(世界宣教理事会华南
日志)，1807–1842, Folder 4, School of Oriental and African Studies, University of London.

③ *Canton Register*, Vol. 5, No. 2 (January 16, 1832): 10.

火后，《广州纪录报》(*The Canton Register*)报道只有一名男子死亡（被倒塌的墙壁压死），但有一家当铺被烧毁，伍秉鉴(广州当时最富有最有权势的行商)的一个孙子损失了好几家店铺。①1835年11月，《广州周报》用"异常惊人"这个词来形容一场大火导致的财产损失，虽然这场大火没有造成任何人员伤亡："它的破坏性巨大，价值不可估量的财产，包括商品、房屋和动产被这场大火吞没，无数人流离失所，大多境遇悲惨。"②1836年1月发生了一场比较小型的火灾，但木材场遭受了极大毁坏：约80栋房屋被烧毁，损失了价值约6万至7万美元的财产。③1836年9月的一场大火烧毁了大约30所房屋并吞没了"大量财产"。④

　　广州爆发的火灾也引发了小范围的恐慌，虽然规模远不及传染病或自然灾害引发的恐慌。尽管如此，对广州火灾"怒火渐升"的焦虑，也提供了一个视角，让我们看到西方商人在历经几次火灾后对这一隐患的担忧和焦虑，这种情绪可能演变成更普遍的集体反应。"恐慌和焦虑作为概念框架，"金·瓦格纳写道，"并不是矛盾的，而是与事件和结构有着相同的关系。"⑤正如大卫·阿诺德在第五章对印度殖民地爆发的瘟疫和大流感的讨论中提出的建议，探索为什么某些事件升级为大规模的恐慌而同样灾难性的一些事件却没有，是有价值的。借用阿诺德形象的比喻：为什么有些狗会叫，而有些不会？简而言之，对非恐慌、近乎恐慌或"未实现的恐慌"的考察可以帮助我们理解什么是恐慌，以及在什么条件下会产生恐慌。

　　考察西方对广州大火的担忧，还可以发现潜藏在官方话语背后普遍的帝国殖民主义焦虑：对在异国他乡被孤立、迷失或不知所措的焦虑，在广袤的陌生土地和多数的本土居民群体中过于渺小的几率。拉纳吉特·古哈指出，在帝国史学中出现了一种趋势：将这些模糊的不确定的焦虑同化为可辨

---

① *Canton Register*, Vol. 8, No. 48 (December 1, 1835): 190.
② "Destructive Fire in Canton！" *Canton Press*, Vol. 1, No. 11 (November 21, 1835): 89.
③ *Canton Press*, Vol. 1, No. 21 (January 30, 1836): 161; "Fire: Carpenter Square Burnt Down," *Canton Register*, Vol. 9, No. 4 (January 26, 1836): 13.
④ *Canton Press*, Vol. 2, No. 1 (September 10, 1836): n. p.
⑤ Kim A. Wagner, "'Treading upon Fires': The 'Mutiny'-Motif and Colonial Anxieties in British India," *Past and Present*, Vol. 218, No. 1 (2013): 159-197 (161).

别原因的恐惧。[①]"结果是，"古哈写道，"提升了一种帝国的形象，它是一种由只知道如何决定而不知道怀疑的工作人员操作的机器，他们只知道行动而不知道谨慎，在发生故障时，只有恐惧而没有焦虑。"乌尔里克·希尔曼（Ulrike Hillemann）最近指出，尽管"帝国主义"和"非正式帝国"都不能充分解释鸦片战争前英国在广州的角色，但广州也普遍存在着模糊的、令人不安的焦虑。[②]正如本章所述，鸦片战争前，西方对广州火灾的反应呈现出明显的焦虑，突显了他们内心潜在的脆弱。

　　当然，火灾和恐慌长期以来都是交织在一起的。正如白锦文在引言中指出的，火经常作为其他危机的隐喻。关于点火、可燃性、灭火和防范火灾这些具有煽动性的字眼常常在其他危机中被套用。例如，传染病经常被比喻为"像野火一样蔓延"。在2003年"非典"危机期间，一个反复出现的比喻是，"非典"就像是熊熊燃烧的大火，但总能把它"熄灭"。[③]尽管广州的火灾可能没有激起像本书其他章节涉及的殖民（后殖民）恐慌，但火灾也是一个关键场景——可以说是潜伏的危机——凸显了西方人的文化价值观、愿望和假想。火灾加剧了潜在的紧张情绪，反映出人们的担忧和沮丧，其影响远远超出了对个人和财产构成的物质威胁。

　　特别是对在广州从事贸易的西方人来说，他们常常感到自己被围困住了。1838年2月，《广州周报》上写道："我们居住在这里，感觉自己就像是被敌人围困在堡垒里的守军，中国人并不认为我们是远道而来的友好客人，在维护和平的同时为双方带来利益。"[④]正如泰勒·丹尼特（Tyler Dennett）在近一个世纪前所指出的那样，"外国人实际上是自愿的囚犯"。吉迪恩·奈

---

① Ranajit Guha, "Not at Home in Empire," *Critical Inquiry*, Vol. 23, No. 3 (1997): 482-493 (487-488)。关于帝国中焦虑和脆弱性之间的关系，另见 Ann Laura Stoler, *Along the Archival Grain: Epistemic Anxieties and Colonial Common Sense* (Princeton: Princeton University Press, 2009).

② Ulrike Hillemann, *Asian Empire and British Knowledge: China and the Networks of British Imperial Expansion*（《亚洲帝国与英国知识：中国与大英帝国的扩张网络》），(Basingstoke: Palgrave Macmillan, 2009), 46.

③ Patrick Wallis and Brigitte Nerlich, "Disease Metaphors in New Epidemics: The UK Media Framing of the 2003 SARS Epidemic（新流行病中的疾病隐喻：英国媒体对2003年'非典'疫情的描述），" *Social Science & Medicine*（《社会科学与医学》），Vol. 60, No. 11 (2005): 2629-2639.

④ "British and Chinese Relations," *Canton Press*, Vol. 3, No. 22 (February 3, 1838): n.p.

(Gideon Nye)是一名商人，后来成为美国驻广州副领事，他以幽默的口吻回忆起当年外国人在广州的处境："把我们比作伦敦动物园里的动物是再恰当不过了。"商馆就是我们的囚笼，"在里面想怎么做恶作剧都可以，这样就不会在外制造任何骚动，也不会试图摆脱束缚"。①中国人对西方人的限制似乎无穷无尽。查尔斯·杜哥德·唐宁（C. Toogood Downing）是一名来自英国的外科医生，在广州待了两年，大部分时间在外国商船停泊的黄埔下游度过。1838年他出版了三卷书，记录他在中国的生活，他观察到，"即使是想搭建一个小小的仓库，都得在政府仔细审核其用途、影响并正式获得政府许可后，才能进行"。②

在广州贸易体制的背景下，火灾有着特别的影响。正如凯西·弗赖尔森（Cathy Frierson）在俄罗斯帝国晚期的火灾和纵火的文化史中所述，19世纪俄罗斯火灾造成巨大的经济损失，但更重要的是这些火灾本身往往具有象征意义。对于主张改革的进步人士来说，火灾是国家落后的标志，是国家向理性的现代社会转型的一大障碍。换句话说，在推动现代化的进程中，火灾史成为具有争议的文化意义的历史。③在本章中，相似地，我们旨在研究火灾揭示的潜在的社会和文化过程，也表明了对具体火灾危机的分析可能为"西方"和"中国"身份的相互建构提供新的视角。

在广州的西方人透过频发的火灾了解了中国，更重要的是，也知道了他们自己在这个小地方的地位。当时中国火灾防范意识不强，灭火措施不足，也不愿意采取积极措施来降低火灾风险和影响。这些都代表了西方人不可理解的中国人行为以及非理性和不讲人道的中国文化。中西对火灾的不同态度引发了对中国国家和社会本质、对公共空间和私人空间的使用，以及

---

① Gideon Nye, Jr., *Morning of My Life in China: Comprising an Outline of the History of Foreign Intercourse from the Last Year of the Regime of the Honorable East India Company, 1833, to the Imprisonment of the Foreign Community in 1839*（《我在中国生活的早晨：从1833年东印度公司垄断对华贸易的最后一年到1839年外国群体监禁实施的对外交往史概要》），Canton: n.p., 1873, 15.

② C. Toogood Downing, *The Fan Qui in China in 1836-1837*（《1836—1837年在中国的外国人》），2 vols.（London: Henry Colburn, 1838），I, 298.

③ Cathy A. Frierson, *All Russia Is Burning: A Cultural History of Fire and Arson in Late Imperial Russia*（《俄罗斯帝国在燃烧：俄罗斯帝国晚期火灾和纵火文化史》）(Seattle: University of Washington Press, 2002).

对东西方兼容性的质疑。英国人的担忧尤为强烈，他们是在广州的外国人的一大群体，而东印度公司在1822年大火中遭受的损失最大。正是这种怒火渐升，或者说是强压怨气，而非引发恐慌的熊熊大火或灼热的地狱之火，让很多在广州的外国人感到沮丧和无助。特别是1833年东印度公司在中国贸易的垄断地位被打破后，英国商人要求政府为他们谋求更好的贸易条件，采取更激进的对华政策。

易燃的广州

　　火灾在前工业化时代的城市生活中很普遍。格雷格·班科夫（Greg Bankoff）、乌维·鲁贝克（Uwe Lübken）和乔丹·桑德（Jordan Sand）写道："城市中到处都是易燃物，难以控制的火灾影响了城市的方方面面，包括城市本身形态的演变。"①到处都是木质建筑，这些建筑里通常含有酒精、动物脂肪，有时甚至存放着火药等易燃物质，这意味着一旦着火就无法控制，火烧到哪里就把哪里毁灭，会将附近所有的社区都置于危险之中。像日本江户城（今天的东京）、中国中部的汉口和土耳其伊斯坦布尔这样的"打火匣"的城市，其易燃物的隐患尤其突出。②美国建国初期，火灾频繁发生，不仅在干旱的加利福尼亚新定居点，甚至在湿润一些的东部海岸城市也是如此。正如玛格丽特·哈森（Margaret Hazen）和罗伯特·哈森（Robert Hazen）所观察到的，加州和纽约就像"包围整个国家的大火炉，肆虐的大火似乎要将

① Greg Bankoff, Uwe Lübken, and Jordan Sand, "Introduction," in *Flammable Cities: Urban Conflagration and the Making of the Modern World*（《燃烧的城市：城市大火和现代世界的形成》）, ed. Greg Bankoff, Uwe Lübken, and Jordan Sand (Madison: University of Wisconsin Press, 2012), 3.

② Lionel Frost, "Coping in Their Own Way: Asian Cities and the Problem of Fires（以自己的方式应对：亚洲城市与火灾问题）," *Urban History*（《城市历史》）, Vol. 24, No. 1 (1997): 5–16; L. E. Frost and E. L. Jones, "The Fire Gap and the Greater Durability of Nineteenth-Century Cities（19世纪城市的火灾缺口和城市更大的耐火性）," *Planning Perspectives*（《规划视角》）, Vol. 4, No. 3 (1989): 333–347. Cf. Jordan Sand and Steven Wills, "Governance, Arson, and Firefighting in Edo, 1600–1868（1600—1868年江户的治理、纵火和消防）," and Cornel Zwierlein, "The Burning of a Modern City? Istanbul as Perceived by the Agents of the Sun Fire Office, 1865–1870（现代城市的燃烧？1865—1870年，太阳消防局代理人眼中的伊斯坦布尔）," in *Flammable Cities*, 44–62, 82–102.

整个国家吞没"①。

　　许多外国人认为，广东的火灾比其他地方都要频繁，或者说至少更具破坏性。在中国生活了30多年的美国人马士(Hosea Ballou Morse)后来写了一部五卷本的东印度公司对华贸易编年史。"在广东，当地人都在敞开的灶里烧火，到处都有燃烧的火苗，所以很容易引起火灾。"②1828年2月，《广州纪录报》报道了一场"非常危险的火灾"，发生在珠江北岸离商行不远的木材场，这场大火烧毁了装有石油、藤条、鞭炮和其他易燃材料的仓库。③美国商人威廉·亨特回忆说："盛行东北季风的秋冬季，火灾在商馆北面人口密集的郊区非常频繁。"④唐宁指出，火灾"在广东非常频繁，有时火势如此之大，以至于威胁到整个广州城"。房屋"几乎无一例外地都是用木头建造的，而且由于房屋周围总是储放大量易燃材料，一旦火苗蹿起，火势无法想象"。⑤

　　1835年11月的《广州纪录报》解释道："不管哪里，燃烧的城市都是可怕的景象，但在中国恐慌情绪倍增。"造成这一问题的部分原因是传统中国城市的布局，房子是木头造的，街道十分狭窄，城市还被高约12米、厚约6米的城墙所包围：

40

　　　　房子被高墙包围，出口狭窄，大火不受控制，迅速蔓延，造成极大破坏。妇女和儿童一片恐慌，匆忙逃窜，但由于缠足陋习，她们走起路来一跛一跛，很难逃生。火场一片哀号喧嚣——消防员大声呼喊，熊熊燃烧的屋顶和椽子轰然倒下，墙壁坍塌，狭窄的街道上充斥着吞噬一切的火焰发出的空洞低吟声。肆虐的大火不断逼近，将一切化为一片灰烬，带给人们

①　Margaret Hindel Hazen and Robert M. Hazen, *Keepers of the Flame: The Role of Fire in American Culture, 1775-1925*(《光明守护者：火在美国文化中的作用，1775—1925年》)(Princeton: Princeton University Press, 1992, p.72).

②　Hosea Ballou Morse(马士), *The Chronicles of the East India Company Trading to China, 1635-1834*(《东印度公司对华贸易编年史，1635—1834年》), 5 vols. (Oxford: Clarendon Press, 1929, V, 173).

③　*Canton Register*, Vol. 1, No. 6 (February 4, 1828): 22.

④　William C. Hunter, *The "Fan Kwae" at Canton before Treaty Days, 1825-1844, By an Old Resident*(《1825—1844年条约签订前的时光，一位老居民在广州拍摄的"番鬼"》)(London: Kegan Paul, Trench, 1882), 27.

⑤　Downing, *Fan Qui*, Vol. 2, 225-226.

无尽的绝望，以及痛苦和可怕的死亡……这一切实在难以言表。①

　　德庇时（John Francis Davis）为东印度公司工作，在广东待了20年，据他描述，在广州这样拥挤的城市，大部分的住宅和商店在一楼上面往往有一层"木阁楼"用来晾晒物品，或者让人们在炎热的夜晚纳凉。但他们的房子也因此非常容易在火灾中着火并助长火势蔓延。②

　　和其他城市一样（包括1841年1月英国占领后的香港），广州的火灾经常是由人为纵火引起的。③考虑到纵火既能反映种族间的紧张关系，又能加剧这种紧张，广州的外国人很少提到中国人对外国人纵火，这多少有些令人惊讶。④但是，他们的确认识到纵火现象的猖獗，也采取了一些防范措施。1828年2月，《广州纪录报》观察到，"近来广东发生多起火灾，对于纵火者，必须按照法律，严惩不贷"。⑤1831年12月，《广州纪录报》报道一名贫穷的妇人及其女儿和女儿的两个年幼孩子在一场大火中被活活烧死，这场火据说是有人想要烧毁有钱邻居的房子而故意放的。这样的纵火案件依然"非常频繁"，尽管警方提高警惕，实行严格的宵禁，并悬赏举报纵火犯。⑥1832年1月，《广州纪录报》也指出，那些当地政府"总是"归咎于"茶壶下的余烬"的火灾其实往往是由纵火犯引起的。⑦唐宁解释说，实际上的纵火案件"应该比发现的要多得多。城里到处都是流浪汉，他们放火烧毁房屋，趁乱掠夺，从中获利"。⑧德庇时说，在寒冷、干燥的冬季，纵火案频发，两广总督每年都会发出布告，提醒人们"当心蓄意纵火，这些纵火犯故意放火烧毁建筑物，趁乱抢劫"。⑨马礼逊报告说，1822年大火之后，6名中国人被判纵

41

① "Dreadful Fire: Destruction of the New City of Canton（可怕的火灾：广州新城的毁灭），" *Canton Register*, Vol. 8, No. 47（November 24, 1835）: 86. 强调为原文所加。

② John Francis Davis, *The Chinese: A General Description of the Empire and Its Inhabitants*（《中国人：中华帝国及其居民概述》）, Vol. 1（London: Charles Knight & Co., 1836）, 344.

③ "Hongkong," *Canton Register*, Vol. 15, No. 7（February 15, 1842）: 34.

④ Hazen and Hazen, *Keepers of the Flame*, 101–102.

⑤ *Canton Register*, Vol. 1, No. 6（February 4, 1828）: 22.

⑥ *Canton Register*, Vol. 4, No. 24（December 19, 1831）: 129.

⑦ *Canton Register*, Vol. 5, No. 2（January 16, 1832）: 10.

⑧ Downing, *Fan Qui*, Vol. 2, 225.

⑨ Davis, *Chinese*, Vol. 2, 12.

火罪,并被斩首。①外国人如此实事求是地报道这些惩罚,尤其是他们常常评论清朝司法的残酷,也揭示了当时纵火的猖獗和严重性。

火灾在广州发生的频率是否比在其他类似规模的城市更频繁,这很难确定。依据相关记载——主要为国外文献,范岱克指出,在1763—1843年,广州发生了100多起火灾,他也提醒读者注意,实际的数目可能是150起或更多,因为来华贸易的外国人只在允许通商的月份来中国,而且未对其贸易造成影响的火灾也可能没有提及。②但即便是150起火灾,也远远低于纽约的火灾频率。以1830年为例,纽约每天要发生三到四次火灾,火灾如此普遍,以至于纽约的消防员都成了一道亮丽的风景线。③1835年5月,一名作家在《中国丛报》上反对火险,声称中国房屋失火的情况"只是周期性的",中国房屋的"易燃外观"造成了外国人对火灾过度恐惧。他声称,中国火灾的"危险源"比欧洲"少得多",和欧洲一样,广州的房屋均是瓦片房顶,木材的使用也并未比其他地方多。中国人的家里没有烟囱,一般来说每家每户一天只生两次火,而且就是持续那么一小段时间。④

在大多数情况下,相对于广州城和郊区大部分房屋而言,外国人的商馆发生火灾的概率较小。因为靠近珠江,洋商可以迅速将货物转移到附近船只上,而且西方人也充分意识到他们的财物一直存在火灾隐患。他们在商馆里提前预备好灭火器。中国商人经营的洋行也是如此,他们从外国人那里购买灭火器。1773年2月7日晚就发生了这样一场大火,波及了商馆,一直持续到第二天凌晨。根据东印度公司的描述(这时的东印度公司已经完全吞并了两家商行),大火是在广州持续干旱了很长一段时间后爆发的,"来

---

① Robert Morrison, "An Account of the Fire of Canton, in 1822(1822 年广州大火记录)," in *Memoirs of the Life and Labours of Robert Morrison, Compiled by His Widow, with Critical Notices of His Chinese Works, by Samuel Kidd*(《马礼逊回忆录》), 2 vols., ed. Eliza Morrison (London: Longman, Orme, Brown, Green, and Longmans, 1839), II, Appendix, 33–39 (37).

② Paul A. Van Dyke, "Fire and the Risks of Trade in Canton, 1730s–1840s(18 世纪 30 年代至 19 世纪 40 年代广州的火灾和贸易风险)," in *Canton and Nagasaki Compared, 1730-1830: Dutch, Chinese, Japanese Relations*(《1730—1830 年的广州和长崎:荷兰人、中国人、日本人的关系》), ed. Evert Groenendijk, Cynthia Viallé, and Leonard Blussé (Leiden: Institute for the History of European Expansion, 2009), 171–202 (171).

③ Hazen and Hazen, *Keepers of the Flame*, 71.

④ "Fire Insurance in Canton," *Chinese Repository*, Vol. 4, No. 1 (May 1835): 30–32.

势汹汹"并迅速蔓延到商馆。这两家英属商馆都着火了,靠着"巨大的努力和毅力"才得以幸免。400多所房屋被烧毁,其中一所被"彻底烧毁"。①

更重要的是,外国人通常认为火灾本身和其危险性都具有"中国"特色。我们已经从《广州纪录报》对中国火灾的恐怖描述中看到了特征之一:妇女难以逃脱,由于缠足,她们的脚是"跛的"。这样的特征还有很多。唐宁指出:

> 除了纵火犯,户主自身的严重疏忽毫无疑问也引发了火灾。他们似乎全然不顾后果,到处散布火源。
>
> 城市的各个角落爆竹声不断,燃烧的冥纸在房屋外四处飞散。在街道拐角各种民间神灵的画像前,用香粉或檀香木粉末制作的一炷炷香不断燃烧。②

据德庇时所说,广州的房屋和商店面临的"最大风险"来自火灾,"频发的火灾"并不是"纯粹的意外事件"。中国人"非常形式主义"地借来了西方的灭火器,甚至模仿建造了"大致足以起到灭火作用"的灭火器。但是,他们的"宿命论"让他们对火"异常疏忽"。③这种宿命论源于与佛教、儒教和道教有关的"各种迷信习俗和仪式"。就像"大部分人类"一样,中国人是"普遍的愚蠢的宿命论者,或者说相信命运是由天注定的,是无法摆脱的"。但这种中国人特有的宿命论也产生了"实际危害",他们在用火时"无动于衷的粗心"就是最突出的一点。尽管每年"一次又一次的火灾"给城市带来了巨大的破坏,甚至"最漫不经心的观察者"都不可能没有注意到"这极其粗心的行为:将燃烧的冥纸和点燃的香烛遗留在他们极其易燃的住所里,或者将烟斗和大量的爆竹卸到完全由草席搭建而成的临时库房里面"。即使这些火灾中有一些是由纵火者引起的,其中有"很大一部分"可以归咎于"对宿命论的

---

① Morse, *Chronicles*, Vol. 5, 173.

② Downing, *Fan Qui*, Vol. 2, 226-227.

③ Davis, *Chinese*, Vol. 2, 12.

愚蠢信仰,这种信仰往往使人麻痹大意,他们不再努力,放松警惕".①

⁴³ 沮丧和无助:1822年大火

即使在火灾很常见的城市,有的火灾也比其他的更具有传奇色彩。正如艾伦·克瑞尔(Alan Krell)所言,某些火灾——例如1666年伦敦大火、1824年爱丁堡大火、1871年芝加哥大火往往"通过各种因果和话语的组合进入社会想象,成为'大火灾'"。起因相当普通,这些火灾"进一步引起人们的反应,出现在文学作品里和大银幕上,最后火灾本身也出名了"。"一方面非常恐惧,一方面又沉湎其中,"克瑞尔说,"这就是大众对于大型火灾的反应。"这样的大火不仅"摧毁了建筑和生命",而且进入了"更模糊的空间——修辞、重建和记忆"。②

对于广州的外国人来说,"大火灾"特指那场爆发于1822年11月1日并持续了两天的大火(见图2)。东印度公司货头委员会主管詹姆斯·布拉巴宗·厄姆斯顿称,这场"令人悲痛的灾难"从距离十三行北面约2400米的郊区而起。③大约到了晚上九点半,十三行才收到一场大火正往此地蔓延的消息。东印度公司迅速启用灭火器帮助灭火,但却找不到水。随着火势蔓延,风向又变成北方,火势很快就蔓延到十三行。因为东印度公司当季的羊毛制品仍在公司的仓库里,还没有交付给行商们,所以很快就雇了工人把它们转移到更安全的地方。不久,由于火势太大,工人们很难找到货物,便召集来停泊在黄埔的西方船只上的水手。首先到达的是美国人,其锚地距离广州最近,不久英国水手也到了。这场大火导致22人丧生,烧毁了广州西郊大部分地区,数千家商店毁于一旦。英国人将商馆的大部分货物,包括东印度公司财政部的70万美元,转移到行商"昆水官"的仓库内,也因此得以

---

① 同前,第129页。

② Alan Krell, *Burning Issues: Fire in Art and the Social Imagination*(《燃烧的问题:艺术与社会想象中的大火》)(London: Reaktion Books, 2011), 17, 51.

③ November 14, 1822, Canton, Urmston to Chair, Court of Directors, India Office Records(IOR)/G/12/284 (Secret Letters received from China, June 27, 1821–February 6, 1823), British Library, London.

图 2　《1821 年广州大火》,油彩,伦敦马丁·格雷戈里画廊
(The Martyn Gregory Gallery)供图

在一周内重新开始贸易。十三个行商中的另外两个——"沛官"和"茂官",
损失特别惨重。[1]

　　1822 年的那场火灾,掀起了一波热烈的讨论,并深深地印刻在了在广
州的西方人的记忆里,不管他们是否在场得以目睹。《广州纪录报》在 1835
年 5 月写道:"1822 年的那场大火,我们记忆犹新,所有的繁华和辉煌在顷刻
之间散尽,就像飞蛾扑火一样惨烈。"[2]当报道 1835 年 11 月那场摧毁了广州
新城部分地区的"可怕的火灾"时,《广州纪录报》写道:"1822 年那场可怕的
大火的回忆又再次重现,人们不由地产生了最悲观的预期。"[3]德庇时在
1836 年写道,1822 年大火灾是"一场可怕的灾难,无论对中国人还是对欧洲

---

① November 1, 1822: Statement—Fire at Canton, IOR/G/12/227 (Canton Consultations, April 18,
1822–February 4, 1823); Morse, *Chronicles*, Vol. 4, 64–66; Robert Morrison, "A Review of the
First Fifteen Years of the Mission(任务前 15 年回顾)," and "An Account of the Fire of Canton," in
Memoirs, ed. Morrison, 33, 183; Conner, "Fires," 112–117.

② *Canton Register*, Vol. 8, No. 23 (June 9, 1835): 91.

③ "Dreadful Fire," 185–186.

人而言,都难以忘却"。①西方人在就广州引入火灾保险的可行性进行辩论时,他们提到1822年的火灾。②正如帕特里克·康纳所指出的,1822年的火灾似乎是中国外销画所记录的第一场火灾。③

　　东印度公司特别委员会将1822年的火灾描述为一场"前所未有"的大火。④除了东印度公司的记录,大量的记录来自马礼逊,他1807年就来到广州,1834年在中国去世,在这不久前他被任命为纳皮尔勋爵的翻译,协助勋爵和清政府谈判以获得更好的贸易条件,但最终并未完成这一使命。1822年的大火给马礼逊个人也造成了巨大的损失。他多年的住所被烧毁,他准备送往马六甲印刷中文版《新约》的重达45公斤的纸也被烧毁。火灾发生12天后他写信给伦敦传道会,"我们暂时被转移到了一个仓库里",马礼逊还写道:

　　　　星期五晚上,火灾从广州西郊距离十三行北面约1600米的一家糕饼店烧起。大火在11月1号晚上一直到接近次日周六零点前,还没有得到控制,继续迅速蔓延。所有外国商馆都遭受了不同程度的破坏。从周六晚上到周日上午,火势沿着河岸向西蔓延,至少2400米,而且一路烧到没有房子可烧了才完全停止。成千上万间商铺和房屋被毁,化为灰烬。有人估计英国东印度公司的损失为100万英镑。狂怒的大火吞噬一切,被毁房屋的逃难者焦急万分,哭天喊地,带着从火中抢出的财物四散奔逃,手里提着刀剑自卫,铁石心肠的强盗趁乱拦路抢劫弱者,挥刀砍倒强壮的人并将其踩死。这些场景令人不寒而栗。⑤

① Davis, *Chinese*, Vol. 1, 104.

② *Canton Register*, Vol. 8, No. 23（June 9, 1835）: 91.

③ Patrick Conner, *The Hongs of Canton: Western Merchants in South China, 1700-1900, as Seen in Chinese Export Paintings*（《广州的商行:中国外销画呈现的1700—1900年中国南方的西方商人》）（London: English Art Books, 2009）, 90; Conner, "Fires," 112-117.

④ November 1, 1822: Statement—Fire at Canton.

⑤ Robert Morrison, Canton, November 12, 1822, CWM South China Incoming Correspondence, Box 2, Folder 2, Jacket B, School of Oriental and African Studies, University of London. 马礼逊在1822年11月14日的信件中也提到了火灾。

　　在马礼逊写给伦敦董事的报告中，我们看到了克瑞尔描绘的所有特征：恐惧、沉湎、困惑、惊恐和敬畏。在其日记中——部分日记后来由其妻子在他死后编辑完成——马礼逊更加详细地描述了这场大火。多年来，每次大火发生后，英国媒体都重复引用他的观点。例如，在1835年11月的火灾之后，《广州周报》写到，从几家外国商馆的露台上可以看到"完整的惨烈景象"。到了午夜，火势达到最盛，"这座充斥着烧杀掠夺的城市，让人不禁联想到了罗马，也正遭受现代版暴君尼禄为了满足私欲的残忍报复！又像是点燃的大锅里被扔进了火种和余烬，整口大锅熊熊燃烧"。如果大火摧毁了郊区，蔓延到城墙另一头的中外商行，"结局会更加悲惨"。①

　　和后来的火灾一样，1822年的火灾加剧了外国人在广州的沮丧和无助感。虽然从东印度公司主管的公寓露台上可以发现着火了，但没人知道大火何时会蔓延到十三行。到了半夜，外国人开始准备证件，打包贵重物品。船只需求急涨，供不应求，很多人都找不到船。马礼逊记录了英国商行和其他行商的灭火器马上被征集来灭火：

　　　　但是，由于街道狭窄，消防员们训练无素及缺乏政府有效配合，加之水源供应不足，对迅速蔓延的大火的影响微乎其微。街上到处是逃跑的中国人，当地商人带着财产，身边跟着一个拿着刀剑的护卫，大叫着让路。火势迅速蔓延开来。只有几位英国绅士、东印度公司船上的军官和其他一些人竭力协助灭火和推倒残房；但是他们人手不足，当地人又不合作，火势迅速蔓延开来。②

　　11月2日星期六的清晨，大火越来越逼近十三行。东印度公司和一些私营商人聚集在城门口，手头都拿着请愿书，按照既定协议要求当地政府命令军队和巡捕拆除周围烧毁的商铺，以防止火势继续蔓延，保护幸存下来的中外商行。③虽然这些请求"是用最诚挚和坚定的语言"写就的，但没有得

① "Destructive Fire in Canton!" 89–90.
② Morrison, "Account of the Fire of Canton," 33.
③ November 1, 1822: Statement—Fire at Canton.

到回应，总督把东印度公司的信原封不动地退回去，因为信上盖的不是公章，而是主管的私人印章。到八点钟时，火势已蔓延到十三行。经过一天"徒劳地试图阻止火势蔓延"，到周日上午，大多数外国商馆已被摧毁。四个行商的商馆被彻底破坏，数以千计的商铺和房屋也被烧毁。两广总督李鸿宾告诉马礼逊，大火让大约5万人无家可归，但他认为这是"上天的旨意"。①

尽管这些商行在1822年的火灾后不久就开始重建，但是火灾留下的大量的砖石和废料仍旧堆在江边，而且随着更多的垃圾堆在上面，这儿日积成山。1830年抵达广州的美国传教士雅裨理后来描述道，"商馆前的空地是当地人的聚集地，他们每天凑在一起，做生意、聊八卦，打发时间。这是一条崎岖不平的小道，只有一小段平坦的道路，之后就延伸到一大堆垃圾之上，这些垃圾是1822年的一场大火之后就堆积在这里的，尽管很多行商申请清除这些垃圾，但还是残留着，让外国商人觉得很碍眼"。②东印度公司的主管希望把商馆前这块空地上碍眼的垃圾清除干净，然后把这块空地围起来并扩建防波堤。但这两项要求都有争议，没有立马执行。1830年3月，公司派了一组水手用附近的垃圾填满并扩大了防波堤。还有一部分剩下的"令人讨厌的垃圾"在1831年1月终于被广州官府彻底清理掉了。③

1822年的大火也改变了商馆的布局，商馆前的空地本来是用栅栏围出了一块区域——外国人通常称之为"广场"，但在火灾中栅栏被烧毁了。为了控制进入珠江的通道，防止流浪者和有好奇心的华人进入，这些围栏在18世纪90年代就被竖起了。大火过后不久，各行各业的人每天都聚集在广场上。④唐宁说："广场上有成群结队的，有迈着匆忙而笨拙的步子的，都是当地人；

① Morrison, "Account of the Fire of Canton," 33-35.

② David Abeel（雅裨理）, *Journal of a Residence in China and the Neighboring Countries, from 1829 to 1833*（《旅居中国及其邻国纪事，1829—1833年》）(New York: Leavitt, Lord & Co.), 1836, 76.

③ January 31, 1831: Offensive mound of dirt in front of the Factories removed, IOR/G/12/246 (Canton Consultations, January 28, 1831-February 28, 1832); Conner, *Hongs*, 103; Morse, *Chronicles*, Vol. 4, 193-194, 278, 291.

④ Johnathan A. Farris, "Thirteen Factories of Canton: An Architecture of Sino-Western Collaboration and Confrontation（广州十三行：中西合作与对抗的建筑）," *Buildings and Landscapes: Journal of the Vernacular Architecture Forum*（《建筑与景观：乡土建筑论坛期刊》）, Vol. 14,（2007）: 76-77; Conner, *Hongs*, 100.

店主、理发师、江湖医生、小偷、流氓、流浪汉和苦力，穿着蓝色长衫，有的脚上穿着一双厚底鞋。"①大火过后，英国人在商馆前建起了一座花园和一堵围墙，不过广场还是一直开放到1839年。

火灾与中国人的性格

和其他城市一样，火灾在广州是大新闻。英国媒体怀疑中国人故意夸大火灾损失。1835年12月，《广州纪录报》解释道："中国的线人告诉我们，他的同胞会无比放大他们在火灾中的损失；在不幸的受害者富有想象力的大脑中，1钱的损失就好像是1万钱一样。"②但英国媒体还是急切报道火灾和其他灾难事件，常常达到引人注目的效果。1835年11月，《广州纪录报》报道一场"可怕的大火"摧毁了广东新城的部分地区：

> 大火整夜肆虐，在郊区的街道上人群密集，人来人往，或搬运货物，或携老带妻离开现场。现场一片混乱，清理路面时工具的碰撞声、人们的怒吼声、尖叫声、威胁声和抱怨声，震耳欲聋，令人毛骨悚然。人性的所有丑恶，像鸟身女妖哈耳庇埃一样（饥饿的她们被宙斯派去折磨一个叫菲纽斯的人，抢食他的食物），在这场"上天意旨"的火灾中也得以释放并满载而归。本来就"吵吵闹闹，令人讨厌"的中国人现在竟比平时聒噪和讨厌千万倍。人们最先抢救床、被褥和衣服，然后是用具、家具和其他物品……在火灾现场妇女的表现被特别提及：（她们的表现）着实令人敬佩，没有抱怨，没有昏厥，没有尖叫，非常冷静、顺从和镇定。她们偶尔给孩子或仆人指路的声音也特别吸引人，和蔼、柔和、彬彬有礼。③

不同于印度，在广州的贸易体制下，西方人和中国人之间界限分明，因

---

① Downing, *Fan Qui*, Vol. 1, 301.

② *Canton Register*, Vol. 8, No. 48（December 1, 1835）: 190.

③ "Dreadful Fire: Destruction of the New City of Canton," *Canton Register*, Vol. 8, No. 47 （November 24, 1835）: 185–186.

此对于当地人,英国人更多的是好奇而不是害怕。但前文中对火灾的描述以及火灾在部分人群中引发的恐慌反应表明,西方人对庞大、稠密和难以理解的"东方"人群的暴力倾向感到普遍焦虑。①

在这里,对于火灾的恐慌被另一种恐慌覆盖,熊熊燃烧的大火中,"鸟身女妖"和"吵闹而讨厌"的中国男性人群(与顺从的女性形成鲜明对比)涌现出来。这些报道的惊人之处在于,西方人对火灾威胁的不安全感,很容易会升级成对"腐败"的当地买办和仆人的道德忧虑,害怕他们会给自己带来危险。生活在"这种易燃物"附近的危险还很容易与"赌博"之类的不道德行为混为一谈。②1837年3月《广州纪录报》写道,始于一家茶铺的大火"持续了两个多小时,几乎没有中断"。大约有70所"大大小小的"房屋被毁。一个茶叶包装仓库燃烧着"熊熊火焰",其中一所房子屋顶上的平台在密集的火线中持续燃烧了近一个小时,场面壮观。③

英国媒体特别喜欢报道由于疏忽引起的火灾。1831年1月,《广州纪录报》记录了总督官邸的一名佣人抽鸦片后不慎睡着,燃烧的油灯导致了火灾:"据报道,很多珍宝在大火中被烧毁。"④3月末,《广州纪录报》又报道了一起总督官邸的火灾,将之前1月份大火中幸存下来的寓所烧毁殆尽。火灾的原因和1月份的那场相同,也是一名佣人抽鸦片后不慎睡着,而灯一直点着。在中国,火灾发源地的房主会因为火灾造成的公众伤害受到惩罚,而且在短短2个月内这样的意外在总督府邸就发生了两次,这是"非常不光彩的"。总督在各大寺庙里祭拜神明,希望化解"凶兆",慰藉自己 60多年前也爆发过类似的火灾,证明政府正在遭受"无法摆脱的命运,注定要历经苦难的轮回"。《广州纪录报》的"中国的线人"是这样解释的。⑤

和1822年大火一样,在广州的外国人经常抱怨中国人不懂防火,也似

---

① 托马斯·德·昆西(Thomas De Quincey)等人的作品中普及了"东方"人群潜在的侵略思想;见 John Barrell, *The Infection of Thomas De Quincey: A Psychopathology of Imperialism*(《托马斯·德·昆西的感染:帝国主义的心理病理学》)(New Haven, CT: Yale University Press, 1991).

② *Canton Register*, Vol. 9, No. 5 (February 2, 1836): 20.

③ *Canton Register*, Vol. 10, No. 12 (March 21, 1837): 51-52.

④ *Canton Register*, Vol. 4, No. 1 (January 3, 1831): 1.

⑤ *Canton Register*, Vol. 4, No. 6 (March 17, 1831): 25.

平不会正确灭火。1828 年 7 月，《广州纪录报》报道了一些进步。在最近的一场火灾中，当地政府为了防止火势蔓延，将着火房屋两侧的屋子拆毁，这是从西方人那里学来的技巧。在扑灭前面几场在广州爆发的大火中，后者做出了很大贡献。灭火器、手表、望远镜、毛织品的普遍使用也表明中国人会接受符合自己判断或趣味的事物。①在 1836 年 9 月和 10 月，《广州纪录报》中注意到每个月发生的火灾都是通过拆毁邻近的房屋来控制火势蔓延的。②尽管如此，唐宁认为中国人在防止火灾再发方面"采取如此之少的预防措施"，是"奇怪"的。③1835 年 6 月，《广州纪录报》回顾了 1822 年的那场大火，认为"如果中国人能够被鼓励像欧洲人那样奋力灭火，大火可能很快就会被扑灭。他们本可以推倒大火燃烧路线上的一排房子，但是对那些麻木不仁的清朝人来说，这种做法太过激了，除非真的要火烧眉毛了，不然他们一定在家里保持沉默。④

外国人常常将当地政府的掉以轻心、缺乏防范与在广州和珠江下游葡萄牙的租地澳门的外国团体的努力进行对比。1835 年 1 月，《广州纪录报》报道，"几乎所有从澳门来的和当地的欧洲人都迅速地赶到火灾现场开始奋力灭火。他们冒着巨大的危险，进入房子的低层公寓，抢救多少是多少"。⑤在 1835 年 11 月大火之后，《广州周报》哀叹华人应对火灾时的"软弱、无知和轻率"，这和外国商人所采取的预防措施形成鲜明对比，"这些外国商人极力想要保护自己财产，表现令人钦佩"⑥。

广州处理火灾的方式似乎验证了外国人常说的"中国人的性格"，他们把中国的一切问题都归咎于此，包括广州贸易体制及其种种限制。对马礼逊来说，1822 年的大火只是凸显了这种性格的弱点，"在异教信仰和专制统治下，在火灾中，清朝人的冷漠自私和西方人的慷慨无私形成强烈对比"。

---

① *Canton Register*, Vol. 1, No. 27 (July 12, 1828): 106.

② *Canton Register*, Vol. 9, No. 37 (September 13, 1836): 150, and *Canton Register*, Vol. 9, No. 43 (October 25, 1836): 17.

③ Downing, *Fan Qui*, Vol. 2, p.226.

④ *Canton Register*, Vol. 8, No. 23 (June 9, 1835): 91.

⑤ "Fire at Macao," *Canton Register*, Vol. 8, No. 2 (January 13, 1835): 8.

⑥ "Destructive Fire in Canton!" 89.

政府没有向火灾受害者提供任何救助，也没有为他们自发筹集善款。相反，"自私自利阻碍了大家拧成一股绳、把劲往一处使，更别说牺牲个人利益来谈合作奉献精神，按常理来说，这本可以减少不幸"。甚至包括一些行商，他们天天和外国人打交道，甚至有超过10年、20年的友谊，对于外国人在大火中遭遇的不幸也是坐视不理。马礼逊认为，与中国那些"别无二心忠诚守护主人家产"的家仆不同，在火灾中幸存下来、其商行也完好无损的行商没有一个"主动为无家可归和饥肠辘辘的'番鬼'或'洋鬼子'提供哪怕一宿住宿或一顿饭，除非外国人先去乞求他们"。①

外国人经常批评中国慈善活动太少，同样他们也批评火灾受害者获得的救助太少。1835年12月的一场火灾后，美国传教士裨治文（Elijah Bridgman）写道："受难者的救助者中，没有听到一个当地人的名字。"唯一的捐款来自在广州和澳门的外国人。从巴达维亚（Batavia）来到广州的传教士麦都思（Walter Henry Medhurst）曾做过一场特别的布道，鼓励募集捐款，他希望在广州的外国人承担起"在任何紧急情况下改善在一起生活的人们的状况"的责任。②在另一篇关于中国人"国民性"的文章中，传教士米怜（William Milne）指出，清朝的法律——

> 强有力地扼杀了仁爱的行为。在中国，一人犯罪，邻里连坐。与其他大多数文明国家大相径庭，法律认定他们有罪，除非他们能够自证清白。人们害怕被牵连而无辜受罪，就不愿意去帮助灭火，直到上级政府打消他们的顾虑，但这时救火往往为时已晚……从中也可以看出这种连坐制的刑法是如何抹去人们的仁慈之心的。③

华人对火灾的反应凸显了英国人对华人排外情绪的解读。在殖民统治时期的香港也是如此（1844年，德庇时担任第二任总督），广州的英国人普遍认为广州人比其他地区的中国人更加仇外，而广州人自身的道德素质也

① Morrison, "An Account of the Fire of Canton," 39.
② "Fire in the City of Canton," *Chinese Repository*, Vol. 4, No. 8 (December 1835): 390–391.
③ "National Character of the Chinese," *Chinese Repository*, Vol. 1, No. 8 (December 1832): 30.

更低。"在清王朝其他闭塞的地方，人们可能会认为我们野蛮残暴，"唐宁写道，"但在这个通商口，还混杂着仇恨和恐惧的情绪。"①德庇时形容广州人是"中国人中最糟糕的"，他们受到当地政府鼓动，把外国人视为"低等生物"。②4名外国人在帮助扑灭了1832年2月的一场大火后，遇到一位官员，那位官员"草草说了几句话"，"还做了个手势，好像要砍他们的头似的"。③在1835年11月的大火后，《广州周报》报道了这场大火"有力地证明"了中国人对外国人的"极度反感"。几名西方人设法进入内城，教"无知"的居民如何灭火。但是，火一扑灭，那些"可耻的、最凶残的小人"就恩将仇报，动手殴打那些擅自闯入的外国人。《广州周报》称："这就是中国！"④

　　但这并不意味着外国人和中国人没有一起合力灭过火。正如范岱克所说，大火是所有人的威胁，火灾也可能促成合作。外国人不被允许进入内城，但每当附近发生火灾时，每个人都尽力帮助。外国人和中国人合力灭火。"翻译者"特别重要，他们主要的工作是尽量减少外国人和中国人因为语言不通而引起的紧张和冲突，并协助维持现场秩序。⑤德庇时写到，在1822年火灾中，一位行商将自己的仓库借给东印度公司，也使得东印度公司在火灾发生仅一周后就迅速恢复了贸易，保住了"大量财产"。⑥1822年，行商关联昌派出了80名手下帮助费城的内森·邓恩（Nathan Dunn）将财物（价值约15万美元）装上小船。⑦1836年的一场大火摧毁了木材场，《广州纪录报》报道："所有在广州的外国人马上警惕起来，当地的消防队被勇敢无畏和奋力救火的美国人、英国人鼓舞，在他们的指导下，不顾危险，从燃烧的房顶上将灭火管道拿下来，展现了令人敬佩的英雄气概。"⑧威廉·亨特说，行商的众

---

① Downing, *Fan Qui*, Vol. 3, 94.

② Davis, *Chinese*, Vol. 1, 37-38.

③ *Canton Register*, Vol. 5, No. 4 (February 16, 1832): 21.

④ "Destructive Fire in Canton!" 89.

⑤ Van Dyke, *Canton Trade*, 88, and "Fire," 177-178.

⑥ Davis, *Chinese*, Vol. 1, 105.

⑦ John Rogers Haddad（哈达德）, *The Romance of China: Excursions to China in U.S. Culture, 1776-1876*（《中国传奇：美国人眼里的中国，1776—1876年》）（New York: Columbia University Press, 2008），86-87. 哈达德推测，关联昌和邓恩可能是情侣，见该书第94页。

⑧ "Fire: Carpenter Square Burnt Down," 13.

多职责之一，就是在火灾中派遣自己的船只和劳工，保护外国人和他们的财产。他回忆道，在 1839 年 1 月木材场发生的一场大火中，"商馆似乎必毁无疑"，但多亏了行商"浩官"和"明官"拥有的精良灭火设备，还有商馆苦力们"得心应手"地使用灭火器。①

火灾是（或不是）机遇

火灾往往意味着机遇。1666 年伦敦大火给了克里斯托弗·雷恩爵士（Sir Christopher Wren）一个打造全新伦敦的机会。②马克·莫莱斯基（Mark Molesky）认为，1755 年里斯本大火既是 18 世纪欧洲启蒙运动的催化剂，也是葡萄牙一个新政治时代的开始。这场大火发生于里斯本大地震之后，欧洲的科学家、神学家和哲学家（包括伏尔泰、卢梭和康德）都质疑我们长期的宗教迷信，重新思考上帝、人类和自然法则的关系。莫莱斯基写道，大火"为彻底的政治和文化以及城市建设规划的剧烈变革铺平了道路"。③在对 19 世纪蒙特利尔大火的研究中，杰森·吉利兰（Jason Gilliland）认为火灾是城市形态变化的一个动因。关于火灾对蒙特利尔建筑形态的影响，吉利兰认为大火为改善城市环境提供了机遇。新的城市规划极大推动了商业发展的资本累积。④距离再拉近一点，艾伦·斯马特（Alan Smart）指出 1953 年 12 月的一场寮屋区大火，推动港英政府雄心勃勃的公屋计划发展成由徙置事务处负责的大规模安居工程，也扩展了教育和医疗服务。⑤

---

① Hunter, *Bits of Old China*, 205–206, 219.

② Robert Peckham, "The City of Knowledge: Rethinking the History of Science and Urban Planning（知识之城：重新思考科学史和城市规划）," *Planning Perspectives*, Vol. 24, No. 4 (2009): 521–534.

③ Mark Molesky, "The Great Fire of Lisbon（1755 年里斯本大火）, 1755," in *Flammable Cities*, 147–169.

④ Jason Gilliland, "Fire and Urban Morphogenesis: Patterns of Destruction and Reconstruction in Nineteenth-Century Montreal（火灾与城市形态形成：19 世纪蒙特利尔的破坏与重建模式），" in *Flammable Cities*, 190–211.

⑤ Alan Smart, *The Shek Kip Mei Myth: Squatters, Fires and Colonial Rule in Hong Kong, 1950–1963*（《石硖尾神话：1950—1963 年香港的寮屋、火和殖民统治》）(Hong Kong: Hong Kong University Press, 2006). 参见 David Faure（科大卫）, *Colonialism and the Hong Kong Mentality*（《殖民主义和香港思想》）(Hong Kong: Centre of Asian Studies, University of Hong Kong, 2003), 31–32.

　　广州火灾也带来了机遇。有时外国人因为帮助灭火受到了礼待。《广州纪录报》在1832年2月的大火后解释道："中国人充分意识到外国人能帮助他们扑灭大火——在这种情况下连官员对他们都是客客气气、非常友好的。"火灾发生的时候，外国人暂时被允许进入广州城内，一般情况下他们都是被禁止进入的。1835年11月那场大火烧毁了广州新城的部分地方，几个外国人到达城墙，从城西北的城门进到城内。①美国传教士裨治文于1835年12月写道，"只有在某些可怕的灾难迫使政府以礼相待"时，西方人才能在广州城内自由行走。那天早上的那场小火就给了他制造了那么一次机会，他第一次沿着西城墙走着。他把这个机会归功于"以前的'番鬼'，那些帮助控制火灾的'番鬼'"。②在1836年末的一场大火之后，《广州周报》报道："在火扑灭后，几位外国绅士获准在城墙上巡视，没有受到任何干扰。"③1836年1月木材场发生大火之后，一群外国人可以"不受干扰或骚扰"地在广州城里四处走动。④

　　但是火灾后外国人对十三行整改的希望往往会落空。例如，1822年大火后，他们坚决认为，商馆和毗连的商铺间需要有更多的空间。尽管商馆得到了重建，但他们提出的防范火灾措施没有被采纳。东印度公司向两广总督阮元递交文书，请求不要重建被毁的商铺，原因是它们存在火灾隐患："这块空地应全部分配给商馆，而不是让具有火灾风险的商铺交错其中。"⑤他们并不"否认火灾可能是天意"，但同样坚称，"和这些木质结构的商铺及其周围的木质建筑过于紧密的距离"是造成商馆烧毁的客观原因，如果不去重建这些毁灭的商铺，那么"一半的不幸事件"可以避免。⑥

　　尽管经过大量谈判后，商馆得以重建，但商铺的店主们也纷纷向两广总

①　"Dreadful Fire: Destruction of the New City of Canton," *Canton Register*, Vol. 8, No. 47 (November 24, 1835): 185.

②　"A Walk on the Walls of the City of Canton(在广州城墙上漫步)," *Chinese Repository*, Vol. 4, No. 8 (December 1835): 536.

③　*Canton Press*, Vol. 1, No. 21 (January 30, 1836): 161.

④　"Fire: Carpenter Square Burnt Down," 13.

⑤　引自Morse, *Chronicles*, Vol. 4, 66.

⑥　November 5, 1822: Committee's address to the Governor, IOR/G/12/227 (Canton Consultations, April 18, 1822–February 4, 1823).

督递交了请愿书，称商铺距离火灾发源地尚有一段距离，而且当地居民都靠他们的铺子维持生计。他们也深受火灾之害，希望政府可怜可怜他们，不要夺走他们的店铺。尽管仅仅"只有一百家"，但是还有"一千多个家庭"靠此养家糊口。①1836年2月，一位化名为"Senex"的人在《广州纪录报》上抱怨说，中国人从来都学不会防范火灾，他们已经在重建一座易燃的海关大楼，先前的那座在早些时候的火灾中被烧毁。②同月，外国商人派出两名代表向代理总督请愿，希望他能下令禁止重建海关。在第一次请愿中，一个英国商人亚瑟·桑德斯·基廷（Arthur Saunders Keating）在广州的外国人的支持下，向政府表明先前的大楼"实际上就是一个赌场，由于距离商馆很近，就变成了外国商人的仆人休闲娱乐赌博的地方"。更重要的是，茅草覆盖的屋顶非常易燃，给"大多数外国商馆"及其"大量有价值的货物"带来了"巨大的危险"。③

火灾与不满

和本书讨论的其他案例相比，对广州火灾的担忧还未升级为恐慌。尽管如此，人们还是非常担心，以至于1836年12月，《广州周报》认为最近成立的广州外侨总商会的最重要目标就是保护在华外国商人的贸易利益：

> 我们的财产在火灾中没有受到保障。正如外国居民所知，他们房屋的三面都紧密环绕着广州的郊区，火灾一旦发生，他们一定首当其冲。无论是在城市还是郊区，几乎没有哪一个冬天可以幸免于火灾，房子可以逃脱被毁坏的危险……距离1822年的大火灾已经14年了，除少数公寓外，所有的外国商馆都被大火烧毁过，而且自从那场大火灾以来，类似事件的危险丝毫没有减少。④

---

① December 12, 1822: Petition from Hog Lane shop owners, IOR/G/12/227; Conner, *Hongs*, 97–98; Morse, *Chronicles*, Vol. 4, 66, 74.

② "Fires in Canton," *Canton Register*, Vol. 9, No. 5 (February 2, 1836): 20.

③ "Fires in Canton," *Canton Register*, Vol. 9, No. 6 (February 9, 1836): 22.

④ *Canton Press*, Vol. 2, No. 13 (December 3, 1836): n.p.

事实上，火灾成了反对广州贸易体制限制的一大不满。1838年2月，《广州周报》指出中英关系的最大问题就是"中国政府对待外商的态度过于骄纵和蔑视，把他们视为同情的对象。清朝政府故步自封，不愿意去了解出于'天朝的仁慈'才与之通商的英国。在广州的外商没有任何权利可言，而且哪天把官府惹得不高兴了，随时可能被驱逐回国。而他们也只能欣然接受"。最常见的抱怨是：中国仅仅是一口通商，贸易被公行垄断。英国商人可能随时被驱逐出广州，"只要政府乐意，不需要什么充分的理由"。当时的广州，洋人不允许携带妻子进入十三行，"他们被迫和家庭分离"。在广州的洋人的活动范围仅限于商馆内，这是"对他们个人自由的限制"，也阻碍了他们"进行有益健康的锻炼"。当外国人失手杀死中国人后，被要求以命相偿，这也意味着在华外国人缺乏"平等的法律待遇"，他们可能会因为"一项专门针对外国人的压迫性法律"受到惩罚。还有一个让外国人特别不满的地方：他们无法建立自己的仓库以存储自己的财产，"现有的仓库都在中国行商的管控下，而且特别容易受到火灾的威胁，因为其位于郊区人口最密集的地区并且位于十三行的南边。在火灾频发的冬季，强劲的北风很容易将火势引向南边，对仓库货物的安全造成威胁"。①

这些不满在19世纪30年代中后期愈演愈烈，尤其是英国人开始谋求更好的贸易条件，并要求其政府对华采取更强硬的政策。但这并不表明对大火灾的担忧是1839年鸦片战争爆发前夕中英冲突的主要原因。鉴于广州的火灾风险可能未必比其他城市高多少，广州的环境实际上也是比较安全的，特别是与亚洲殖民地——如印度尼西亚的巴达维亚和菲律宾的马尼拉等地——相比，这些担忧似乎是过虑了。随着1839年初两广总督林则徐下令禁止鸦片走私，紧张局势升级，粤海关监督下令封锁十三行。他坚持认为外国人无须担心火灾，像1822年那场破坏程度如此之大的火灾不会再发生了。②但可能由于我们往往会孤立地看待一些恐慌和近乎恐慌的议题，长

---

① "British and Chinese Relations," n.p.

② *Canton Press*, Vol. 4, No. 22 (February 2, 1839): n.p.

期存在、酝酿已久的担忧便被忽视了——简单来说就是一种说不清道不明的焦虑或者被称为恐惧的东西。这种情绪由于某些特定的原因引起，如法律和秩序的崩溃。事实上，就像巴里·辛德斯（Barry Hindess）所说，焦虑是"更加分散的，人们找不到确切的诱发因素，因此无法对它做出积极反应"。[①]在鸦片战争爆发前，西方人被限制在这一块小小的活动区域里，焦虑并没有演变成全面的恐慌。正如本书的其他章节指出，因为担忧而做出的殖民地反应——以及将焦虑融入恐惧政治中——通常是恐慌出现的前提条件。在本章广州的案例中，引人注目的是西方对火灾的近乎恐慌，这种恐慌包含并反映了如此多其他的担忧和不满，而随着中英关系恶化并互相开火，这些担忧和不满只会加剧。

---

① Barry Hindess, "Not at Home in the Empire," *Social Identities: Journal for the Study of Race, Nation and Culture*, Vol. 7, No. 3 (2001): 363–377 (363).

第三章

传染病下的机遇：恐慌、检疫和1851年国际卫生大会

若昂·兰格尔·德·阿尔梅达

Epidemic Opportunities: Panic, Quarantines, and the 1851 International Sanitary Conference
© Joao Rangel de Almeida

　　本章将探讨危机可能给个人、社区和国家带来的意外机遇。传染病以及常常伴随而来的恐慌可能被认为是"社会颠覆者",为社会改革、技术进步、职业发展或市场扩张创造适时的条件。灾难性事件的"冲击"所引起的分心和焦虑可能被政治所利用,以推动立法、挑起战争或剥夺公民自由。[1]正如本书其他作者所述,传染病及其引发的恐慌被用于推动加强生物监测计划和政府控制的合法化。例如,约翰·卡罗尔在第二章中分析了鸦片战争前在广州的西方人的焦虑,提出火灾带来毁灭性破坏的同时也创造了机遇。白锦文在第六章中也指出,在 19 世纪最后十年,传染病危机巩固并扩大了电报的战略作用。[2]

　　各国对 19 世纪中期霍乱暴发的反应就是生物政治扩张的一个很好的例子。克里斯托弗·哈姆林(Christopher Hamlin)观察到:正是因为人们对霍乱的反应异常强烈,霍乱成为 19 世纪的一个标志。[3]霍乱引起了大规模恐慌,催生出各种应对措施,不仅针对控制疾病本身,还包括如何稳定恐慌人群。但这些措施也可能适得其反:部署军队来维持秩序和巡逻疫区,往往会让本是"惊弓之鸟"的群众更加恐慌。[4]"霍乱恐慌"一词从 19 世纪 30 年

----

① 有关"灾难资本主义"如何利用各种灾难造成的"休克状态"作为扩展资本主义的"方案",参见 Naomi Klein, *The Shock Doctrine : The Rise of Disaster Capitalism*(《休克主义:灾难资本主义的兴起》)(Toronto: Knopf, 2007)。

② 参见 Alison Bashford, "Global Biopolitics and the History of World Health(全球生物政治学与世界卫生史)," *History of the Human Sciences*(《人类科学史》), Vol. 19, No. 1 (2006): 67-88。

③ Christopher Hamlin, *Cholera : The Biography* (《霍乱传》)(Oxford: Oxford University Press, 2009), 4.

④ Charlotte E. Henze, *Disease, Health Care and Government in Late Imperial Russia : Life and Death on the Volga, 1823-1914*(《俄罗斯帝国晚期的疾病、医疗保健和政府:伏尔加河上的生与死,1823—1914 年》)(Abingdon: Routledge, 2011), 50.

代开始就被媒体广泛使用,描述其引起的恐慌。如今人们发现报纸可以"引发恐惧,并可能进一步导致精神抑郁",也认识到谣言极大地助长了恐惧,"恐惧又引发恐慌"。[1]一位评论员对1832年纽约霍乱大流行有着非常形象的描绘,惊恐万状的居民疯狂逃离这座城市,就像火山爆发和大地震中庞贝古城的居民一样拼命逃离"迅速吞没了他们房子的火红而炽热的岩浆,或让墙壁瞬间倒塌的大地震",[2]如果当局试图通过故意低报死亡率来淡化大众对疾病的恐惧,他们同样可以利用恐慌来改变大众的行为和敏感度——正如哈姆林所说,"常态行为违法化"旨在清理"那些麻烦的人或事物",以支持国家对公共卫生的干预。[3]

1851年在巴黎召开的第一届国际卫生大会专门应对霍乱疫病"危机",这次会议也是传染病创造政治机会的一个典型案例。在这个案例中,有关方面试图通过建立新的外交模式,以及通过卫生事务管理以加强帝国主义对外干预。本章旨在探究与会的欧洲传染病专家和外交官如何试图利用国际监管活动来构建用于控制奥斯曼帝国公共卫生事务的政策,最终将其影响力扩展到东方奥斯曼帝国的战略领土。在此过程中,本章考察了传染病与其所引发的恐慌、国家主权和帝国表现力之间的相互作用。当时的世界被极具争议地划分为"开化的"西方和"未开化的"东方(比如"西方"的基督教对比"东方"奥斯曼的伊斯兰教)。传染病允许对世界进行明确的空间划分,并用"文明的"知识和做法来防控传染病风险。即使提出的措施没有得到充分实施,各国在应对"真正的"传染病威胁和由此引发的恐怖的谈判和协商过程,也为洞察帝国主义的发展议程提供了批判性见解,同时揭示了政治上的权宜之计与恐惧、期望和野心之间的复杂关系。

霍乱最初只在印度地区流行,随着19世纪初在印度以外地区连续出现了几波流行高潮,这种病逐渐成为一种全球性疫病。[4]在此期间,欧洲国家

---

[1] 参见"The Press and The Cholera(媒体与霍乱)," *Times* [London], September 15, 1849, 3.

[2] 引自 Charles E. Rosenberg, *The Cholera Years: The United States in 1832, 1849, and 1866*(《霍乱年代:1832年、1849年和1866年的美国》)(Chicago: University of Chicago Press, 1987 [1962]), 27.

[3] Hamlin, *Cholera*, 118.

[4] 连续几次大传染病开始和持续时间有分歧,作家们各自支持不同的观点。参见 Robert Pollitzer, *Cholera* (Geneva[日内瓦]: World Health Organization[世界卫生组织], 1959), 11–49.

官员和医疗机构仔细监测了这种疾病，并意识到它在 19 世纪 20 年代末已经传播到欧洲大陆。各国政府和科研机构派出医疗考察团研究霍乱的成因，但未能达成共识。人们对于霍乱作为传染病的认识还远未清晰统一。[1]事实上，也正因为如此才引起了人们的忧虑。[2]有人说它是一种传染性瘟疫，而另一些人则保证它不具传染性；大多数医生和行政管理人员则是灵活地将两者结合。[3]鉴于对疾病的认识尚不清晰和准确，对霍乱疫情的防控措施缺乏共识也就不足为奇了。[4]卫生当局同时实施检疫隔离和改善居住环境的措施，努力为公众带来实质性的防疫成果。[5]

　　可以预见的是，对霍乱起源、传播方式和特性的质疑，是欧洲大陆出现恐慌的主要原因。对霍乱的恐惧将里斯本、巴黎、伦敦、莫斯科和维也纳联合在一起，但是相比于霍乱造成的大量死亡，霍乱传染病中深植的文化和政治问题才是引发恐惧的主要原因。霍乱是一种从殖民世界传入的疾病，它违背了帝国的期望，与文明的进步思想背道而驰，挑战了科学理性。该病还逐渐被"亚洲化"（见图 3）。[6]到了 1832 年，巴黎人仍然认为这种"瘟疫般的"和"落后的疾病"是不可能在这个世界的"文明"中心暴发的。但当不幸染上霍乱而死的欧洲人发黑的尸体的图像呈现在他们眼前的时候，伦敦的医生和小说家都流露出了恐惧：英国文明是否会毁灭？国家会走向堕落吗？[7]

---

① Pamela K. Gilbert, *Cholera and Nation: Doctoring the Social Body in Victorian England*(《霍乱与国家：维多利亚时代英国社会卫生系统的问题》)(Albany: State University of New York Press, 2008).

② 关于霍乱"无本质"的难以捉摸性，参见 Projit Bihari Mukharji, "The 'Cholera Cloud' in the Nineteenth-Century 'British World': History of an Object-Without-an-Essence (19 世纪'英帝国'上空的'霍乱乌云'：无本质的霍乱的历史)," *Bulletin of the History of Medicine*(《医学史公报》), Vol. 86, No. 3 (2012): 303-332.

③ Margaret Pelling, *Cholera, Fever and English Medicine, 1825-1865*(《霍乱、黄热病与英国医学，1825—1865 年》)(Oxford: Oxford University Press, 1978); Peter Vinten-Johansen et al., *Cholera, Chloroform, and the Science of Medicine: A Life of John Snow*(《霍乱、氯仿与医学科学：约翰·斯诺的人生》)(Oxford: Oxford University Press, 2003).

④ Hamlin, *Cholera*.

⑤ 见 Peter Baldwin, *Contagion and the State in Europe, 1830-1930*(《传染病与欧洲国家，1830—1930 年》)(Cambridge: Cambridge University Press, 1999).

⑥ Hamlin, *Cholera*, 39-46.

⑦ François Delaporte, *Disease and Civilization: The Cholera in Paris, 1832*(《疾病与文明：1832 年的巴黎霍乱》)(Cambridge, MA: MIT Press, 1986)；关于法国与印度和"东方"的对立，见该书第 17—18 页。

PUCK.

THE KIND OF "ASSISTED EMIGRANT" WE CAN NOT AFFORD TO ADMIT.

图3　弗里茨·格莱茨（Fritz Graetz）把霍乱画成抵达纽约的
土耳其移民，帕克，1883年7月18日

艾琳·欧康娜（Erin O'Connor）指出："亚洲霍乱在维多利亚时代被拟人化为东方入侵者的形象，它是一股野蛮之力，缓慢又无情地向西方世界移动，暴露了不断扩张的工业文化的弱点。"①城市化进程中的公共卫生和种族关系问题在霍乱大流行下日益凸显（和具体化），为实现社会正义和推动体制改革创造了独一无二的机遇，也进一步促进卫生、住房和城市管理政策的革新。

　　尽管有关19世纪欧洲和北美霍乱的社会和文化影响的研究很多，但对传染病外交的关注很少。霍乱及其引发的恐慌对公共卫生多边合作的倡议至关重要，尽管检疫措施的实施、检疫法规的谈判往往错综复杂，但这些是维护和扩大国家利益的工具。本章的重点是恐慌心理如何被利用于推动国际传染病管理体系的建立。换句话说，其目的是从疾病的视角切入外交和

61

---

① Erin O'Connor, *Raw Material : Producing Pathology in Victorian Culture*（《原料：维多利亚文化中病理学的形成》）(Durham, NC: Duke University Press, 2000), 22.

国际发展史研究。[1]

本书的很多其他作者将恐慌视为一种空间现象。如第一章中,艾伦·莱斯特研究了恐慌如何跨越空间并且超越人类与非人类的界限实现网络化。"网络既是一种描述工具,又是一种分析工具,"他写道,"允许各种规模的节点存在,小到传教站或实验室等机构空间中的个人,大到如城镇、城市、地区和国家等大型凝聚体。"与此同时,在第六章中,为了阻止疾病蔓延,各国对疫病线路进行追踪和制图。这种对于在空间扩散的感染的追踪也揭露出地缘政治的复杂性。特别是在亚洲和地中海东部地区,那些野心不断膨胀的帝国试图将势力延伸到奥斯曼帝国的领土上——从欧洲到安那托利亚,到阿拉伯半岛,再到北非。在这里,疾病和政治交错在一起,恐慌激发起合作意愿,但各国又对由此可能对本国造成的经济和政治损失感到焦虑而犹豫不决。

霍乱下的机遇:检疫隔离和国际卫生条例

从国际上来看,霍乱导致了客运和贸易流通与港口管理之间的新矛盾。1834年,法国的行政长官塞古尔·杜佩龙(Ségur Dupeyron)总结道,鼠疫来自东方,"而商业贸易导致其成为一种全球性疫病"。霍乱沿着几大主要贸易路线蔓延,欧洲面对日益严重的传染病威胁自然会重新恢复检疫法和检疫实践,防止疫情进一步扩散。这个想法是在感染区和非疫情区之间树起"第一道防线"[2],或者用瓦莱斯卡·休伯(Valeska Huber)的话来说,开发一种"薄膜",让船只进入地中海,但把可能的感染源隔断。从理论上讲,地方卫生局会核查船只是否有健康证明书,并对乘客、船员和货物进行检查。如果条件都满足的话,船舶可以自由入港卸载货物。然而,如果当局担心霍乱症状可能还在潜伏期,船舶、乘客、船员和货物将被隔离一段时间,以确保港

---

[1] Erez Manela, "A Pox on Your Narrative: Writing Disease Control into Cold War History(叙事中的天花:将疾病控制写入冷战历史)," *Diplomatic History*(《外交史》), Vol. 34, No. 2 (2010): 299-323.

[2] Krista Maglen, "'The First Line of Defence': British Quarantine and the Port Sanitary Authorities in the Nineteenth Century (第一道防线:19世纪的英国检疫和港口卫生当局)," *Social History of Medicine*(《医学社会史》), Vol. 15, (2002): 413-28.

口及其邻近领土的安全。①

　　鉴于检疫措施会影响正常的国际贸易,有关检疫的优点和不利影响,在医学和政治领域都引起了热烈讨论。双方的论战见诸报纸、议会报告、杂志、学术论文和小册子,双方从个人经验、经济影响或医疗数据来论证各自的观点。面对乘客、商人和卫生当局的要求,外交官们在各大国际会议中努力争取达成国际监管协议,统一各国的检疫实践。②检疫尽管是避免传染病暴发和消除恐慌的重要措施,但一直是各国官僚和医生争论和辩论的源头。③评估检疫措施对于防止传染病扩散的效果及分析其对经济和个人的影响时往往会出现破裂。检疫措施带来的消极影响更加直接:实行海港检疫极大破坏了海上自由贸易,征收检疫费用导致商品交易成本上升,另外检疫站的建立和招聘相关工作人员成为国家公共财政的额外负担。④

　　从实际来看,检疫政策依赖于广泛的外交网络,这些网络调查并掌握各国疫情流行情况。在准备国际离境时,船只要拿到经当地的外国领事批准的船舶健康证明书,并一路随船附带。该文件证明了船只出发地的疫情情况,并描述了船舶、船员、乘客和货物的健康状况。领事、商人和卫生局人员经常抱怨健康证明书上缺乏可靠的数据,而且外交官根本没有专业能力去

---

① Valeska Huber, "The Unification of the Globe by Disease? The International Sanitary Conferences on Cholera(疾病统一全球? 1851—1894 年霍乱国际卫生大会)," *Historical Journal*(《历史杂志》), Vol. 49, No. 2 (2006): 454–476;参见 Valeska Huber, *Channelling Mobilities: Migration and Globalisation in the Suez Canal Region and Beyond*(《引导流动:苏伊士运河地区及其他地区的移民与全球化》)(Cambridge: Cambridge University Press, 2013)。关于19世纪文学、科学和政治中"膜"的隐喻,参见 Laura Otis, *Membranes: Metaphors of Invasion in Nineteenth-Century Literature, Science, and Politics*(《膜:19 世纪文学、科学和政治中的入侵隐喻》)(Baltimore, MD: Johns Hopkins University Press, 1999)。

② Mark Harrison, *Contagion: How Commerce Has Spread Disease*(《传染病:贸易如何传播疾病》)(New Haven, CT: Yale University Press, 2012).

③ Anne Hardy, "Cholera, Quarantine and the English Preventive System, 1850-1895(霍乱、检疫与英国预防系统,1850—1895 年)," *Medical History*, Vol. 37. No. 3 (1993): 250–269.

④ 在一篇有重大影响力的文章中,欧文·爱克涅特(Erwin Ackerknecht)将个人政治意识形态与是否支持检疫联系在一起。他认为,与自由主义者相比,保守和专制的个人更有可能支持采取检疫措施。最近,彼得·鲍德温提出预防措施的采纳与国家距离流行病的地理距离存在联系。鲍德温认为,与疫情较晚暴发的国家相比,距离疫情中心较近的国家更有可能采取检疫措施。参见 Erwin Ackerknecht, "Anticontagionism between 1821 and 1867(1821—1867 年的反接触传染)," *Bulletin of the History of Medicine*, Vol. 22 (1948): 562–593; Baldwin, *Contagion and the State in Europe*.

做出科学的决策，很有可能会威胁到海港的安全。此外，船舶健康证明书决定了一艘船的检疫命运，这也使得商人们非常不安，他们担心商业利益的竞争会影响这些文件所传达信息的客观性。商人怀疑领事会提供虚假疫情报告，试图控制贸易流向以维护自己国家的利益：如果领事签发了虚假健康证明书，船只将被长期隔离；而此时顺利卸载货物的竞争者就可以抢先一步获得进入市场的特权。①

检疫的随意性法律框架也受到严厉批评。19世纪30年代，地中海地区的检疫实践还远未标准化。杜佩龙说一艘从君士坦丁堡（现伊斯坦布尔）出发的船只在马赛要被隔离60天之久，而在威尼斯或者的里雅斯特（Trieste）只需要被隔离34天。②许多人认为，检疫实践的差异导致检疫效率低下甚至无用。英国医生、法学家和探险家阿瑟·托德·霍尔罗伊德（Arthur Todd Holroyd）断言，海港检疫"根本没有科学理论支撑，检疫实践充满矛盾，荒谬无比，祸害无穷，都是出于无知或私利"③。像许多激进派一样，他主张取消检疫。而杜佩龙则与其他几位医生、政治家、国家行政人员、旅行者和商人一道，要求在国家和国际层面审查和起草统一的检疫政策。④

监管方面的变革——无论是直接取缔还是改革检疫制度——都是当务之急。然而，制定可适用于地中海所有港口的政策是非常复杂和棘手的。例如，从国家角度来看，法国中央政府到1850年才从地方收回检疫管辖权。在此之前，地方当局如马赛的督察团，在检疫方面享有相当大的自主权。由

64

---

① Mark Harrison, "Disease, Diplomacy and International Commerce：The Origins of International Sanitary Regulation in the Nineteenth Century（疾病、外交与国际贸易：19世纪国际卫生条例的起源），" *Journal of Global History*（《全球史杂志》），Vol. 1, No. 2 (2006)：197-217.

② Ségur Dupeyron, *Rapport Adressé à Son Exc. le Ministre du Commerce*（《致商务部部长的报告》）(Paris：L'Imprimerie Royale[巴黎皇家印刷厂]，1834).

③ Arthur Todd Holroyd, *The Quarantine Laws：Their Abuses and Inconsistencies；A Letter Addressed to the Rt. Hon. Sir John Cam Hobhouse, Bart. M.P., President of the Board of Control*（《检疫法的滥用和矛盾——致尊敬的管理委员会主席约翰·霍布豪斯爵士的一封信》）(London：Simpkin, Marshall & Co., 1839).

④ 例如，1817年，第一次霍乱大流行爆发，亨利·马修斯（Henry Matthews）离开英国，寻觅有更好气候条件的地方来改善健康状况，并写了一本日记，其中记录了他隔离的目的和范围。参见Henry Matthews, *The Diary of an Invalid：Being the Journal of a Tour in Pursuit of Health, in Portugal, Italy, Switzerland, and France, in the Years 1817, 1818, and 1819*（《患者日记：寻找健康的欧洲之旅，1817年、1818年和1819年在葡萄牙、意大利、瑞士和法国》）(Paris：Baudry, 1836).

于当地人口的健康受到威胁，他们要求控制预防机制的自主权以遏制传染病的爆发。①因此，这些地方当局能够设计和实施政策，进行卫生检查，并对违规船长、船员、商人和乘客实施制裁。地方政府的集权在某种程度上限制了全国公共卫生制度的建立，更别说建立国际性制度了。而且，地方分权与中央政府作为权力和政策制定者的当代理念相矛盾。②

从国际角度来看，如果没有其他国家的合作，就不可能修改检疫条例。J. 刘易斯（J. Lewis）在1838年受殖民地事务大臣委托，撰写过一份有关检疫的报告，他认为检疫是"地中海海上船只往来的主要障碍"。③刘易斯认为检疫实践是多余的，但他也意识到，要想实现检疫监管，各国都必须做出一些让步：

> 如果英国政府在未事先得到邻国卫生当局批准的情况下，改变马耳他及其地中海其他殖民地的检疫条例，那么在其殖民地所获得的无疫入港许可证在邻国的海港是无效的，来自这些殖民地的船只还是要接受隔离观察……无论是皇家海军的战船还是普通的商船都一样。因此，任何从马耳他出发的战船，在接受隔离观察前，都不能进入法国、意大利或奥地利的任何地区。④

英国单方面无法改变地中海的检疫实践。检疫法规和检疫实践方面任何微小变化都有可能带来"远比现行检疫措施更大的不便"。⑤这也不仅仅是英国的担忧。1850年，法兰西第二共和国的皇帝路易−拿破仑·波拿巴，用类似观点论证了组织国际会议以促进国际公共卫生管理合作的必要性。

65

---

① Françoise Hildesheimer, "Marseille, capitale sanitaire de la France（马赛：法国卫生之都），" *Actes du 101e Congrès National des Sociétés Savantes*（《第101届全国学术协会大会议事录》），Montpellier（蒙彼利埃），1985，135-149.

② 参见 Stefan Berger, *A Companion to Nineteenth-Century Europe，1789-1914*（《19世纪欧洲史：1789—1914年》）（Oxford: Blackwell, 2006）。

③ "Memorandum Respecting Quarantine Regulations in the Mediterranean by Mr. Lewis, London, 26 June 1838," Enclosure 4 in No. 10, 83.

④ 同上，第85页。

⑤ 同上。

他认为:

> 检疫措施为政府提供了将外来传染病威胁御于国门之外、保护公众健康的手段。然而,过度检疫妨碍了自由的国际交流和往来。各国采取的各种限制措施对法国贸易造成了极大损害。我们的检疫条例是各国各自"自由"制定的,而不是基于互惠互利的原则。如果大国间能在地中海各港口达成一项统一的检疫协议,就可以消除检疫所造成的障碍、延误和成本上升。我们将致力于达成这样一项协议。①

面对类似挑战,从1838年起,英国和法国尝试召开论坛专门讨论国际检疫条例,但没有成功。②

贸易的自由流通,虽然是促进检疫政策标准化的重要原因,但并不是唯一要素。制止在欧洲不断暴发的传染病威胁也同样重要。黄热病和霍乱除了传播恐惧和死亡,还凸显了欧洲大陆抵御传染病的脆弱性。从1800年到1820年,西班牙反复暴发黄热病,欧洲各国也清楚地认识到他们正暴露在某种前所未有的"外来"疾病中。③到19世纪30年代,霍乱暴发加剧了欧洲社会对自身应对新传染病能力的忧惧和怀疑。对知识跨国创造和流通的呼声日益高涨。与此同时,许多医生和政客也要求成立专门机构来预防和管

66

---

① Louis-Napoléon Bonaparte, *Discours et messages de Louis-Napoléon Bonaparte, depuis son retour en France jusqu'au 2 décembre 1852*(《路易斯-拿破仑·波拿巴的演讲和致辞,从1848年返回巴黎到1852年12月2日》)(Paris: Plon Freres, 1853), 119.

② 从1838年起,英法两国积极组织国际论坛讨论检疫条例。然而,由于内阁变动和国际形势不稳定,国际公共卫生倡议并未成功落实。详细可见英国外交部的外交信件:*Correspondence Relative to the Contagion of Plague and the Quarantine Regulations of Foreign Countries, 1836-1843*(London: Harrison, 1843).

③ 1800年,黄热病在西班牙暴发,并导致6万多人死亡,恐慌蔓延整个欧洲。20年后,西班牙暴发了新的疫情,法国借此为由对其进行干预。传染病和公共卫生安全下的国际政治事务,参见:Lawrence A. Sawchuk, Stacie D. A. Burke, "Gibraltar's 1804 Yellow Fever Scourge: The Search for Scapegoats(直布罗陀1804年黄热病灾难:寻找替罪羊)," *Journal of the History of Medicine and Allied Sciences*(《医学及相关科学史杂志》), Vol. 53, No. 1 (1998): 3-42; George D. Sussman, "From Yellow Fever to Cholera: A Study of French Government Policy, Medical Professionalism and Popular Movements in the Epidemic Crises of the Restoration and the July Monarchy(从黄热病到霍乱:法国政府政策、医疗专业化和在波旁王朝和七月王朝的流行病危机中的民众运动研究)," (unpublished PhD thesis, Yale University, 1971).

理传染病。[①]

　　这些担忧导致法国政府1851年在巴黎召开了第一届国际卫生大会。[②]邀请信发给了可能前来参会的国家，也明确陈述了大会的目标："健康，只有健康"将是他们唯一的关切。大会希望各国特使可以将地中海各港口的检疫实践标准化，甚至加速全球交流。但是法国要求改革绝对不可以"损害公共健康的神圣利益"。[③]法国的计划无疑雄心勃勃。与先前关于检疫条例辩论中提出的建议不同，组织者有一个更宏大复杂的构想，即建立传染病全球治理方案。邀请函后附有一份7页的清单，详细列出了法国认为的地中海卫生法的重点。除了改革检疫，法国外交部还建议开展一个大型国际计划：建立国际卫生法、标准健康证明书、统一的卫生当局和司法体系。简而言之，流行性恐慌以及放宽国际交流限制的期盼为传染病跨越传统国家边界的全球治理创造了机会。各国共聚一堂，通过外交渠道和建立国际法的做法，共同为传染病这一科学争议寻求解决方案，这是前所未有的。

1851年国际卫生大会：传染病外交先例

　　第一届国际卫生大会于1851年7月27日在巴黎外交部开幕。在地中海地区有相关利益的12个国家（奥地利、英国、法国、希腊、葡萄牙、罗马、俄罗斯、撒丁王国、西班牙、奥斯曼帝国、托斯卡纳和两西西里王国）分别派出两名代表：一名医生和一名外交官。预计医生将"代表科学元素"，而外交官将捍卫"海事行政管理的商业利益"。[④]在各自直属的外交部部长管理下，

_67_

[①] 例如，1838年，巴塔德（Bâtard）医生提议在欧洲组织一次代表大会，以研究改进防控流行病的卫生举措。医生和国家行政人员代表出席大会，人们期望他们能"阐明鼠疫传染的真相，并将对鼠疫的认知应用于普遍的卫生立法"。他认为，医学知识和系统实验相结合可以消除鼠疫这古老的传染病，同时，通过立法，人类可以永远摆脱鼠疫和其他传染病。参见 A. Bulard, "Congres Sanitaire Européen（欧洲卫生大会）," _Journal des débats politiqueset littéraires_（《政治和文学辩论杂志》），November 10, 1838: 3-4.

[②] Bonaparte, _Discours et messages_.

[③] Arquivo Histórico Diplomático, Lisbon, Leg./Emb. Paris (_hereafter_ AHD, LEP) Maço 6, Baroche to Paiva, Lisbon, April 16, 1851.

[④] 同上。

代表们被赋予特别议程，在会议和其委员会中为这些议程辩护。

1851 年国际卫生大会在许多方面都是独一无二的。作为致力于知识传播的国际活动，这次会议是 19 世纪初期出现的新趋势的一部分。根据"国际协会联盟"（Union des Associations Internationales）的统计，在 19 世纪上半叶，欧洲组织了 26 次国际非外交会议和代表大会。这些大会在欧洲主要国家的首都召开，为期两到三天，讨论与物理学、奴隶制、监狱管理、经济学和农业相关的具体问题，在此不一一列举。[1]虽然这些会议往往是由政府出资赞助，但参加这些会议的代表并不是由政府任命的。参会者代表各自专业领域，发表个人观点，而不是代表国家的政府，也无法或无权将会议的决定转化为法律。[2]1851 年的这次国际会议也具有开创性，旨在规范各国传染病控制的外交活动。之前的一些国际会议和大会，如 1814—1815 年维也纳会议，都是在大革命或战争后零星召开的。这些事件确定了新的政治边界，并商定了战争赔偿协议。因此，这些外交会议完全由国家任命的代表——专业外交官或在某些情况下为政府成员或国家元首——组成，他们都肩负明确的国家议程。

1851 年的会议有各个领域专家参加，专业背景非常不同，其混杂的人员组织结构也突出了会议缺乏预先协议作为指导和规范。西班牙外交特使安东尼奥·塞戈维亚（Antonio Segóvia）想知道大会如何分配投票权、如何管理会议工作。若授予每个代表投票权，则会削弱外交和医学专业知识的差异，同时也存在一个国家的两个代表互投反对票而削弱国家代表力的风险。尽管一些代表如英国代表安东尼·佩里尔爵士（Sir Anthony Perrier）坚持认为，各国的会议代表团应该是一个凝聚的团体，应由各国政府制定的职权范围统一起来，因此一个国家的代表团只能投一票。但最后会议开创了外交

---

① Union of International Associations（国际协会联盟），*Les Congrès Internationaux de 1681 à 1899: liste complète*（《1681—1899 年国际大会：完整列表》）（Brussels[布鲁塞尔]: Union des Associations Internationales，1960）.

② Christophe Prochasson, "Les congres: lieux de l'échange intellectuel. Introduction（国际卫生大会：智慧的交流·引言）," *Cahiers Georges Sorel*（《乔治·索莱尔笔记》），Vol. 7 (1989): 5-8.

先例，医生和外交官在传染病管理方面享有平等权利。①

为了评估最初提出的规划并组织会议工作，代表们选举了一位主席——法国外交特使C.E.大卫（C. E. David），并成立了专门委员会。这些委员会探究一些具体议题，如国际法庭的组成、卫生部门的组织和卫生收费的标准化等。经过激烈辩论，代表们取得了最终会议成果：《卫生公约草案》（*Projet de Convention Sanitaire*）和《国际卫生条例》（*Projet de Règlement Sanitaire International*）。这些文件代表了与会者对全球公共卫生治理模式的一种愿景。虽然这些文件只是草案，但一经批准，就将成为国际法。因此，在这次会议中，没有外交经验的医生们也共同参与国际法的起草，他们是医学领域公认的专家，有能力对国际卫生条例这一科学议题做出贡献。

欧洲卫生当局与统一化尝试

霍乱大流行的危机为帝国扩张提供了机会。危机还引发了有关国际公共卫生干预可行性的辩论，特别是建立标准化的卫生当局和设立国际卫生仲裁法庭的问题。

1851年12月9日，代表们聚集一堂，讨论卫生当局的未来组织。法国曾敦促各国政府尽可能统一港口检疫制度。尽管他们希望能考虑到"每个国家的法律和惯例"，但有人建议新的卫生当局应按照相同方式组织：首先，卫生当局应由国家任命的代理人领导；其次，应该包括一个地方政要委员会。其目的是创建一个由中央集权国家控制并得到国际认可的卫生系统。通过建立一个让地方发声的论坛，法国政府希望在一定程度上将地方特色融入传染病的国际管理中。这一点特别重要，因为要成功运作，这些当局不仅需要国际信誉，而且还需要国家和地方信誉。②法国还希望向外国领事

---

① *Conférence Sanitaire Internationale*（《国际卫生大会》），Vol. 1（August 7, 1851），5. 1851年协议中的决定在1851年至1939年间召开的13次国际卫生大会中不断被修改。虽然大会是由外交机构组织的，但并不总是有外交或医疗大使。在1859年，医生被排除在外，而在1866年，没有任命外交官为会议的正式使节。

② AHD, LEP, Maço 6, Baroche to Paiva, Lisbon, April 16, 1851.

开放地方卫生委员会的席位，试图消除过去对外国船只的歧视性检疫措施，允许利益相关方之间信息自由流通。在"国际法"的保护下，每当一国要对其他国家实施地方性措施时，各国领事都会被召集起来一起商讨。①可以说，这种建立统一化中心的尝试旨在提供一种机制来遏制恐慌——更确切地说，是多重恐慌——的发生。正如许多作者在本书中展示的那样，传染病威胁通过不同的媒介产生了传染效应：从商业贸易路线到横贯大陆联通全球市场的电报电缆。艾莉森·巴什福德在本书的后记写道："恐慌和疾病的历史，最终变成了传播和技术的历史。"法国在 1851 年提出的统一卫生系统的建议，依赖于以国际法为基础的跨国监测机构。各国将能够更好地控制信息流动，重新树立对卫生当局的信任，避免散布毫无根据和破坏稳定的恐惧。毫不奇怪，这些建议与法国卫生系统的结构惊人相似，法国希望自己的卫生系统可以作为国际范本。②

　　在 7 月会议召开后不久，规划委员接受并深化了法国的最初建议，他们认为建立统一化的国际机构是"极好的主意"。委员会认为"[地方]委员会向外国领事开放职位是非常有利的"，并邀请代表们确定每个委员会中职位设立的数目，并授予这些外交官对地方卫生事务的审议权。③效率与责任是委员会报告的两个高频词。

　　10 月中旬，大会任命了一个新的委员会。卫生当局组织委员会由法国医生弗朗索瓦·梅利尔（François Melier）领导，其他成员包括英国、俄罗斯、托斯卡纳和西班牙的外交官，以及来自葡萄牙和撒丁岛的两名医生。一个月后，委员会的最终报告在会议上宣读。委员们提供了组织欧洲卫生当局的更多细节，清楚地制定了层次结构和职权范围。与最初的法国邀请信和规划委员会的文件相比，卫生当局组织委员会仅把地方卫生委员会视为咨

① 同前。

② 法国试图用自己的政治和官僚结构来塑造世界，不仅限于这次卫生大会，参见 Charles Tilly, *Coercion*, *Capital*, *and European States*, *AD 990-1990*（《胁迫、资本和欧洲国家（990—1990 年）》）（Oxford: Blackwell, 1990），110。就卫生事务而言，1768 年，法国海军大臣普拉斯林公爵（Duke of Praslin）认为，"为了各国顺利地交流往来，为了人类和航海者们的福祉，地中海地区的所有检疫站都应效仿马赛的管理"。*Archive départmentales des Bouches-du-Rhone*, *C4464* cited by Hildesheimer, "Marseille, capitale sanitaire de la France," 135.

③ *Procés-verbaux*, séance 7.

询机构。所有的审议权和行政权都将由卫生部部长行使。[1]卫生部部长由中央政府直接任命,职责包括管理工作人员、执行卫生法律法规、评估抵港船只卫生状况、向离港船只提供健康证明书、调查地方卫生部部长所辖地区的卫生状况。由于医生的培训经验和专业知识,他们被认为是领导新卫生机构的最佳人选。为了防止腐败滋生同时激励这些新机构履行职能,国家向专业人员支付固定工资作为补偿,这种做法在当时并不普遍。[2]

在卫生部部长的领导下,地方卫生咨询委员会完成了拟议的卫生改革。协商委员会由文职和军事领导人、杰出公民、地方行政人员、商人、医生和化学家组成,在改善地方卫生措施的同时,为国家传染病的治理提供了地方性意见。[3]此外,咨询委员会还计划纳入一名外交界成员。通过邀请当地领事选举一名代表加入委员会,委员们希望提高国际社会对当地传染病防控战略的信任。作为证人,领事可以提供珍贵的资料说明所属国的卫生条件,同时他们也了解了当地的卫生条件和政策。有人认为,将外国人引进本土机构中,可以利用他们广泛的外交网络获得更多有价值的信息,进一步增加传染病数据来源,以供当地参考。此外,通过领事向上级报告可以提高国际社会对当地疫情控制措施的信任。为了避免国际社会对当地事务的干涉,领事代表没有审议权,而只是专门观察员;如果当地向他们咨询,他们也乐于提供意见。虽然地方咨询委员会和卫生部部长会听取来自地方和国际的声音,但地方卫生当局显然是在中央政府控制和管辖之下。

12月初,代表们开会讨论了规划委员会和卫生当局委员会制定的项目。俄国外交特使艾伯林(Ebeling)立即宣布,他被迫对任何可能强制俄国重组其卫生机构的措施投弃权票。艾伯林的声明引起了混乱。作为卫生当局委员会的积极成员,这名俄国外交官协助拟定了改革议程,然而,当他以自己国家的名义投票时,他却不得不将个人信念服从于其政府所推动的议程。俄国认为这完全是本国事务,也不愿意放弃公共卫生管理的自由和控

---

① *Procés-verbaux*, séance 32.

② 同上。

③ 同上。

制权。①

俄国并不是例外，别的国家对委员会的干预主义议程也感到忧虑。奥
地利拒绝支持与本国卫生政策相矛盾的措施，而两西西里王国和葡萄牙则
对将国内卫生事务国际化持保留意见。②奥地利医生代表梅尼斯（Ménis）
认为，任何国际决议都应采取指导方针的形式。如果各国希望改革卫生系
统，就可以使用其中的一些建议，同时又不损害本国对于这些议题的合法自
主权和控制权。梅尼斯认为，任何强制性的组织变革都将直接干预国家内
部事务。由于人口、地理和气候的特殊性，每个政府都有"其行政原则和管
理国家行政的特殊规则"。③如果卫生当局的国际化建设没有考虑到这些
现实，它注定要失败，没有一个国家会采取或执行这些措施。梅尼斯认为，
鉴于许多国家坚决维持异质的行政管理，建立一个共同的卫生组织模式是
毫无意义的。

奥地利在会议召开前不久就进行了重大卫生改革。1847年奥地利国
内兴起了改革浪潮，建立了与卫生大会上讨论的相似体系：卫生事务由贸易
部管理，贸易部通过其中央海事卫生委员会管理公共卫生事务和检疫实
践。④中央委员会还协调了一个由下属办事处组成的网络，每个下属办事
处均由一州代表和一个财务管理员组成。⑤奥地利的强烈反对主要是为了
维持其主权，避免外国外交官进入其内部机构——这在奥地利没有先例。

面对反对，法国强调了奥地利卫生系统的组织结构与大会所讨论的系
统是相似的。法国医学特使弗朗索瓦·梅利尔也强调，大会尝试在国际层面

---

① *Procés-verbaux*, séance 41.

② 同上。

③ 同上。在会议期间，代表们努力将个人信仰与国家授命和国际议程结合起来。例如，当代表们讨
论霍乱的致病源时，英国医疗大使投票反对英国政府的观点，以维护其职业操守。

④ Ronald E. Coons, "Steamships and Quarantines at Trieste, 1837-1848（的里雅斯特的蒸汽船与检
疫，1837—1848年），" *Journal of History of Medicine and Allied Sciences*, Vol. 44, No. 1 (1989)：
28-55.

⑤ 在关于卫生管理的辩论中，梅尼斯详细地介绍了奥地利的卫生系统，见 *Procés-verbaux*,
séance 41。

72 上使卫生当局标准化,但仍保留了各国在公共卫生事务上的自主权。①孤
立的英国和西班牙代表还是明确表示支持会议的改革举措和干涉主义议
程。他们一致批判奥、俄在这次本是专门为促进变革而组织的大会上却要
求保持现状的做法。西班牙特使塞戈维亚总结道:"如果每个[国家]都要维
持现状,讨论[任何旨在实现标准化的议程]都是没有用的。"②两位代表都
同意,即使是渐进式的改革也意味着变化,而且在大会召开之初,就明确提
出了标准化的目标。但是,英国对集权化的支持有一个值得警醒的
地方。③

佩里尔认为会议倡议的卫生系统是一项积极战略,它在加强中央控制
的同时,也考虑到地方利益。然而,正如他最终透露的那样,英国的战略是
内外双标的:英国只打算改革其地中海地区殖民地的卫生系统,包括直布罗
陀、爱奥尼亚群岛和马耳他,而本土事务仍然只能由大英帝国政府全权负
责,任何国际组织都不应企图干预英国的自治、挑战英国政府的权威和合法
性。④并非所有国家都可以像大英帝国一样有能力划分领土边界,决定在
这一块领土里接受国际干预而让另一块领土又不受干预。例如,与英国相
比,奥地利的地缘政治现实就可能导致国家卫生当局屈从于国际决议。在
奥地利领土上政府自治权不断被破坏,这不是发生在遥远的某一个享有一

---

① 梅利尔密切参与了会议的组织工作,在大会前他还负责制定了会议规划,该规划附在法国向与会
国家送去的邀请函上。他也是1850年法国政府和马赛地方当局之间检疫争端的核心人物。他随
后被任命为中央政府的代理人,负责管理马赛卫生当局。Hildesheimer, "Marseille, Capitale
Sanitaire de la France"; 见 J. Bergeron, "Éloge de M. Melier. Lu dans la séance du 11 Décembre
1888(1888年12月11日大会后对梅利尔医生的赞扬)," *Mémoires de l'Académie de Médecine*(《医
学学会回忆录》), Vol. 36 (1891): 1-38.

② *Procés-verbaux*, séance 41.

③ 到19世纪40年代末,白厅开始制定政策和建立基础设施,在地方自治的框架内实施并监测国家
卫生标准。例如,1848年英国公共卫生法案就尝试建立一个公共卫生中央监督机构。参见:
Robert M. Gutchen, "Local Improvements and Centralization in Nineteenth-Century England(19世纪
英格兰地方卫生管理改良与集权化)," *Historical Journal*, Vol. 4, No. 1 (1961): 85-96; E. T.
Stokes, "Bureaucracy and Ideology: Britain and India in the Nineteenth Century(官僚主义与意识形
态:19世纪的英国与印度)," *Transactions of the Royal Historical Society (Fifth Series)*(《皇家学会
历史学报(第五辑)》), Vol. 30 (1980): 131-156; Carlo M. Cipolla, *Miasmas and Disease: Public
Health and the Environment in the Pre-Industrial Age*(《瘴气与疾病:前工业时代的公共卫生与环
境》)(New Haven, CT: Yale University Press, 1992).

④ 见 *Procés-verbaux*, séance 42。

定政治自主的附属殖民地上,这就是奥地利正在经历的事情。①在评估国际干预对国家主权的影响时,领土地形显然很重要。

虽然可以尝试做出让步,以解决各方在卫生当局标准化方面的争议,但对与会代表来说,如何就具体细节达成一致则更加困难,尤其是在支持向外国领事开放卫生当局这一构想上。从组织者的角度来看,这一措施开辟了新的沟通渠道,更好地将当地和国际利益考虑在内。领事代表能够提供官方文件,证明出发港口的卫生状况,同时他们能够直接观察和报告当地为防控疫情和避免过度恐惧所提出的倡议。总而言之,他们扮演着国际观察员的角色,其存在旨在提高人们对当地卫生活动的信任,并有可能缩短——甚至避免——昂贵的检疫过程,无论是在国内还是在国外的港口。

这一措施并不是新出现的。法国和撒丁王国已经开辟了进入当地卫生委员会的外交通道。事实上,英国和奥地利特使经常在这些卫生委员会中担任领事代表。②即使在不向外国人开放委员会的国家,领事也大量参与其工作。土耳其的外交官总结说,领事签发船舶健康证明书,极大地简化了货物检疫过程,他们见证了官方互通信件、建立联系这些措施在传染病的治理中发挥的持续作用。③在大会上提出的卫生当局向国外领事开放的建议,新颖之处并不在于实践中,而在于这个建议第一次被正式提出。如果被采纳,外国人在委员会任职将会获得法律保障,而不依赖于地方或国家当局的善意。

能否获得正式批准的确是眼前的关键问题。如果这一建议得到正式批准,向领事开放当地卫生委员会可能会影响国家自治和对领土及卫生治理问题的管控权。这个议题有以下几个方面的分歧。第一,正如梅尼斯所指出的,在奥地利这样的国家,将外国领事纳入一个官方国家机构是非法的,即使是地方性质的也不行。在奥地利,"禁止外国人担任公职"。第二,人们认为外国公民进入这些委员会将对当地造成严重影响:地方机构是为了保

---

① 如果充分探讨这一点,人们也许可以把这次会议看作是英国政府要求并取得合法性的机会,以便进一步控制和管理其海上领土。打着国际卫生改革和卫生大会的名号,英国"有义务"对其地中海属地进行干预。这些政策甚至可以被称为"人道主义"的。

② *Procés-verbaux*, séance 41.

③ 同上。

护当地利益而设立的,引入外国元素将会降低当地人民的信任度。当政府和商人利用各自的驻外领事提出和当地委员会相冲突的议程时,如何能够确保当地人民的利益得到适当的保护?①第三,当地领事馆决定领事代表的人选,"完全互惠互利"是不可能的。②因此,一个拥有强大外交机构的国家理论上可以确保其在地中海各地的领事席位,而那些力量较弱的国家可能根本无法获得任何席位。来自撒丁王国的马格尼托认为,这将有损一些国家的民族尊严,因为它们的不平等地位很可能赤裸裸地暴露出来。③此外,葡萄牙外交官指出,像他所在的这样的小国家,一旦外国人和当局拥有同样权力,就有被外国势力削弱国家主权的危险。④

其他人则警惕外国势力介入政府内部事务。希腊特使维塔利斯(Vitalis)表示,如果外国人能够自由调查重要政府机构的工作,可能会危害国家安全。⑤罗马外交官同样指出,由于相关当局涉及国家重大机密,他们讨论的许多事务不应向外国人透露。⑥最后,正如两西西里代表卡博纳罗(Carbonaro)所说,政治改革源于普遍的变革需求,该倡议中缺失了这一点:当地方委员会需要领事时,他们就已经被召集起来。所以规定委员会为领事代表保留席位并不会带来卫生或组织上的好处,反而会带来更多问题。⑦

梅利尔和塞戈维亚认为反对派表达的担忧与现实不符,不应予以考虑。塞戈维亚提醒与会代表,会议已经重新定义了卫生当局的结构。新模式取消了地方委员会的行政和审议权力,委员们被赋予了新的角色,他们是中央委任的卫生部部长的顾问。因此,地方委员们并没有实权,这也限制了外国委员对国家卫生政策的影响。⑧此外,梅利尔有些理想化的主张认为,外国领事不会危害国家安全或利益,因为其行为是出于人道主义的关怀和公众、

① *Procés-verbaux*, séance 41.
② 同上。
③ 同上。
④ 同上。
⑤ 同上。
⑥ 同上。
⑦ 同上。
⑧ *Procés-verbaux*, séance 42.

健康这些关系到全人类的问题，是超越国家利益的。①

　　为了绕开争议，一些代表要求撤回该提议。以葡萄牙代表穆兹尼奥·达·西尔韦拉（Mouzinho da Silveira）为首的其他人，建议由各国自行决定是否采取该提议。显然，这两种立场都有利于维持现状，拒绝改变。最终，代表们采纳了葡萄牙代表的提议，并允许每个国家自愿采用该措施。如果需要的话，各国可以像会议前一样允许领事在地方委员会中任职。这项决定可能反映了人们对国家主权的日益忧虑，外交部部长已使其代表们意识到这一点。更重要的是，试图限制国内的卫生机构向外国政府开放是一个象征性的举动，避免了一个被广泛实施的程序的正式化。从政治角度来看，放弃引进外国领事的想法可能比试图强行实施更有利。此外，通过避免将外国人正式引入地方机构，各国希望维持地方人民对卫生当局的信任，因此避免了进一步的不确定性和可能导致的恐慌的出现。

国际仲裁法院与主权丧失的恐惧

　　在建立国际仲裁法庭的辩论开始时，国家对主权削弱的担忧和建立公共卫生国际合作规划间的冲突达到了顶峰。仲裁法庭将由外国领事组成，有权审判所有公共卫生争端，国家的司法权让渡给国际机构。这也意味着各国将丧失自主权，失去独立处理和惩罚违反卫生法行为的权力。取而代之的是超越各国政府管辖范围的新的国际机构，它们将有权对各国领土内的相关违法行为做出裁决。

　　在会议召开之前发布的规划中，法国要求与会代表考虑设立一个"负责审理和裁定[卫生违法行为]的仲裁法庭"。②从该规划文件出发，规划委员会认为需要另外成立一个三人小组委员会，以便立即对该措施的可行性进行评估。佩里尔（英国）、塞戈维亚（西班牙）和拉维森（奥地利）怀疑本次大会是否能够授权讨论建立这样一个由外国领事组成的机构。该机构对国家

① *Procés-verbaux*, séance 41.
② AHD, LEP, Maço 6, Baroche to Paiva, Lisbon, April 16, 1851.

主权领土内事务具有潜在控制权。如果建立,这些法庭可以"左右政府的决定,或至少谴责政府的一些行动"。他们认为,至关重要的一点是要确定大会是否有权就这些重大议题发表意见。①

小组委员会很清楚,所有与会国都已收到会议的预备规划,并且该文件对各国派代表团参加会议的决定起到了重要作用。因此,小组委员会的成员假定所有代表都被授权参加讨论,因为他们都是根据大会规划所提供的信息由各自的政府精挑细选并正式派遣的。此外,小组委员们认为,逃避对这些争议性问题的辩论——正如一些代表表明的那样——将违背大会组织者和与会政府的期望。

小组委员会建议将提议的仲裁法庭改称为"仲裁法院"。在每个主要港口或至少每个国家设立一个法院,该法院由来自各缔约国并在当地居住的领事组成。法院在对损害公共卫生的行为的证据进行核证后,有权追加损失赔偿。但是,任何对法庭判决不满意的国家都可以向当地法院提出上诉。更重要的是,法院仅对卫生条例具有管辖权。任何违反将来国际卫生公约的行为仍然可以通过法院以外的传统外交机制加以解决。②但仲裁法庭的优势在于能够提出迅速解决方案,遏止违法行为,提高人们对大会所设想的国际卫生系统的信任度。也许组织者希望引入法律工具以减少可能的卫生管理不善在当地引起的恐惧。

在阅读了小组委员会的报告后,程序委员会同意:成立共同仲裁机构是大会将要解决的"最困难和最微妙"的议题。然而,重要性和艰巨性成正比。③会议必须建立一种机制,以增强对法规的遵守和对犯罪者的惩罚。商人、船员和乘客都有可能逃避国际卫生法规的惩罚,政府当局也是如此。任何国际机制都必须考虑到潜在违法群体的广泛性。

国际法院的设立旨在取代过去国家通过外交官不断交涉来解决卫生纠纷的模式,这一模式成本高昂且低效耗时。委员会也希望防止一国受到其

---

① *Procés-verbaux*, séance 7.
② 同上。
③ 同上。大会还讨论了其他一些问题,也被认为是"最困难和最微妙"的议题之一,例如判断霍乱是否具有传染性。

他国家法院根据国内司法和外国法的审判。一个可能的解决方案就是依据国际法建立一个共同机构,该机构被合法授权解决公共卫生纠纷。委员会希望,法院作为解决燃眉之急的工具,能够"确保忠实和全面地执行公约和条例"①。

但由本国之外的司法机构对国家进行审判的想法,没有得到代表们的热情支持。甚至连最初的提出者法国也对此表示出担忧。大卫——大会的主席兼东道国的外交特使——指出,这样的措施可能会侵犯"所有现有[国际]条约的文字和精神,根据现有条约,领事只能在外国的司法机构管辖下行使权力"②。奥地利代表梅尼斯更加激进,他要求立即撤销任何将国际法庭伪装成法院的企图。他认为,绝对不能牺牲国家司法制度的合法性和自主权。他认为,干涉国家司法事务侵犯了政府尊严和权威。③

撒丁王国代表马格尼托(Magnetto)认为,从实践角度来看,没有一个专制国家会支持一项会破坏其直接权力和对国家事务控制的措施。对这些国家的政府来说,"法院"一词和法国、英国的"宗教法庭"一样令人恐惧。④此外,在希腊外交大使看来,欧洲法律传统和司法制度的多样性使任何标准化的尝试都不可能实现。他的结论是,最可能的结果是越来越多的非法判决可能会被上诉。这自然破坏了设立此类法院的目的。

确保公正审判的规定也同样存在问题:如果审判涉及公民或者国家利益,程序委员禁止任命该国领事为审判团成员。希腊代表指出,这造成了不可避免的法律漏洞。审理中的案件可能涉及在一国注册但由另一国公民担任船长的船只。而船上货物很有可能属于第三国的商人,乘客可能来自所有缔约国。国际运输倡议的国际性可能会导致由于缺乏公正的领事而无法组成法院的情况。⑤此外,正如葡萄牙外交官所强调的,国际卫生公约和条例一经批准就会要求各国将国际法纳入国内法内,使其成为事实上的国家法律,因此,违反国际法律就是违反国家法律。他总结说:"每个政府应享有

---

① *Procés-verbaux*, séance 7.
② *Procés-verbaux*, séance 43.
③ 同上。
④ 同上。
⑤ 同上。

对违法行为的审判自由。这是国家秩序和民族独立性的保证。"①西尔韦拉希望这次会议能"尊重各国的自由"。②

只有西班牙和英国支持建立国际卫生法院系统的想法。塞戈维亚非常清楚当前的系统急需更替，而一个理想的系统是能够在解决卫生违规和纠纷时避免"无数投诉和无尽的外交往来"。此外，这个替代系统将消除目前对于"一方……总是觉得受到了伤害"的判决的不满。③他期待的就是建立一个新的国际卫生法院系统。

塞戈维亚能够理解代表们对外国人有权"评判自己的同胞或国家官员的违法行为"的担心。他指出，这种恐惧和偏见可以追溯到古罗马时期。但是，时代变了。欧洲现在是一个现代化的文明大陆，对外国人的不信任和反感程度是和人民的开化程度成反比的。对法国人、西班牙人或俄国人不公平的，对于英国人、葡萄牙人或意大利人来说也不会是诚实的或公平的。领事是现代人，他们"研究过所在国的法律和习俗"；他们学习当地语言，在当地成立家庭，他们不仅为自己所代表的国家也为他们所居住社区的繁荣而努力。外国领事是独一无二的一类人，能够不偏不倚地审判违反卫生法规的行为。④

尽管塞戈维亚对领事们的善良和公正充满信心，但建立国际卫生法院的努力还是以失败告终。在24名代表中，19人投反对票。他们认为国际法院挑战了国家法律体系的自主性、控制力和合法性。在给英国外交部的一封私人信件中，英国代表得出的结论是："几乎所有与会代表都承认由各国领事组成的仲裁法庭的优势，但对外国势力的恐惧、对暴露其检疫措施背后真实动机的担忧，导致了所有小国家的强烈反对。"⑤甚至法国代表也未能支持他们自己的提议。英国代表写道："大卫先生加入了反对者的行列，并

① 同前。
② 同上。
③ 同上。
④ 同上。
⑤ Perrier and Sutherland to Palmerston, December 15, 1851, Great Britain, Foreign Office, Series 97FO97/212, Public Records Office, Kew, London.

表明法国不会在其领土内承认任何外国司法管辖权。"①显然，欧洲国家有足够力量拒绝放弃其法律机构的自主权。

在讨论协调卫生机构和设立国际法院的同时，代表们还考虑了多种干预方案，旨在建立一个共同的机构框架。他们希望找到一种协同高效和权责分明的方式来控制传染病。在这个过程中，代表们努力阐明，新的国际秩序要以保护国家的自治权、合法性和控制力为前提。出于这些原因，他们不可能让渡国家主权，并拒绝采取任何会损害这一重要价值的措施。代表们同意标准化欧洲卫生当局的结构，但既不允许选举外国领事进入国家机构，也不允许国家服从国际法院的司法控制。传染病危机为建立跨国治理机制提供了许多机会，但由于对欧洲国家卫生和司法独立的担忧，一些代表捍卫的这个雄心勃勃的计划受到了限制。正如我们所看到的，在许多方面，传染病引发的恐惧和恐慌是促进会议组织的两个主旨，但是，对管辖权和信任问题的恐惧和恐慌也妨碍了传染病全球治理的有效发展和实施。

"东方"的机遇

欧洲代表对干涉主义持严重双标：代表们一方面抗议欧洲的干涉主义改革，但又要求对奥斯曼帝国的卫生服务进行实质性干预。在组织大会时，法国邀请与会国共同商讨是否给这些抵达欧洲的东方船只发放免检疫证。②法国政府认为"埃及和土耳其现已建立了卫生机构，欧洲各国可以放宽［检疫措施］"③。事实上，法国港口此前已经向这些抵港船只提供无疫入港许可证，但前提是船只满足海上航行时间超过8天、携带有效船舶健康证明并配备一名医生这些条件。因此，在这次大会上有必要决定这一政策是否可以扩展到法国以外的港口，并在欧洲统一实行。④

---

① 同前。
② "东方主义"的谱系，详见 Edward Said（爱德华·赛义德），*Orientalism*（London：Penguin，1978）。参加1851年会议的代表们通常用"东方"代称奥斯曼帝国，尤其是在提到土耳其和埃及的时候。黎凡特（Levant）一词也被如此使用。
③ AHD，LEP，Maço 6，Baroche to Paiva，Lisbon，April 16，1851。
④ 同上。

法国放宽检疫的主要原因有两个：第一，奥斯曼帝国在其领土内建立了卫生当局；第二，法国在土耳其建立了一个医生网络，负责调查和报告这块东方土地的健康状况。1838年，君士坦丁堡高级卫生委员会建立，土耳其也建立了对传染病的中央管控机制。君士坦丁堡委员会旨在调查公共卫生现状，预防传染病暴发和根除传染病。①一位土耳其部长担任委员会象征性主席，委员会中奥斯曼帝国官员和外国官员数量相等，包括来自奥地利、比利时、英国、法国、希腊、普鲁士、俄国、撒丁王国和托斯卡纳的外国代表。所有成员不论国籍，都享有审议权。该委员会控制着63个地方卫生委员会，"调查公共卫生状况……执行或制定可行的卫生条例，以及[由君士坦丁堡委员会]传达的任何其他决定"②。

奥斯曼帝国的卫生改革并不是孤立的。它们是奥斯曼帝国第三十任苏丹马哈茂德二世（Sultan Mahmud Ⅱ）自1826年以来在帝国推动的全面改革的一部分。③当时的奥斯曼帝国已暴露出明显的军事和经济弱点，在战争中屡遭惨败，帝国领土内也没有可靠的基础设施，普遍缺乏有竞争力的行业，改革势在必行。④1829年，苏丹马哈茂德建立了一个官僚机构来推动国家现代化。通过坦志麦特（Tanzimat）改革，苏丹掌握的审议和执行权力被逐步转移到国家官僚手中。⑤与此同时，他重组奥斯曼帝国的金融体系，废除奴隶制，并制定了商业和贸易的法律法规。这位与欧洲有着密切联系的新统治精英，把建立西方机构视为避免帝国衰落的唯一可行策略。⑥

80

---

① 以下对奥斯曼帝国卫生组织的评价是基于这次大会的黎凡特卫生服务组织委员会的结论得出的。这个委员会由来自撒丁王国、土耳其和希腊的外交大使，以及俄国、英国、西西里和葡萄牙的医生组成，利用了各种各样的文件，包括奥斯曼帝国的立法和几个欧洲大国委托完成的医学报告。

② *Procés-verbaux*, séance 29.

③ 关于奥斯曼帝国的改革，参见：Bernard Lewis, *The Emergence of Modern Turkey*（《土耳其现代化的兴起》）(Oxford: Oxford University Press, 2002 [1961]), 74-128.

④ Murat Gül, *The Emergence of Modern Istanbul: Transformation and Modernisation of a City*（《现代伊斯坦布尔的兴起：城市的转型与现代化》），(London: I. B. Tauris, 2009).

⑤ Youssef Choueiri, *A Companion to the History of the Middle East*（《中东历史指南》）(Malden, MA: Blackwell, 2005), 239.

⑥ Afaf Lutfi al-Sayyid Marsot, *Egypt in the Reign of Muhammad Ali*（《穆罕默德·阿里统治时期的埃及》）(Cambridge: Cambridge University Press, 1984), 26.

　　尽管埃及最初是奥斯曼帝国不可分割的一部分，但在 19 世纪上半叶逐渐脱离君士坦丁堡，变成独立王国。在埃及总督穆罕默德·阿里的统治下，埃及进行了彻底改革。穆罕默德·阿里重建了一支现代化军队，建立了新的中央集权统治机关，并通过吞并苏丹北部地区、阿拉伯的西海岸、叙利亚和安那托利亚（Anatolia）西南部来扩张埃及的领土。[1]阿里通过这些改革，带领埃及实现了长期的独立自治，与欧洲列强建立起密切的商业和外交联系。

　　在卫生方面，埃及政府于 1831 年成立了亚历山大卫生委员会。委员会成员都是外国领事，在成立前夕宣布，"检疫措施（和所有未来的卫生机构）都由欧洲人控制、指挥和管理，只有这样才能取得预期成功"[2]。由欧洲人主导的委员会很快就变成了谋求个人和国家私利的庇护所。更糟糕的是，委员会制定了一项歧视性政策，欧洲船只可以自由入港，而航行情况完全相同的奥斯曼帝国船只却被要求进行极其严格的检疫。这些歧视性政策很大程度上也导致卫生委员会走到尽头，在 1840 年初被国有化。[3]最终，在开罗和君士坦丁堡进行了大量外交谈判后，外国领事才得以重新进入委员会，但这次他们只有咨询权。[4]除了由奥斯曼帝国政府建立的卫生机构，法国还加强了对这个东方帝国的监测能力。一个由法国医生组成的监测网络于 1847 年建立，奥斯曼帝国的领土被划分为六个区域：君士坦丁堡、士麦那（伊兹密尔）、贝鲁特、亚历山大、开罗和大马士革。在黎凡特的法国医生获得授权"对该地区的健康状况进行细致报告；开具[医疗]证明便于[允许]法国领事签发船只健康证明；观察前往法国的旅客、船员和船只的健康状况；对这个国家总体的气候和疾病进行研究。[5]

　　法国建立起自己的医生监测网络时，奥地利也在奥斯曼帝国内发展医

① William L. Cleveland and Martin P. Bunton, *A History of the Modern Middle East*（《近代中东史》）, 4th ed. (Boulder, CO: Westview, 2009), 66.

② LaVerne Kuhnke, "Resistance and Response to Modernization: Preventive Medicine and Social Control in Egypt, 1825-1850（对现代化的抵抗和反应：埃及预防医学和社会控制, 1825—1850）," (unpublished PhD thesis, The University of Chicago, 1971).

③ 同上，第 162—163 页。

④ 同上，第 164 页。

⑤ *Procés-verbaux*, séance 29.

疗机构。①通过这些干预，这两个国家和其他在君士坦丁堡高级卫生委员会获得席位的国家一样，都试图将欧洲防控传染病的第一道防线转移到东方国家，通过加强传染病源的监控来减少国内港口的检疫工作量。②在奥地利政府的帮助下，19世纪30年代后期，奥斯曼人建立了一所西式医学院，梅特涅的私人医生被委托为君士坦丁堡的这所新学院招募奥地利教师（和主任）。随着越来越多的奥地利医生在学校中担任教师，以及奥地利医生与苏丹日益紧密的联系，奥斯曼帝国的公共卫生倡议带有鲜明的奥地利特色。③法国和奥地利为改善奥斯曼领土的健康状况及在帝国内建立传染病监测机制所做的努力是两个国家传染病监控工程的一部分。因此，早在会议召开数年前，欧洲列强就已经在土耳其和埃及的卫生管理方面具有相当大的影响力。

　　黎凡特卫生服务组织会议委员会，在撒丁王国领事马格尼托的领导及土耳其医学代表们的共同努力下，于1851年11月11日提交了一份报告。④

82 　该报告长达35页，还有两个附件。委员们考察了当地的卫生机构，并建议了一套措施，如果措施能够得以实践，奥斯曼船只就可以获得在欧洲海港自由通行的永久无疫入港许可。土耳其官员和欧洲领事们在君士坦丁堡高级卫生委员会的合作使得"瘟疫在整个帝国范围内消失"⑤。埃及尽管缺乏欧洲的管控，但由于采取了有效检疫措施，鼠疫也被消灭。委员会认为："埃及卫生服务人员的能力、热情、勇气和毅力，进一步保证了欧洲（应该）放宽

---

① 奥斯曼帝国政府也欢迎法国在军事和教育领域提供的援助。参见：M.Raccagni,"The French Economic Interests in The Ottoman Empire（法国在奥斯曼帝国的经济利益）," *International Journal of Middle East Studies*（《国际中东研究期刊》）), Vol. 11, No. 3 (1980): 339-376.

② Coons, "Steamships and Quarantines at Trieste, 1837-1848."

③ Marcel Chahrour, "'A Civilizing Mission'? Austrian Medicine and the Reform of Medical Structures in the Ottoman Empire, 1838-1850（'文明的使命'？奥地利医学和奥斯曼帝国医学结构的改革，1838—1850年）," *Studies in History and Philosophy of Science Part C: Studies in History and Philosophy of Biological and Biomedical Sciences*（《历史与科学哲学研究（第三部分）：生物和生物医学的历史和哲学研究》), Vol. 38, No. 4 (2007): 687-705.

④ 除马格尼托外，委员会还由六名其他代表组成：土耳其的巴托莱蒂医生、两西西里王国的卡博纳罗医生、葡萄牙的格兰德医生、俄国的罗森伯格医生、英国的萨瑟兰医生和希腊的维塔利斯领事。

⑤ *Procés-verbaux*, séance 29.

对其进行的严格（检疫）。"①

　　但是委员们认为，还需要进一步的条件才能完全消除传染病的危险，并允许向抵达欧洲港口的奥斯曼帝国船只提供永久免疫入港许可证。委员会要求苏丹通过一项立法倡议，确保欧洲在君士坦丁堡高级卫生委员会的永久席位。这一做法非常重要，可以继续确保欧洲领事所享有的审议权，避免受到如埃及将机构国有化的情况的损害。②在土耳其辽阔的领土上，政府将任命更多医生在新成立的地方卫生委员会任职。政府还应邀完成了四个检疫站的建设，另外两个检疫站也即将开工。此外，委员会还建议制定新的卫生规则，包括建立刑法和特别法庭来处理卫生违规行为。③最后，他们希望将君士坦丁堡高级卫生委员会发展成整个奥斯曼帝国事实上的第一大卫生机构，有权监督埃及的卫生事务④——但这并不意味着亚历山大卫生委员会的消失。相反，亚历山大卫生委员会将被重构：外国领事将重获在埃及卫生改革之前享有的审议权，而委员会的当地成员在加入委员会之前必须证明其持有欧洲大学的医学证书。⑤在对卫生机构的管控和实践中，奥斯曼帝国尝试将信任和可预测性引入传染病监控的跨国系统。这些措施承诺保障缔约国及其人民的生命安全，这是避免潜在恐惧和恐慌的重要信息。

　　为调查奥斯曼帝国的传染病状况，法国设立了医生网络，委员会支持继续扩大网络的覆盖范围。这些医生为健康证明提供了更准确的信息，同时也改善了他们管辖领土内的公共卫生状况。委员会指出，这些法国医生"不仅为他们的居住国，而且为整个欧洲做出了伟大贡献，这是无可争议的"。⑥委员会希望在埃及、叙利亚和其他奥斯曼帝国所属领土上建立26个医疗站。这些欧洲医生不受奥斯曼帝国的干预，只对任命他们的政府负责。

　　在关于委员会报告的辩论中，报告中所列措施得到大多数代表的支持。

83

---

① 同前。

② 同上。

③ 同上。新规定受到英国代表萨瑟兰德医生工作的启发。由萨瑟兰德撰写的将在东方实行的卫生措施的完整清单已附在委员会的报告后。

④ *Procés-verbaux*, séance 29.

⑤ 同上。

⑥ 同上。

在整个过程中，土耳其大使从未对大会的干涉主义审议意见表示担忧。巴托莱蒂医生直接参与了黎凡特卫生服务组织委员会的筹建工作，他经常表示他的政府同意大会拟议的措施。不过，巴托莱蒂强调，关于奥斯曼卫生事务的国际决议，从地理上看，限于在帝国沿海领土上实施。在管理辽阔的帝国陆地领土和边界时，奥斯曼帝国并未准备让渡其自由和自治权。[①]代表们接受了委员会的建议，包括该限制条款，并同意在卫生检疫制度化后，在不久的将来地中海区域也可以获得无疫入港许可证。

结论

19世纪上半叶，霍乱大流行在欧洲引起的恐慌氛围为跨国公共卫生体系的发展创造了独特机会。来自12个国家的医生和外交官作为各国特使出席了1851年国际卫生大会，开创了处理外交事务和起草国际法的新方法。代表们还构想了新的官僚和司法机制，以防止传染病进一步蔓延扩散，同时又尽可能减少对船只、乘客和货物流动的限制。与会代表提出的解决方案针对的是霍乱暴发引发恐慌，最终影响贸易，并导致更广泛的安全问题。

1851年国际卫生大会通过了传染病防控管理规划。每个参与国在这份规划中承担的财政及主权让渡比重是不平等的。从欧洲的角度来看，只要不损害他们的国家主权和独立观念，变革是可能的。但是，这种权力是不平衡的，因为奥斯曼帝国将无法保持对其自身卫生事务的控制权。代表们建议的生物监测的财政负担分配也是不均衡的，欧洲帝国的表现和其承担的经费比重严重不符。对欧洲来说，这个规划中他们唯一的财政支出就是派驻东方的欧洲医生的薪酬。相比之下，奥斯曼人却要承担新卫生机构建设和现有卫生机构维护的资金。此外，欧洲国家可以利用法律机制干预奥斯曼帝国的事务，但埃及和土耳其无法在欧洲获得类似特权。奥斯曼人被要求放弃自治权、合法性和对其领土内卫生事务的控制权，却没有获得互惠

84

---

① *Procés-verbaux*, séance 44.

条件。因此,这种拟议的政策是根本不对称的:尽管欧洲代表很容易就可以对奥斯曼帝国的国际干预作辩护,但在欧洲,类似的干预被认为是完全无法接受的。这种扭曲政策的背后源于东方主义的假设,即奥斯曼人没有能力建立必要的机构来改善和监督他们自己的领土和卫生事务。

落实大会构想的雄心勃勃的全球公共卫生治理规划,将会为各国带来巨大好处。用很少的投资,欧洲人就能在东方建立起传染病防线,以保护欧洲不受传染病的侵袭,同时最大限度地允许货物自由流通。奥斯曼人也会从这些新安排中获益。与欧洲商船一样,奥斯曼帝国的商船在地中海的航行时间也将大大缩短,从而提高经济收益。除了运输乘客和货物的速度会提高,取消检疫还能延长船只开启下一旅程的周转时间,运输货物和乘客数量都有可能增加,因此会获得更多利润。此外,最终结束检疫可以有效取消昂贵的检疫费,从而降低交易成本。由此产生的经济收益将使地中海贸易路线更具竞争力,特别是与印度和欧洲之间耗时的大西洋航线相比。这些优势可能会增加通过奥斯曼帝国领土的应税贸易数量,直接增加土耳其和埃及的财政收入。

从卫生角度来看,奥斯曼人无须付出任何成本即可从由训练有素的医生组成的传染病监测网络中获利。这些专业人员促进了知识的全球流通,可能会改善当地的健康状况,或至少使当局提高警惕以更有效地应对传染病。同样重要的是,奥斯曼人可以通过本国的代表来监督在他们领土上的任何国际干预,从而规范在土耳其和埃及的外国活动。通过允许外国人进入和控制国家卫生机构,君士坦丁堡可以避免以后因传染病而合理化的领土入侵。1820年法国入侵西班牙之后,这是一种合理的忧惧。法国入侵西班牙的正当化理由是马德里没有能力控制黄热病的暴发,给法国人民带来了潜在传染病风险。①

通过复杂的谈判,1851年国际卫生大会的代表们在管控传染病传播方面创造了共同的国际标准和惯例。法兰西第二共和国的皇帝路易–拿破仑·波拿巴为表彰大会的创新精神和代表们的辛勤工作,授予外交和医疗大

---

① Sussman, "From Yellow Fever to Cholera."

使法国荣誉勋章。未来的国际卫生秩序详细地记载在两份文件中,将提交参与国政府批准。

令一些代表失望的是,大多数国家拒绝批准《卫生公约草案》和《国际卫生条例草案》。代表们离开巴黎时,还满怀信心地认为一切将非常顺利地推进。然而,代表们回国后,政府对他们在巴黎开展的工作进行了严密审查。他们不再盲目乐观,对文件的命运充满忧虑和不满。最终,只有法国和撒丁王国批准了这两个文件。然而,1851年会议见证了公共卫生国际化漫长历史中的一个重大时刻。由于最初制定的公约和条例并未生效,接下来的80年里不断召开国际卫生会议。①

1851年的大会虽然历时漫长,却虎头蛇尾,它预见了许多关于如何利用科学专业知识来管理日益联通的帝国世界的议题,同时也暴露了为有效管控传染病,争夺国家利益与推动国际合作之间的尖锐矛盾。在组织会议的过程中以及会议期间,普遍存在恐惧和恐慌。一些议程中,这些忧虑可能转化为具体的卫生条例,从而减轻机构和公众的焦虑。然而,对国家司法管辖完整性的担忧和对国际干预有效性和动机的怀疑最终阻碍了欧洲统一卫生计划的进程。

86

本书其他章节涉及传染病恐慌的社会、文化和政治层面,但这一章节重点聚焦于这场漫长的传染病外交和跨境机构的建设。这段始于19世纪中期的传染病外交史可能有些晦涩,和本书中其他作者所描述的那种切实直观的焦虑、恐惧和恐慌有很大不同。然而,另一方面,传染病外交史证明了恐慌推动着世界的现代化。随着中东和其他地区后殖民协议的解体引发新的恐慌,对过去外交机制的韧性,以及它们应对当前跨境威胁的能力形成了巨大的考验。传染病史的研究也为反思当代全球卫生体制提供了重要历史参照。

---

① 从1851年到1938年,共召开了14次会议。除了1866年和1881年分别在君士坦丁堡和华盛顿特区召开外,大多数会议都在欧洲城市举行。1903年会议后,建立了第一个长期国际公共卫生管理机构。1948年,随着世界卫生组织的成立,国际公共卫生局最终解散。

第四章

1857年印度民族大起义后的健康恐慌、移民和生态交流

——以印度、新西兰和澳大利亚为例

詹姆斯·比蒂

Health Panics, Migration, and Ecological Exchange in the Aftermath of the 1857 Uprising: India, New Zealand, and Australia

© James Beattie

1857年第一次印度独立战争——英国人很快将其称为"叛变"或起义——让英国人"震惊……在你们那里几乎无法理解",一位惊慌失措的军官在给新西兰一家报纸写信道,"这里的人们在寻找一块和平的土地,保证他们的妻儿不会被撕成碎片"。这位军官,对"直接从印度移民"到新西兰坎特伯雷的能力充满信心,他观察到:"只要有机会,我总是将新西兰作为谈话主题。人们总是对信息感兴趣并且急于寻求信息。"①

1857年事件使英国人对土著居民的"谋杀"倾向感到恐慌。当时的说法强调其扩散性,这次起义不可控制地在整个次大陆蔓延。②许多英国评论家认为,恶劣气候不仅严重限制了他们镇压叛乱的能力,而且还从一开始就诱使心怀不满的印度人拿起武器。恐慌加剧了英国原有的对印度气候和印度人民的焦虑。热带气候和疾病可能会削弱英国士兵的战斗力,也会导致帝国行政长官开始喋喋不休、口齿不清——后来人们将此症状称为"脑雾"(brain fog),或者更糟糕的"旁遮普头"(Punjab head)——这些在1857年大起义之前就已经众所周知了。③这次起义确实加剧了英国殖民者对在印

---

① "Pahari" to Editor, Murree, August 8, 1858 and August 12, 1858, reproduced in *Lyttelton Times*(《利特尔顿时报》), December 22, 1858, 4.

② C. A. Bayly, *Empire and Information: Intelligence Gathering and Social Communication in India, 1780-1870*(《帝国与信息:印度的情报收集和社会传播,1780—1870年》)(Cambridge: Cambridge University Press, 1996); John William Kaye, George Bruce Malleson, *History of the Indian Mutiny of 1857-8*(《1857—1858年印度兵变的历史》),6 vols. (London: W. H. Allen), 1889-1892.

③ David Arnold, "Introduction: Tropical Medicine before Manson(引言:曼森之前的热带医学)," in *Warm Climates and Western Medicine: The Emergence of Tropical Medicine 1500-1900*(《温暖的气候和西方医学:热带医学的出现,1500—1900年》), ed. David Arnold, (Amsterdam: Rodopi, 1996), 1-19; David Arnold, *Colonizing the Body: State Medicine and Epidemic Disease in Nineteenth-Century India* (Berkeley: University of California Press, 1993). "旁遮普头"这个词来自Bosworth Smith对Frederick P. Gibbon, *The Lawrences of the Punjab*(《旁遮普的劳伦斯》)(London: J. M. Dent & Co.; New York: E. P. Dutton & Co., 1908)一书第171页的引用。Dane Kennedy, "Diagnosing the Colonial Dilemma: Tropical Neurasthenia and the Alienated Briton(诊断殖民困境:热带神经衰弱和异化的英国人)," in *Decentering Empire: Britain, India and the Transcolonial World*(《离心帝国:英国、印度和跨殖民世界》), ed. Durba Ghosh and Dane Kennedy, (Hyderabad[海德拉巴]: Orient Longman, 2006), 157-181.

88 度长期居留的担忧。像上面引述的军官一样,惊慌失措的人们以及官员们紧急建议健康的移民搬到大英帝国的其他殖民地或者印度的高海拔地区。特别是澳大利亚和新西兰,被认为是解决印度"问题"气候的可能迁移目的地。

正如几位作者所指出的,1857年起义引发的恐慌在某种程度上标志着英国对印度的态度出现了分水岭,它加剧了人们对印度气候和印度人民病态本质的焦虑。[①]本章旨在从空间和环境维度展示与起义相关的健康恐慌。换句话说,我想强调与英属印度殖民地这一标志性事件相关的"殖民信息恐慌"的物质和地理影响,[②]具体涉及印度、澳大利亚和新西兰之间的健康移民和生态交换。

对印度起义后的健康恐慌引起的澳大拉西亚和印度生态交换的研究,可以为印度和澳大拉西亚的热带和温带特征的定义是如何因起义而在19世纪下半叶得以加强的这一观点,提供新的见解。本章分析了起义如何促使英国人更清楚地定义印度气候的"问题",以及如何提供解决方案。印度致病气候的"问题"促使英国人更充分地意识到印度某些地方(山间避暑小镇)和澳大拉西亚地区对身体健康及战略位置的重要性。在这个过程中,它也帮助解决了关于印度和大洋洲是否适合白人殖民的争论。[③]此外,这些

---

① 例如,可重点关注:David Arnold, *The Tropics and the Travelling Gaze: India, Landscape, and Science, 1800-1856*(《热带与旅行见闻:印度、景观和科学,1800—1856年》)(Delhi: Permanent Black, 2005); Mark Harrison, *Climates and Constitutions: Health, Race, Environment and British Imperialism in India, 1600-1850*(《气候与体质:印度的健康、种族、环境和大英帝国主义,1600—1850年》)(New Delhi: Oxford University Press, 1999); Philip D. Curtain, *Death by Migration: Europe's Encounter with the Tropical World in the Nineteenth Century*(《迁移造成的死亡:欧洲在19世纪与热带世界的相遇》)(Cambridge and New York: Cambridge University, 1989)。

② Kim A. Wagner, "'Treading Upon Fires': The 'Mutiny'-Motif and Colonial Anxieties in British India," *Past and Present*, Vol. 218, No. 1 (2013): 159-197 (160); Bayly, *Empire and Information*.

③ 尽管有所缓解,但对北澳大拉西亚热带和亚热带气候对白人健康影响的担忧一直持续到20世纪。白人无法适应在热带气候中劳动,澳大利亚北部地区与印度地区以及其他地区相似的热带气候,导致了印度和中国劳动力的流入。到了19世纪末期,来自亚洲众多人口的威胁,尤其是日本的迅速崛起,引起了殖民者的不安,促使其再次呼吁确保白人在定居点的主体地位。因此,随着证据日益表明生活在澳大利亚北部的许多白人非常长寿,身体也很健康,外加热带医学的发展,殖民者们对白人在北部定居的可能性又有信心了。参见 Warwick Anderson, *The Cultivation of Whiteness: Science, Health and Racial Destiny in Australia*(《白人的培养:澳大利亚的科学、健康与种族命运》)(Carlton South: Melbourne University Press, 2002), 72-126。

担忧突出了健康恐慌的空间范围,表明在印度向澳大拉西亚的移民计划和　　　*90*
跨殖民地的动植物交换的鼓励下,空间影响的范围远远超出了次大陆。

气候与移民

　　甚至在起义之前,英国人对适应印度的气候环境就已经越来越悲观了。
这是欧洲对次大陆及其人民态度转变的一部分,这种转变在18世纪英国非
正式的贸易帝国让位于正式的领土控制时变得明显起来。19世纪的领土
征服使帝国军队接触了新的疾病,这些疾病使人们更加担心热带气候对健
康的影响。军事侵略支持了对印度人的仇视,这种态度随着新兴福音派运
动对官员和英国人的影响而不断强化。福音派运动强调基督教对印度宗教
的天生优势,以及英国对印度的默认优势。科学思想反映了这些更广泛的
政治和宗教态度。结果,许多人将种族视为固定的生物本质,认为其无法做
出变化或适应新环境。根据这种观点,气候削弱了所有欧洲人的体格,特别
是儿童和妇女。19世纪后期,由于单身白人妇女向次大陆迁移,欧洲男性
和印度女性通婚的数量减少,这进一步加剧了种族紧张关系。[1]地缘政治、
宗教和人口因素意味着19世纪的英国人认为"领土扩张的传染病学成本"
是"殖民地话语的固有组成部分,无论是出于道德、经济还是医学方面的
考虑"。[2]

　　不仅仅是欧洲人在焦虑。例如,在19世纪20年代,来自新西兰的一名
毛利族酋长试图劝阻另一名提托尔人(Titore)访问孟加拉地区,他认为"印
度的气候……很不健康……湿热无法容忍,还有很多蚊子使人难以入
睡"[3]。19世纪末期,孟加拉地区的印度教徒也开始担心疟疾恶化,而穆斯

---

① 本章参考了以下著作：Arnold, *Warm Climates and Western Medicine*；Arnold, *Tropics and the Travelling Gaze*；and Harrison, *Climates and Constitutions*.

② Alan Bewell, *Romanticism and Colonial Disease*(《浪漫主义与殖民地疾病》)(Baltimore, MD: Johns Hopkins University Press, 1997), 22.

③ Peter Dillon, *Narrative and Successful Result of a Voyage in the South Seas*(《南太平洋航行的叙事和成功》), 2 vols. (London: Hurst, Chance and Co., 1829), I, 196.

林似乎对此免疫。①总之,1857年这场惨烈血腥的起义放大并普遍化了这些对印度和印度环境的"既存焦虑";这些焦虑一起让英国殖民者对其在印度的地位产生了普遍的恐慌。

正如金·瓦格纳在一篇研究1857年起义对后续英国殖民焦虑影响的文章中指出:"恐慌和焦虑作为概念框架,并不是矛盾的,而是与事件和结构有着相同的关系;信息恐慌是短暂的,但在殖民地范围内的系统性焦虑的长期模式中反复出现。"②从这个意义上讲,起义所引起的恐慌是一个重大事件,它导致英国人对印度人、印度的环境,尤其是对印度气候的态度发生了更广泛的结构性转变。从社会和政治角度看,它放大了种族分歧,阻碍了种族融合,并大大增加了英国在次大陆的军事和官方存在。在空间上,它鼓励种族隔离和建立根据种族划分的地理边界。③

然而,这也加剧了英国人对如何最大化地保持其种族纯洁、道德操守以及最终控制这样一个拥有多样化地形和同质民族的领土的焦虑。正如我在其他地方关于帝国发展、景观美学和卫生政策所论证的那样,在某种意义上,焦虑是一种殖民状态,其原因是英国人意识到殖民地人民和环境并不总是能够满足预期。④在拉纳吉特·古哈看来,这种焦虑故事是帝国主义的核心,也是对其迎来"胜利主义者和进步主义者时刻"的必要纠正。⑤

对印度气候的忧虑融入了英国对起义的描述。这些描述下的印度气候几乎就像英国人对抗的印度民兵一样可怕。疾病无疑降低了英国军队的战斗力。⑥

---

① Arnold, "'An Ancient Race Outworn': Malaria and Race in Colonial India, 1860-1930(远古的种族:英属印度的疟疾与种族,1860—1930年)," in *Race, Science and Medicine, 1700-1900*(《种族、科学与医学,1700—1900年》), ed. Ernst Waltraud and Bernard Harris (London and New York: Routledge, 1999), 123-143.

② Wagner, "'Mutiny'-motif," 161.

③ 参见 Arnold, *Colonizing the Body*; Nandini Bhattacharya, *Contagion and Enclaves: Tropical Medicine in Colonial India*(《传染病和飞地:英属印度的热带医学》) Liverpool: Liverpool University Press, 2012).

④ Beattie, *Empire and Environmental Anxiety*.

⑤ Ranajit Guha, "Not at Home in Empire," *Critical Inquiry*, Vol. 23, No. 3 (1997): 482-493 (483).

⑥ Mark Harrison, *Public Health in British India: Anglo-Indian Preventive Medicine, 1859-1914*(《英属印度的公共卫生:英属印度预防医学,1859—1914年》)(Cambridge: Cambridge University Press, 1994); Curtin, *Death by Migration*.

例如，1857年5月3日运动，《加尔各答英国人》(*The Calcutta Englishmen*)报道了在这次运动中印度的致病气候如何影响英国士兵的健康，并且这种疾病在孟加拉地区大范围蔓延开了。①尽管疾病也对人口产生了切实影响，但这种观点在政治和种族方面起到了重要作用。英国人与印度的气候作斗争的形象有效地起到了贬低"叛军"的军事技能、勇敢和战术智慧的作用。例如，在1857年的议会中，斯坦利勋爵(Lord Stanley)称赞休·罗斯爵士(Sir Hugh Rose)"对极其严峻恶劣气候"的英勇抗争，这种气候他遇到了"一次又一次，虽然身体残疾，但从不言弃，即使非常疲劳和痛苦，也总是时刻做好准备把他自己放在部队首长的位置"②。这个形象不亚于维多利亚女王所称赞的"针对叛变者的部队的勇气，行动上的勇气，在匮乏、疲劳和天气影响下的忍耐力"③。指责气候，而不是指责冒犯他们的印度人民的素质，使英国人更容易合理化他们如何失去对一块领土的控制权，而这块领土是由被许多英国人视为在智力上和身体上都是低人一等的民族控制的。

　　如果起义让英国将问题归咎于印度的气候，那么起义的后果就加剧了人们对印度气候挥之不去的危险的担忧。1858年，将对印度的控制权正式移交给英国王室后，下议院试图通过增加军队中英国士兵相对于印度士兵的比重并通过减少部队的死亡和伤残来确保对这一次大陆的控制。然而，正如同时代人所指出的那样，这项雄心勃勃的计划由于印度的气候类型而面临着明显挑战。19世纪60年代初期的《星期六评论》(*Saturday Review*)指出，雇佣经验丰富的行政管理人员统治印度的计划由于气候的危险而遇到了巨大的且(甚至可能是)致命的障碍。《星期六评论》继续写道：

　　　　他们[英国行政人员]前往印度就是冒险送死的证据也一直在涌现。达尔豪西勋爵回来就死了。坎宁勋爵虽然自己没有患病，但也遭受了致命的一击。威尔逊先生去世了。莱恩先生健康受损。众所周知，当加尔各答的两个主要法律职位最近出现空缺时，印度办事处不得

① 引自 *Otago Witness*(《奥塔哥见证报》)，July 17, 1858, 6.
② *Lyttelton Times*(《利特尔顿时报》)，July 16, 1859, 3.
③ Hansard(英国议会议事录)，December 3, 1857.

不任命已经生活在当地适应了环境的人（所幸是有能力的人），因为在英国根本不可能马上找到与他们地位相当且愿意或能够接受印度气候的人。①

有趣的是，文章的作者似乎已经接受了欧洲人适应气候变化的可能性，但是他指出，由于急需从英国直接派这么多新的行政管理人员到印度，这一过程变得不切实际。而且，英军的健康状况如何？

为驻印英军找到合适的疗养院成为帝国地缘政治的当务之急。正如一位评论家在1858年的新西兰殖民地报纸上观察到的那样，确定合适的疗养院是"最重要的，因为这既会影响印度军队的效率，又可能有助于殖民地的和平与繁荣，如果这样的疗养院最终可以建立的话"②。起义引发的恐慌引发了澳大拉西亚各殖民地对英属印度提出一系列正式建议，旨在促使印度殖民当局向自己的殖民地派遣英军。

在建议医疗移民促进健康时，澳大拉西亚殖民地作者们呼吁开展与医学地理和医学地形有关的广泛工作，这些工作认识到环境与健康之间的紧密联系。医生和普通民众都承认，航行和迁移到温度不突然变化的气候和环境对健康有益——理想的环境是尽可能类似于移民出生地的气候。③参考上述文献，殖民地作家们强调了各自定居点在气候上的各方面优势，都符合流行医学的观点。对居住于此的欧洲人的健康的个人观察和详细统计数

---

① 被引用于 *Otago Daily Times*（《奥塔哥日报》），April 24, 1862, 5.

② 摘自1858年8月16日在《奥克兰每周纪事报》（*Auckland Weekly Register*）上发表的文章，于1858年10月5日转载在尼尔森的报纸《殖民者》第3版上。在新西兰的省级体系（1852—1876年）下，各省负责推动殖民化进程。因此，各省不仅与海外殖民地竞争，而且相互竞争移民。这极大地导致了省与省、殖民地与殖民地的相互对立。

③ J. M. Powell, "Medical Promotion and the Consumptive Immigrant to Australia（医疗促进和澳大利亚的消费移民），" *Geographical Review*（《地理评论》），Vol. 63, No. 4（1973）: 449-476；Linda Bryder, "'Health Resort for Consumptives': Tuberculosis and Immigration to New Zealand, 1880-1914（'消费性疗养胜地'：结核病和新西兰移民，1880—1914年），" *Medical History*, Vol. 40, No. 4（1996）: 459-464；James Beattie, "Colonial Geographies of Settlement: Vegetation, Towns, Disease and Well-Being in Aotearoa/New Zealand, 1830s-1930s（殖民时期的定居地理学：19世30年代至20世纪30年代新西兰的植被、城镇、疾病和福利），" *Environment and History*（《环境与历史》），Vol. 14, No. 4（2008）: 583-610.

据也证明了这种主张,尤其是有关来自印度的欧洲人的信息,其健康得益于在澳大拉西亚的居住权。[1]

从这个意义上讲,起义引起的健康恐慌为殖民地和省份、城镇和城市——甚至不同的郊区——吸引定居者提供了机会,但它也成为不同政体内部和之间有时产生紧张局势的根源。毕竟风险很高,移民殖民地的成功取决于其吸引大量移民的能力。数百本(甚至数千本)印刷的移民手册(更不用说在报刊上数以百万计的文字了)都是关于移民和气候的主题,其中包括对从印度来的欧洲人的好处。[2]医生警告那些想"立即返回气候寒冷的英国"的人,因为这"可能对居住在印度并遭受气候影响而患病的人造成伤害"[3]。

除了健康问题,还有其他令人信服的理由让人们避免返回英国。正如一位退休的印度军官所解释的那样,当从英属印度返回英国时,他

> 到达他称之为家的地方,却发现这片土地如此陌生:他的朋友们死了,散了,或者疏远了……他坐在风口上,得了感冒。他被阵雨淋湿,肩膀得了风湿病。他断定一定是英格兰的气候变了。[4] 94

此外,在英国,从东印度公司回来的人"仅仅是一个无名小卒"。"他对一个村庄的事务会有什么影响?"[5]另一则报纸写道:"生病的官员、无子女的妻子和虚弱的消费对象们很快渴望到达"新西兰,体验其温和的气候,在这

---

① Conevery Bolton Valencius, "Histories of Medical Geography(医学地理史)," in *Medical Geography in Historical Perspective*(《历史视野中的医学地理学》), ed. Nicholaas A. Rupke (London: Wellcome Trust Centre for the History of Medicine at UCL, 2000), 3-28.

② 参见 James Beattie, Emily O'Gorman, and Matthew Henry, eds., *Climate, Science, and Colonization: Histories from Australia and New Zealand*(《气候、科学和殖民化:澳大利亚和新西兰的历史》)(New York: Palgrave Macmillan, 2014).

③ *Military Sanatarium* [*sic*]. *Report of the Board of Commissioners*, September 7, 1858 (Tasmania: no publisher, 1858), in Tasmania: Miscellaneous 1857-1897, V354.946008 T 741, National War Memorial Museum of Australia, Canberra, 5.

④ *The Canterbury Colony: Its Site and Prospects, Reprinted from Saunders' Monthly Magazine 1852*(《坎特伯雷殖民地:地点和前景,翻印自1852年〈桑德斯月刊〉》)(Dunedin: Hocken Library, 1976), 4.

⑤ 同上。

里,"他们可能会恢复健康并且享受生活"①。

在英国承诺派遣比以往任何时候都多的部队和官员的时候,起义加剧了居住在印度的殖民者的忧虑,似乎重新激发了旨在鼓励印度殖民政府将移民转到各个澳大拉西亚殖民地的计划。塔斯马尼亚打响了一场持续的澳大拉西亚殖民地移民争夺战的第一炮,各地都在争夺来自印度的精神和身体都陷入病态的欧洲移民。1858 年 7 月,亨利·杨爵士(Sir Henry Young)成立了一个委员会,以考虑"在塔斯马尼亚建立军事医疗所和疗养院"。②该委员会除了一名政治家和两名医生,全由军事人员组成,其中包括对印度非常了解的亨格福德(Hungerford)中校(孟加拉炮兵部队),他兴致昂扬地大谈疗养所的作用,塔斯马尼亚气候吸引

> [来自印度的残疾英国]士兵的独特优势;士兵们有四个月时间来恢复健康,如果离开加尔各答或孟买不超过六个月的话是可以回来的,也很有可能提高他们的工作效率。③

委员会赞成将霍巴特镇(Hobart Town)作为疗养院所在地。报告指出,该地点合理利用了现有建筑物,同时最大限度地利用了现有航运网络,能够快速地调遣军队。委员会认为,往返于澳大利亚和印度之间的定期邮轮意味着仅需三个星期就可以将部队派遣到加尔各答或孟买,实际上比从印度的山间避暑小镇运来的速度更快。此外,从苏伊士返回的邮轮几乎是全空的,将为"船上的病人提供良好的住所",同时也为士兵们提供了航程上的福利,到澳大利亚比到英国的航程要近得多。④

95 官方报告通过发布有关岛上医学地理的详细说明(包括其植被、地质和降雨、季节性气候变化和以前出现的疾病及发病率和死亡率)来加强其主张

---

① Crayon, April 11, 1842, Auckland, reproduced in *New Zealand Journal*, November 12, 1842, 279.

② *The Hobart Town Daily Mercury*(《霍巴特镇每日信使报》), August 12, 1858, 5.

③ *Military Sanatarium*, p.3.

④ *The Hobart Town Daily Mercury*, August 12, 1858, 5.

的权威性。①该报告强调了塔斯马尼亚的士兵低死亡率（每千人中近8人），与英国（每千人中33人）和印度（每千人中近50人）相比，有很大的优势。这得益于"该岛上没有极端的温度"②和该岛免受"瘴气"以及间歇性热病的影响。③个人观察加强了统计证据的可信度。例如，当地的立法会议员E. S. P. 贝德福德（E. S. P. Bedford）博士自信地称，塔斯马尼亚的气候对他所检查过的"因病从印度来到该殖民地的人"产生了"良好影响"：

> 塔斯马尼亚气候温和，夜晚凉爽，年降雨适量，没有疟疾，空气清新，风景又优美。加上类似于英国的城镇、建筑物和耕种，都对那些想在温暖的气候下恢复健康的人产生了很大影响。④

仅一个月后，新西兰和奥克兰的殖民地支持者对塔斯马尼亚的提议做出了回应，认同了海外疗养院的必要性。1858年8月的《奥克兰每周新闻报》写道："既然必须维持一支庞大欧洲军队在印度的地位，那么就需要'找到一个合适的疗养院，把体弱士兵送到这里来休养'"⑤。但该报纸和塔斯马尼亚委员会在疗养院的选址上产生了分歧。

"不想贬低塔斯马尼亚岛气候对健康的益处，"《奥克兰每周新闻报》评论说，"我们无法对已经发表的许多官方报道视而不见……如霍巴特镇不利于健康，或该殖民地主要城镇常有发烧和传染病。'塔斯马尼亚气温'从极热到极冷剧烈而突然交替，而且通常出现在一天之内，对于已饱受热带疾病折磨的病人来说，这实在是太令人难受了。"值得庆幸的是，奥克兰没有"如此突如其来的极端天气变化"，并且没有"澳大利亚那样的高温"。奥克兰也没有塔斯马尼亚那样"侵袭人体的白霜（伴随着大雾）"。奥克兰的气候"温和而稳定"，"这种气候的组成中没有对健康有害的因素"，这些也是这座新西

---

① Valencius, "Histories of Medical Geography."

② *Military Sanatarium*, 5.

③ 同上。

④ E. S. P. Bedford, quoted in *Military Sanatarium*, 12.

⑤ 摘自 *Auckland Weekly Register*, August 16, 1858, n.p., 转载于 the Nelson-based newspaper, *Colonist*, October 5, 1858, 3.

兰城市比澳大利亚的塔斯马尼亚更受青睐的优势。[1]

就像塔斯马尼亚委员会的报告（在前面讨论过）一样，奥克兰引用了统计数据和医生权威的意见，这些医生曾在新西兰治疗过印度士兵。这些资料表明，"新西兰因发烧、肝痛以及肠胃疾病所死亡的人数比其他任何一个国家都要低，因此，新西兰是迄今为止最适合患有上述疾病的人生活的地方"。像塔斯马尼亚的报告一样，为了支持其有利于身体健康的主张，奥克兰的报告借鉴了来自印度驻新西兰的医务人员的证词。

尽管未透露其来源，奥克兰还是展示了两名军事外科医生关于其理想气候的证词，他们是亚瑟·桑德斯·汤姆森（Arthur Saunders Thomson，1816—1860）和罗伯特·基廷·普伦德加斯特（Robert Keating Prendergast，1811—1890）。自发表博士论文《气候对不同国家原住民健康和死亡率的影响》以来，爱丁堡大学医学博士汤姆森就一直对气候对健康和种族发展的影响具有浓厚兴趣，也活跃在这一领域。其论文特别关注了个人"移居到与自己的祖国温度和其他环境不同的气候"后引发的死亡率。[2]随后，他在19世纪30年代被派往阿富汗和印度，在40年代和50年代又被派往新西兰和奥克兰，这些经历为他提供了充分机会来检查受不同气候影响的个人，并汇编有关气候对健康影响的统计数据。

在新西兰，汤姆森发表了一系列有影响力的医学地理著作，其中特别提到了新西兰气候对来自印度的士兵的有利影响。这些内容受到政府和军事官员以及广大读者的广泛宣传。这要归功于报纸上的报道以及汤姆森那本颇受欢迎的两卷本殖民地通史《新西兰的故事》。[3]汤姆森写道：

---

[1] *Colonist*, October 5, 1858, 3.

[2] Arthur Saunders Thomson, *Prize Thesis: Inaugural Dissertation on the Influence of Climate on the Health and Mortality of the Inhabitants of the Different Regions of the Globe* (Edinburgh: John Carfraw and Son; London: Longman, Orme, Brown, Green, and Longmans, London; Dublin: Hodges and Smith, 1837), in Special Collections 3143, University of Edinburgh.

[3] James Beattie, "Tropical Asia and Temperate New Zealand: Health and Conservation Connections, 1840—1920(热带亚洲和温带新西兰：卫生与保护的联系，1840—1920 年)," in *Asia in Making of New Zealand*(《亚洲成就的新西兰》), ed. Brian Moloughney and Henry Johnson , Auckland: Auckland University Press, 2007, 36-57; Arthur Saunders Thomson, *The Story of New Zealand: Past and Present—Savage and Civilized*(《新西兰的故事：过去与现在——野蛮与文明》), Two Volumes (London: John Murray, 1859); *Wellington Independent*(《惠灵顿独立报》), Vol. XII, No. 1, January 1, 1859, 3.

对于那些没患疾病,却由于居住在热带地区,在高温的夜晚辗转反侧而导致身心疲惫的印度殖民者来说,新西兰将是一个特别令人愉悦的居住地。我上述的评价是根据自己的个人经历以及其他一两个因在印度生活而疲惫不堪的人的真实经历做出的。①

像汤姆森一样,普伦德加斯特在1838年至1842年有一些在锡兰(今斯里兰卡)的海外经历,然后于1846年随新西兰第65军团抵达新西兰。②尽管第65军团的总部设在奥克兰,但仍有几个支队散布在整个北岛。1847年至1858年期间,普伦德加斯特在惠灵顿居住工作,同期也研究了该镇军队的健康状况。在殖民竞争的背景下,支持疗养院建议的奥克兰人忽略了一点,普伦德加斯特其实和汤姆森的观点一致,认为惠灵顿,而不是奥克兰的气候,最有利于军队的健康。③

因此,1859年1月上旬,《惠灵顿独立报》对普伦德加斯特和汤姆森两份报告展开了详细讨论,得出了惠灵顿比奥克兰更有益健康的结论。讨论关注了"显示在奥克兰和惠灵顿省服役的部队的总人数、住院人数和疾病死亡人数的表格",它指出"驻扎在惠灵顿省的部队比驻扎在奥克兰省的更健康"。同样,讨论中也提到了在1846年11月第65军团抵达奥克兰后,低伤寒特性传染病如何流行开来并造成很高的死亡率,尤其是在儿童中。在接

---

① *Wellington Independent*, Vol. XIII, No. 692, May 29, 1852, 4.

② "Officers of the 65th〔Regiment〕in New Zealand": http://hicketypip.tripod.com/officers65th.htm (2014年1月28日访问).

③ Robert Keating Prendergast, "On the Best Test of the Climate of a Country(关于一个国家气候的最佳测试)," *Nelson Examiner and New Zealand Chronicle*(《尼尔森观察报和新西兰纪事报》), Vol. XIII, June 24, 1854, 2. 另请参见: Robert Keating Prendergast, Surgeon 65th Regiment, To His Honor the Superintendent, Wellington May 14, 1854, *New Zealand Government Gazette (Province of Nelson)*(《新西兰政府公报·尼尔森省》), Vol. 2, No. 9 (June 16, 1854), 53; Robert Keating Prendergast, May 14, 1854, *New Zealand Government Gazette (Province of Nelson)*, Vol. 2, No. 9 (June 16, 1854), 54; "Reports on the Health of the Troops Stationed in New Zealand(关于驻扎在新西兰的部队健康的报告)," enclosures 1–3, *Supplementary New Zealand Government Gazette (Province of Wellington)*(《新西兰政府公报·惠灵顿省》), Vol. 5, No. 38 (December 27, 1858), i–xxiii.

受治疗的 56 名病人中,有 52 名幸存了下来。该报告解释说,"疾病的种子"随 1847 年 9 月被派往惠灵顿的军队传播开来,导致了 33 例发烧病例,其中 2 例患者未能痊愈,还有 1 例复发。此后,据报告,在 1853—1855 年期间,该病没有复发,尽管平均有 370 名男子驻守在该处。同样,该报告指出,"每种疾病的回归"表明,位于惠灵顿的第 65 军团男性对疾病具有明显的免疫力。①

新西兰其他省份以及澳大利亚的几个殖民地也提出了类似建议和论点,再次以 1857 年起义为跳板提出了能够在印度不健康的气候下帮助治理的计划。1859 年 2 月,省级警司注意到"印度战争只是重新激起了"关于建立新普利茅斯省作为印度军队国家疗养院的讨论,并就此提交了一份急件。它指出,气象和卫生统计数据提供了"令人信服的证据,证明了我们的气候具有有益健康的独特性和稳定性,多年来在殖民地一直享有盛誉"②。1859 年 8 月,新普利茅斯省政府正式向殖民地战争事务大臣提出请求,在新西兰建立一个疗养院,"目的是使印度殖民地军队的伤残人员受益"。③同年,西澳大利亚州州长詹姆斯·斯特林爵士(Sir James Stirling,1791—1865)出版了一本小册子,宣传他所在殖民地的气候。根据该文件,西澳大利亚州的殖民地拥有"清新宜人的海洋气候,气候温和,不会突然遭受寒潮的袭击"④。

起义引起的恐慌加剧了人们对印度病理环境的忧虑,人们认为除非采取措施消除其威胁,否则最终有可能威胁到英国在该次大陆的统治。恐慌引发了其他殖民地政府和官员以及私人定居者自身的系列反应。对于印度和澳大拉西亚殖民地的官员而言,环境分别为英军和官员所遭遇的健康问

---

① *Wellington Independent*, Vol. XII, No. 7, January 5, 1859, 5.

② *Taranaki Herald*(《塔拉纳基信使报》), Vol. VII, No. 342, February 19, 1859, 2.

③ Dispatch Number 69 mentioned in "Government Gazette, Province of Taranaki," *New Plymouth Provincial Gazette*(《新普利茅斯省公报》), Vol. 7, No. 10 (May 25, 1859), p.40. Henry John Tancred to His Honour, The Superintendent, Napier, Colonial Secretaries' Office, March 29, 1859, Auckland, HB, 3 1, 1859/LetterNo. 5, General Government Letters, National Archives (NA), Wellington.

④ J. Stirling, *Observations on the Climate and Geographical Position of Western Australia, and on Its Adaptation to the Purposes of a Sanatorium for the Indian Army in a Letter Addressed to J. R. Martin, Esq*(《关于西澳大利亚州气候和地理位置的观察,以及它对印度陆军疗养院目的的适应性研究,致信给 J. R. Martin, Esq》), London: J. C. Bridgewater, 1859, p.3.

题提供了潜在原因和解决方案。正如艾伦·莱斯特在本书第一章中所建议的那样,恐慌具有明显的地理范围,不仅与某些环境相关,而且与不同殖民地相连。下一部分将探讨从印度来的个人健康移民(private health migrants)在为家人寻找和平、健康的家庭居住环境时的恐慌反应,并追踪官方移民计划的成果。

提议的影响

　　澳大利亚和新西兰提出的恐慌性和投机取巧的殖民提议,都遭遇了帝国的冷漠态度。①尽管如此,澳大拉西亚殖民地试图继续吸引来自印度的英国健康移民,而许多来自印度的私人移民也到达了这个地区。吸引他们前来的原因,一方面是对印度气候及土著居民会对他们的生命产生威胁的恐惧,另一方面是澳大拉西亚气候有益健康并且他们在此地可获得更好的土地。

　　例如,从19世纪50年代初开始,奥克兰省就试图吸引军事移民,其中包括专门鼓励东印度公司成员的立法。奥克兰省的1858年《荒地法案》被扩展到北岛的其余地区,因为1858年的新西兰《荒地法案》表明,起义给渴望移民和健康的殖民者都带来了机遇。该法案旨在鼓励海军和军事人员,以及"属于英国女王的服务或东印度公司的服务"的人员在北岛定居。免费提供的土地是按比分配的:特派军官可获取土地400英亩②;持有委任状但未被正式委派的,80英亩;私人海军陆战队士兵,60英亩。③

　　尽管在1860年取消了这一特殊条款,但东印度公司的军队和官员此时

① Dispatch Number 69 mentioned in "Government Gazette, Province of Taranaki," *New Plymouth Provincial Gazette*, Vol. 7, No. 10 (May 25, 1859), 40. For discussion of the forwarding of the proposal, 该提议的进展见 Henry John Tancred to His Honour, The Superintendent, Napier, Colonial Secretaries' Office, March 29, 1859, Auckland, HB, 3 1, 1859/Letter No. 5, General Government Letters, NA, Wellington. 有关此时期总督的演讲,见 Governor's messages—outwards 16/5–21/8/1858"[注:日期错误], Internal Affairs 4, No. 296, NA, Wellington.

② 1英亩约合4047平方米。——编者注

③ 摘自 Alex F. Ridgway, *Voices from Auckland, New Zealand*(《来自新西兰奥克兰的声音》), London: Alex F. Ridgway & Sons, 1862), p.137.

已经在殖民地的不同地区定居，包括北岛的新普利茅斯省。有些人来自已驻扎在当地的帝国军队，包括第58军和第65军。[1]要获得从印度到新西兰的移民的详细统计数据，或将定居动机与健康恐慌联系起来，尽管很难，但不是不可能的。然而，退伍士兵的遗孀或幸存的士兵在1860年利用免费土地赠予的条款，揭示了相当多的人在次大陆服役后曾定居在新西兰。例如，在尼尔森省申请的18人中，有6人曾在印度服务。在坎特伯雷，29人中有6人。[2]当时的信件、日记、讣告和报纸提供了更多信息，这表明印度起义引发了从印度健康移民的重要性。像查普曼先生一样的病人登上"奥伯龙号"（Oberon）时与安德鲁·辛克莱尔医生（Andrew Sinclair, 1794—1861）相遇，这种情况在新西兰似乎并不罕见。1860年奥伯龙号航行于达尼丁（Dunedin）至布拉夫（Bluff）之间。辛克莱尔写道，查普曼是"一个又高又瘦、身体虚弱的人，在印度军队服役过，他的嘴唇裂开，说话的时候抽噎着，他正努力在温和的气候下修复和充分利用他残损的身体"。[3]

新西兰的一些地方特别吸引来自印度的移民。爱德华·佩顿（Edward Payton, 1859—1944）在1888年指出，位于南岛顶端的尼尔森，已赢得了"来自印度的富人的度假胜地"的美誉。确实，有几个来自印度的家庭定居在该地区。[4]同样，在朋友和家人的推荐下，一群东印度公司的军人定居在克赖斯特彻奇（Christchurch, 亦称基督城）及其周围。许多其他人也出现在殖民地议会和省议会中，并在整个殖民地担任土地官员、矿工、医生等。他们和其他人也以与印度起义有关的地理区域和英国人的名字来命名新西兰的地方。例如，在新西兰坎特伯雷省的基尔维（Kirwee）——现在北方邦的卡尔维（Karwi）——定居点是为了纪念其创始人于1857年冲进同名堡垒，而至少有12名前印度起义

---

① James Belich, *The New Zealand Wars and the Victorian Interpretation of Racial Conflict*（《新西兰战争和维多利亚时代对种族冲突的解释》）(Auckland: Penguin, 1986), 59.

② Military Land Claims, Nelson, 1259—1275: LS 66, Record 15, NA, Wellington; Military Land Claims, Canterbury, 1285A—1294B: LS 66, Record 17, NA, Wellington.

③ Andrew Sinclair, Letters and Journals, March 1860, MS 1947, ATL.

④ E. W. Payton, *Round about New Zealand: Being Notes from A Journal of Three Years' Wanderings in the Antipodes*（《环绕新西兰：三年漫游新西兰和澳大利亚的见闻笔记》）(London: Chapman & Hall, 1888), 171. 感谢 Tony Ballantyne 提供了此文献。另请参见 Helena Drysdale, *Strangerland: A Family at War*（《陌生之地：战争中的家庭》）(London: Picador, 2006)。

中的退伍军人及其家人定居在此地区。[1]信德（Scinde）、内皮尔（Napier）和卡什米尔（Kashmir）这些名称现在仍然在一些新西兰的街道和地区沿用，而霍克斯湾省则拥有梅尼（Meanee）、哈夫罗克（Havelock）、内皮尔、黑斯廷斯（Hastings）和克莱夫（Clive）等城镇。[2]1900年，新西兰仍然有足够数量的"印度兵变中的退伍军人"可以聚集在一起进行大规模的团聚（见图4）。

　　在澳大利亚殖民地，间接证据也表明起义在促使许多欧洲人从印度移民上起到了重要作用。像那些来到新西兰的人一样，健康被视为主要动机，而旨在吸引来自印度移民的定居计划中很多有利条款也突出了健康因素。例如，塔斯马尼亚的《移民法》（1867年）授予了印度移民30英亩的土地，此外还给予其家庭其他好处。[3]

山间避暑小镇和桉树

　　尽管东印度公司官员和军人迫不及待地抵达殖民地——在澳大拉西亚和帝国其他地方大量建立起像西姆拉（Simla）和信德这样的山城，但在印度的英国官员把该次大陆的高海拔气候地区有益于健康的特性视为维持英国统治的手段。起义后，山间避暑小镇在印度作为民事和军事管理中心的地位越来越重要。实际上，到19世纪末，它们被认为对维持帝国军队的战斗力和殖民地公务员的头脑敏捷至关重要。

---

[1] James Beattie, "Making Home, Making Identity: Asian Garden-Making in New Zealand, 1850s-1930s（创造新家园和新身份：19世纪50年代至20世纪30年代新西兰的亚洲园林制造）," *History of Gardens & Designed Landscapes*（《花园与设计景观史研究》）, Vol. 31, No. 2 (2011): 139-159.

[2] James Beattie, "Plants, Animals and Environmental Transformation: New Zealand/Indian Biological and Landscape Connections, 1830s-1890s（植物、动物与环境的转变：19世纪30年代至19世纪90年代新西兰/印度的生物和景观联系）," *The East India Company and the Natural World*（《东印度公司与自然世界》）, ed. Vinita Damodaran and Anna Winterbotham (Basingstoke: Palgrave Macmillan, 2015), 219-248.

[3] Andrea Scott Inglis, *Summer in the Hills: The Nineteenth-Century Mountain Resort in Australia*（《山中夏日：19世纪澳大利亚避暑山庄》）(Melbourne: Australian Scholarly Publishing, 2007). 另请参见 Joyce P. Westrip and Peggy Holroyde, *Colonial Cousins: A Surprising History of Connections between India and Australia*（《殖民表亲：印度和澳大利亚之间令人惊讶的联系史》）(Adelaide: Wakefield Press, 2010)。

GROUP OF VETERANS WHO SERVED IN THE INDIAN MUTINY.

图4 1900年4月24日，兰弗里勋爵（Lord Ranfurly）在奥克兰政府大楼举办"参加印度兵变退伍老兵"的庆典。图片经奥克兰图书馆

乔治·格雷爵士特藏部（Sir George Grey Special Collections）许可复制，AWNS-19000504-4-1

　　尽管有些人如克莱德勋爵(Lord Clyde)发现西姆拉山间避暑小镇的气候"几乎像欧洲任何地方一样令人振奋",或者如伊丽莎白·穆特(Elizabeth Muter)那样幻想自己"就在英国的小山谷里,听着潺潺流水穿过长满苔藓的石头"①,但随着大批工人、公职人员和男人们涌入山上的疗养院,他们的健康在恶化,山间环境也遭到破坏,这导致了人们对这一战略的效用以及英国人维持印度帝国的能力产生更大担忧。穆特沮丧地发现,霍乱的阴影笼罩了穆里这个避暑小镇。另一种抱怨是,"从海拔和地理情况来看,迈索尔(Mysore)和奇克马古尔(Chickmagoor)享有最温和的气候,却因热病而臭名昭著",因为它"坐落在稻田间"②。

　　由于这种健康焦虑,山间避暑小镇和英国其他一些人口中心采取了一系列公共卫生措施。从医学地理学出发,这些措施的重点放在公共卫生上,并且由于人们越来越担心印度人会成为污染源,因此这些措施的关键方面包括详细监控健康和环境情况,提供清洁的饮用水,改善营房设计,改善营养,以及在白人与印度人之间实施隔离。对于南迪尼·巴特查里亚(Nandini Bhattacharya)而言,在山间避暑小镇和其他殖民地飞地制定的公共卫生措施,是以山地比平原更有益于健康的意识形态信念为前提的改革,并没有考虑到不同山城的实际发病率。③疾病在意识形态上引发人们产生恐慌和焦虑的作用,又因为殖民当局对这些健康威胁不恰当的反应而进一步加剧了。尽管部队死亡率从 19 世纪 80 年代初开始下降,但印度仍然暴发了重大疾病,蔓延到其他地区并引起了严重的健康恐慌——有时甚至和疾病的死亡率无关(如大卫·阿诺德在第五章中所述)。④

---

① Elizabeth Muter, *Travels and Adventures of An Officer's Wife in India, China, and New Zealand*(《一名官员妻子在印度、中国和新西兰的旅行和冒险》), 2 vols. (London: Hurst and Blackett, 1864), I, 125-126.

② "Malaria and the Value of the Eucalyptus," *Indian Forester*, Vol. 7, No. 4 (April, 1882): 336.

③ Bhattacharya, *Contagion and Enclaves*.

④ Dhrub Singh, "'Clouds of Cholera': and Clouds Around Cholera, 1817-70(霍乱乌云:1817—1870年)," in *Disease and Medicine in India: A Historical Overview*(《印度的疾病和医学:历史概述》), ed. Deepak Kumar (New Delhi: Tulika Books, 2001), 144-165; I. J. Catanach, "Plague and the Tensions of Empire: India, 1896-1918(瘟疫与帝国的紧张局势:1896—1918 年的印度)," in *Imperial Medicine and Indigenous Societies*(《帝国医学与土著社会》), ed. David Arnold (Manchester: Manchester University Press, 1988), 149-171.

在这些对健康的担忧中,殖民地管理人员试图种植桉树。殖民者对桉树赞誉有加,因为桉树被认为具有吸收并中和腐烂动植物释放的气体(当时的人们认为这些是有害气体)的能力,公众和医生都极力避免这种瘴气。他们还十分注重排干沼泽的能力——沼泽被视为瘴气的另一源头。尽管桉树最初是为了满足避暑小镇上快速增长的薪柴需求而被引入印度的——这一需求是由寒冷的气候以及越来越多的人口砍伐这些地区现有的木材而引起的,后来林业人员和医务人员对桉树的健康特性都寄予了极大希望。①

103　　桉树将"改善健康状况,并增加国家财富",来自印度林业主要专业机构《印度林业人》(*Indian Forester*)杂志的一位记者热情地说。②印度最初关注的重点是蓝桉树胶的特殊品质,因其"在卫生方面的效用"而受到林业工作者 J. L. 莱尔德(J. L. Laird)的称赞。他指出,这种树不仅能吸收大气中的水分,而且还释放出有益健康的成分,中和甚至消除那些致命但看不见的瘴气。③虽然林业作家 J. E. 奥康纳(J. E. O'Connor)承认某些声称的健康益处有夸大之处,但作为充满瘴气的沼泽的排水器,桉树的作用首屈一指,"每天从土壤中吸收的水量是其自身重量的十倍"④。伴随着这些报道的,是人们

---

① Brett M. Bennett, "The El Dorado of Forestry: The Eucalyptus in India, South Africa, and Thailand, 1850-2000(林业的黄金国:1850—2000年印度、南非和泰国的桉树)," *International Review of Social History*(《国际社会史评论》), Vol. 55, supp.S18 (2010): 27-50; Robin W. Doughty, *The Eucalyptus: A Natural and Commercial History of the Gum Tree*(《桉树:桉树的自然和商业历史》)(Baltimore, MD: Johns Hopkins University Press, 2000), 128-129.

② E. Morton, "Arboriculture in Its Relation to Climate(树木栽培与气候的关系)," *Indian Forester*, Vol. 1, No. 2 (October, 1875): 151. 另请参见:Ashley Hay, *Gum: The Story of Eucalypts and Their Champions* (Sydney: Duffy & Snellgrove, 2002), 71-103; Kenneth Thompson, "Trees as a Theme in Medical Geography and Public Health(树木作为医学地理与公共卫生的主题)," *Bulletin of the New York Academy of Medicine*(《纽约医学会公报》), Vol. 54, No. 3 (1975): 518-523.

③ J. L. Laird, "The Eucalyptus Globulus: From a Botanical, Economical and Medical Point of View(从植物学、经济学和医学的角度看蓝桉)," Translated from the French by J. E. Planchon, Professeur a la Faculté de Montpellier, *Indian Forester*, Vol. 1, No. 2 (October 1875): 175-177.

④ J. E. O'Connor, "The Cultivation of 'Eucalyptus Globulus' and other Australian Gums in India(在印度种植蓝桉和其他澳大利亚桉树)," *Indian Forester*, Vol. 2, No. 2 (October 1876): 120-135.

种植桉树拯救了疟疾泛滥的北非和南欧荒地的精彩描述。[1]

在气候适宜地区,医生积极开展植树计划,以改善当地的健康状况。[2]在印度,医生在林业、植物学和其他与资源管理有关的领域的广泛服务加强了18世纪和19世纪以来认为存在于环境和健康之间的联系。[3]在起义之后,这种数字也更有可能使人们敏锐地意识到出于健康原因植树的战略重要性。

这似乎也变成了一种事实,从避暑小镇周围大规模植树活动的增多就可见一斑。现在,来自澳大利亚以官方或非官方身份在印度或者与印度有紧密联系的地区工作的各式人物,也鼓励或领导了一些实验。[4]例如,马德拉斯(Madras)总督威廉·托马斯·丹尼森爵士(Sir William Thomas Denison,1804—1871)——他也是前澳大利亚总督——热情地推广这种有益健康的物种。[5]澳大利亚植物园和私人定居者也向在印度定居的同胞寄去了桉树种子。[6]

到1859年12月,森林医学家休·克莱霍恩(Hugh Cleghorn)报道说,在乌塔卡蒙德(Utakamand)避暑小镇的附近种植了大约10000棵澳大利亚树种。[7]其主要目的是满足避暑小镇不断增长的薪柴需求,此时这里有大约

104

---

① 参见:Doughty, *The Eucalyptus: A Natural and Commercial History*(《桉树的自然和商业历史》);Ian Tyrrell, *True Gardens of the Gods: Californian-Australian Environmental Reform, 1860-1930*(《众神的真实花园:1860—1930年加利福尼亚—澳大利亚环境改革》)(Los Angeles and London: University of California Press, 1999)。

② 引自Dr. J. Maitland, "Plantation of Australian Trees, Nilgiri Hill(尼尔吉里山的澳大利亚树木种植园)," in Hugh Cleghorn, *The Forests and Gardens of South India*(《南印度的森林和花园》)(London: W. H. Allen & Co., 1861), 180-181.

③ Richard Grove, *Green Imperialism: Colonial Expansion, Tropical Island Edens and the Origins of Environmentalism, 1600-1860*(《绿色帝国主义:殖民地扩张、热带岛屿伊甸园和环保主义的起源,1600—1860年》)(Cambridge and New York: Cambridge University Press, 1995); Beattie, *Empire and Environmental Anxiety*; James Beattie, "Natural History, Conservation, and Scottishtrained Doctors in New Zealand, 1790-1920(自然史、自然保护和在苏格兰受过训练的新西兰医生,1790—1920年)," *Immigrants & Minorities*(《移民与少数民族》), Vol. 29, No. 2 (2011): 281-307.

④ Cleghorn, *Forests*, 339; G. Foster, "Plantation of Eucalypti(桉树种植)," *Indian Forester*, Vol. 2, No. 3 (January 1877):324.

⑤ Doughty, *The Eucalyptus: A Natural and Commercial History*, 129.

⑥ Cleghorn, *Forests*, 339;有关因进口澳大利亚种子而产生的"高额费用"的投诉,请参阅 O'Connor, *Eucalyptus Globulus*, 131.

⑦ Hugh Cleghorn, "Second Annual Report, 1858-59," December 31, 1859, in Cleghorn, *Forests*, 42-43.

7420所房屋，居住了2500名欧洲人、34500名本地人和500名东印度人。①正如1875年一份关于尼尔吉里山（Nilgiri Hills）的报告所示，当时的人认为桉树的好处是多方面的：提供燃料和建筑材料，"创造和改良土壤，保持泉水的持久性"，"抵御狂风"和气候变化。②梅特兰（Maitland）医生认为"植树是……非常重要的，无论是从卫生还是经济角度来看"。梅特兰三年的观察使他相信"惠灵顿的疾病率要比邻近的库努尔高得多，这是由于环境因素造成的"，因为"两者在海拔、温度、日照等方面几乎没有任何明显的差异"。他认为，"明智地种树"会带来很大好处，树木不仅可以提供遮蔽，而且"适量的植被可以起到净化空气的良好效果。"③

印度第一位森林监察长迪特里希·布兰迪斯（Dietrich Brandis，1824—1907），在1882年对印度南部的高地进行调查时说，桉树的种植"改变了印度的面貌"。"大型树木，主要是桉树、黑木相思和银荆"环绕着惠灵顿、乌塔卡蒙德和库努尔的避暑小镇（都在尼尔吉里）。④在1883年，乌塔卡蒙德"几乎被这些树木形成的大森林包围"，而在尼尔吉里山上，桉树的生长速度是柚木的4倍。⑤1873年，北阿坎德邦拉尼凯德（Ranikhet）种植了大约16000棵各种各样的桉树。⑥然而，引入印度的桉树并没有在最需要它们的地方——疟疾肆虐的平原上——生长。例如，在19世纪70年代，马德拉斯的卫生专员引入桉树的尝试以失败告终。⑦多次失败也证实了桉树生长的气候限制，即仅限于印度南部的避暑小镇。印度南部以外的次大陆地区被证明要么太干燥要么太潮湿，桉树无法成功存活下来。直到20世纪20年代相

₁₀₅

---

① Cleghorn to Secretary to Government, R. D., Utakamand, November 8, 1859, No. 836, "Firewood of the Nilgiri Hills(尼尔吉里山的薪柴)," in Cleghorn, *Forests*, 158.

② "Plantation of Australian Trees, Nilgiri Hills(尼尔吉里山的澳大利亚树木种植园)," in Cleghorn, *Forests*, 171.

③ J. 梅特兰（J. Maitland）医生引自"Plantation of Australian Trees, Nilgiri Hills," in Cleghorn, *Forests*, 181.

④ D. Brandis to Editor Ootacamund, April 7, 1882, "The Forests of South India," *Indian Forester*, Vol. 7, No. 4 (April 1882): 366.

⑤ D. Brandis, "On the Distribution of Forests in India(印度森林的分布)," *Indian Forester*, Vol. 9, No. 5 (May 1883): 224; O'Connor, *Eucalyptus Globulus*, 120.

⑥ O'Connor, *Eucalyptus Globulus*, 128.

⑦ 同上，第124页。

关研究才揭示,引入印度的大多数桉树都来自澳大利亚的温带南部,而不是北部。此后,特别是从20世纪60年代开始,人们开始种植更适应生态环境的物种,并创造出了新的杂交品种。[1]

　　印度起义引发的健康恐慌导致澳大拉西亚政客和移民支持者们纷纷提出官方提议,建议为从印度而来的军队建立疗养院来恢复身体,并鼓励个人移民从印度迁移到澳大利亚和新西兰;同样地,健康恐慌也推动殖民者确立印度的健康地区,并出于保持这些地区健康环境的需要而进一步引入澳大利亚的桉树也促进了与澳大利亚的生物联系。这些人与植物的生态交流指出了健康恐慌的地理和环境因素。正如拉杰什·赖(Rajesh Rai)所强调的那样,起义所引起的超越国界的恐慌也包括对移民劳动力及其潜在革命的恐慌,例如1857年大起义后印度因犯被从次大陆运送到海峡殖民地。[2]最后,如果恐慌加剧了对印度气候的担忧,那么与澳大拉西亚的人员和植物交流也加剧了对澳大拉西亚特定殖民地环境健康状况的担忧,正如本章的最后一部分所揭示的那样。

可互换的帝国场所

　　印度民族大起义后,印度引入了成千上万个澳大利亚物种,想要使山间避暑小镇环境更好,更有利于居住者的身体健康。此后,南澳大利亚和新西兰的官员借鉴印度经验来建立自己的山间避暑小镇,有时也会引入印度植物。虽然大多数澳大拉西亚殖民者相信这里的气候是有益健康的,但他们也认识到,与山间避暑小镇类似,一些地方的生态健康可能会恶化,需要改善。人们尤其担心澳大拉西亚的沼泽。沼泽会带来瘴气。因此,澳大拉西亚各地居民敲着前进的鼓点,打算将沼泽改造成一片片绿色的牧场。他们

---

① Brett M. Bennett, "A Global History of Australian Trees(澳大利亚树木全球史)," *Journal of the History of Biology*(《生物学史杂志》), Vol. 44, No. 1(2011): 125–145.

② Rajesh Rai, "The 1875 Panic and the Fabrication of an Indian 'Menace' in Singapore(1875年的恐慌和新加坡的虚假印度威胁)," *Modern Asian Studies*(《现代亚洲研究》), Vol. 47, No. 2(2013): 365–405. 感谢白锦文先生推荐这篇文章给我。

认为这些活动会带来经济和生态方面的好处。[1]然而,事实却是,抽干沼泽
没有很多人以为的那么迅速和容易。[2]有时,最健康也是最便宜的解决办
法,就是尽可能远离这些沼泽,至少等到它们被排干。[3]

克赖斯特彻奇是新西兰坎特伯雷省南岛圣公会殖民地的首府,在其建
立初期,有些人就是这么做的。彼时,沼泽里的淤泥被潮汐和纵横交错的河
流冲刷,流散四处。这座城市才刚刚起步,却遭遇了一次又一次疾病暴发。
这一切给城市建设者和医疗卫生当局带来了诸多挑战[4](事实上,所谓的"新
西兰死亡"——溺水——在克赖斯特彻奇尤其普遍,因为河道和酒吧离得都
很近)。[5]不论嗜酒如命还是滴酒不沾,疾病对所有人一视同仁:伤寒以及间歇
性发热在殖民地的土地上反复出现,有时致死率非常高。[6]

印度民族大起义后,约翰·克拉克罗夫特·威尔逊爵士(Sir John
Cracroft Wilson)被紧急召回印度,那时他已经在有瘴气的克赖斯特彻奇建
立了一个山间避暑小镇。尽管威尔逊认为坎特伯雷的气候和印度奈尼塔
尔、穆索里和西姆拉等地的山间避暑小镇类似,但他还是选择生活在远离克
赖斯特彻奇的瘴气沼泽的山上。[7]因为这样就可以防止山下镇子的沼泽给
健康和交通带来的不利影响。威尔逊将所选住处命名为卡什米尔
(Kashmir),这让人想起了印度克什米尔(Cashmere),二者听起来相似。威
尔逊是这样解释的,新西兰卡什米尔和印度克什米尔地区一样,都是平坦的

---

[1] Anderson, *Cultivation of Whiteness*, 20, 35-38.

[2] Geoff Park, "'Swamps which Might Doubtless Easily be Drained': Swamp Drainage and Its Impact on the Indigenous('无疑极易可排干的沼泽':沼泽排水及其对当地人的影响)," in *Environmental Histories of New Zealand*(《新西兰环境史》), ed. Eric Pawson and Tom Brooking (Melbourne: Oxford University Press, 2002), 151-168.

[3] Beattie, "Colonial Geographies of Settlement," 583-610.

[4] Geoffrey Rice, "Public Health in Christchurch, 1875-1910: Mortality and Sanitation(克赖斯特彻奇的公共卫生:1875—1910 年的死亡率和卫生状况)," in *A Healthy Country: Essays on the Social History of Medicine in New Zealand*(《健康的国家:新西兰医学社会史论文集》), ed. Linda Bryder (Wellington: Bridget Williams Books, 1991), 85-108.

[5] Peter Holland, *Home in the Howling Wilderness: Settlers and the Environment in Southern New Zealand*(《呼啸荒野中的家园:新西兰南部的定居者与环境》)(Auckland: Auckland University Press, 2013).

[6] Rice, "Public Health," 85-108.

[7] Sir John Cracroft Wilson, Transcript of Diary/Recollections, 1854, of Canterbury, typed transcript by Ron Chapman, 1989, Canterbury Museum, Christchurch, New Zealand, ARC1989.80, 41.

平原上突然隆起的一块高地,而且两者气候也相似,都很宜人。①

　　威尔逊新西兰的住宅中,动植物名目可谓繁多,都是他租船从印度次大陆带过来的。植物包括喜马拉雅杜鹃和竹子(其中有些植物显然是养不活的),还有许多其他种类的。有些植物——并非全部——是威尔逊带来的印度仆人种下的。威尔逊还雇佣其中的一些人去卡什米尔山脚排干沼泽地。有趣的是,威尔逊住宅四周的地面规划效仿了印度的山间避暑小镇,比如在印度植物周围种一圈的桉树。这无疑是考虑到桉树不仅可以遮阴,还能提供木材,或许还出于所谓的"桉树有益健康"这一说法。②

　　夏天的时候,塔斯曼海(Tasman)对岸烈日炎炎,温度很高,人们迫切需要临时避暑地以躲避酷暑。这里比新西兰变化无常的气候更加让人感受真切,前一天还酷暑难耐,第二天就能南风刺骨,经常形成鲜明对比。③例如,1858年3月,《南澳大利亚纪事报》(South Australian Register)报道:"过去几周的极端高温极大地考验了身体虚弱和敏感民众的身体耐力。"报道指出,幸亏湿度不足,只导致了少数人死亡。④无数私人信件和日记都在抱怨澳大利亚夏季的极端高温、烤箱般灼热的风以及要把人晒脱皮的阳光。沃里克·安德森(Warwick Anderson)表示,对极端高温的抱怨一直持续到19世纪70年代,"对于习惯生活在气候稳定地区的英国殖民者来说,他们的主要担忧是澳大利亚和新西兰的极端气候可能会让他们应接不暇或是让身体受到过度刺激"⑤。

　　尽管澳大利亚的山间避暑小镇参考了印度模式,但是与印度相比,澳大利亚的山间避暑小镇在几个重要方面有所不同。安德里亚·英格利斯(Andrea Inglis)认为,澳大利亚山间避暑小镇没有照搬印度严格的阶级划分和军事等级制度,也没有大肆改造当地自然环境。相反,正如英格利斯所说,澳大利亚的山间避暑小镇保留了当地特定的自然环境和风景,这使得小镇环境更加宜人,更加让人赏心悦目。英格利斯认为,到19世纪末,这些避

---

① Beattie, "Making Home, Making Identity," 141.

② Beattie, "Plants, Animals, and Environmental Transformation."

③ 参见 Holland, *Home in the Howling Wilderness*。

④ *South Australian Register*, March 11, 1858, 3.

⑤ Anderson, *The Cultivation of Whiteness*, 25.

暑小镇为澳大利亚的民族主义做出了贡献，因为小镇的存在让人们看到了山间旅游胜地周围自然环境的美丽。英格利斯还谈到了小镇的季节属性。例如，悉尼北部的蓝山满足了中上层阶级的需求。在那里，他们可以在夏天温度还不高的时候散散步、放放松，也可以住在豪华的房间里欣赏如画的美景。满足类似需求的地方在澳大利亚的其他地方也慢慢出现了。夏天的时候，南澳大利亚人可以去阿德莱德山避暑放松，昆士兰人则可以前往图文巴市（Toowoomba）逃离酷暑。①克莱门特·拉格（Clement Wragge，1852—1922）非常有趣，他既是气象学家，也是园艺家，还是神智学学者和亲印派。对此，他是这么评价的：

> 在昆士兰州南部干燥地带合理的海拔高度上，没有比桉树林中的避暑小镇更好的疗养院了。那里空气中的含氧量略高于正常水平，因此大量的氧气可以通过肺部进入血液，以帮助净化血液，增强人体免疫力。若是把病人转移到这样的环境中，可能会对病情大有裨益。②

108 或许是在回应对英国殖民者是否能适应处于亚热带和热带的澳大利亚北部气候的担忧③，拉格承认，尽管"我们有炎热的日子……但是我们有海拔较高的图文巴和其他山脉这些凉爽的地方。我们也有像温纳姆（Wynnum）、曼利（Manly）、克利夫兰等散布在摩顿湾（Moreton Bay）的各处火热海滩。那里的温度虽高，却是柔和而诱人的，因为海风将高温缓和了，那是只有在靠近诱人热带的沿海地区才能感受到的温暖"。④有人与拉格

---

① Inglis，*Summer in the Hills*.
② "The Coming Summer: Our Defence of the Brisbane Climate（即将到来的夏天：抵御布里斯班气候），" *Wragge*, Vol. 1, No. 10 (September 18, 1902): 73.
③ 关于这一点，参见 Anderson，*Cultivation of Whiteness*；Meg Parsons，"Creating a Hygienic Dorm: The Refashioning of Aboriginal Women and Children and the Politics of Racial Classification in Queensland 1920s-40s（建造卫生宿舍：20世纪20至40年代昆士兰土著妇女和儿童的重塑与种族分类政治），" *Health & History*（《健康与历史》），Vol. 14, No. 2 (2012): 112-139；Alison Bashford，"'Is White Australia Possible?' Race, Colonialism and Tropical Medicine（白色澳大利亚可能吗？——种族、殖民主义和热带医学），" *Ethnic and Racial Studies*（《民族和种族研究》），Vol. 23, No.2 (2000): 248-271.
④ "The Coming Summer," 73.

持同样观点,然而当印度劳工以及来自太平洋群岛和中国的劳工在悉心打理北澳大利亚热带种植园并取得显著成效时,人们开始持续讨论这么做的好处,而这便展现了拉格观点的局限性,至少在"亚热带"布里斯班之外的地方,种植园也是可以存在的。[1]

鉴于印度的山间避暑小镇引进了桉树,很多澳大利亚山间避暑小镇也从印度引进了这种被认为对健康有益的植物。他们还效仿印度山间避暑小镇建造了很多房子,而印度的避暑小镇模仿的就是英国的建筑风格。1884年,澳大利亚维多利亚州州长亨利·洛奇(Henry Loch,1827—1900)租下了罗森海姆(Rosenheim)在马其顿山的房屋,作为避暑胜地。对于这一避暑胜地,田园派作家、黄金专员托马斯·亚历山大·布朗(Thomas Alexander Browne,1826—1915)——也就是我们所熟知的小说家罗尔夫·博尔德沃德(Rolf Boldrewood)——评价马其顿山为"维多利亚的西姆拉(印度北部城市名)"。[2]园林历史学家保罗·福克斯(Paul Fox)也说马其顿山的"喜马拉雅雪松、喜马拉雅云杉、阿萨姆红茶、达尔豪西杜鹃花和国家苗圃湖上的印度鸭子"都是在效仿印度的山间避暑小镇。马其顿山上新建的复式仿都铎总督官邸与西姆拉最近完工的总司令官邸非常相似,这也进一步印证了上述观点。[3]

对印度山间避暑小镇的模仿非常复杂,涉及各种不同的植物和建筑风格。除此之外,澳大利亚山间避暑小镇的建设,也会根据当地特点做出一些改变,比如孟加拉式平房的外观和功能在不同时间和地点都是发展的、不同

① David Walker, *Anxious Nation : Australia and the Rise of Asia, 1850-1939*(《焦虑之国:澳大利亚和亚洲的崛起,1850—1939年》)(St. Lucia: University of Queensland Press, 1999); Julia Martínez, "Plural Australia: Aboriginal and Asian Labour in Tropical White Australia, Darwin, 1911-1940(多元澳大利亚:热带白种澳大利亚达尔文市的土著和亚洲劳工,1911—1940年)"(unpublished PhD thesis, University of Wollongong, 1999).

② Rolf Boldrewood, *Old Melbourne Memories*(《旧墨尔本记忆》)(Melbourne: George Robertson and Co., 1884). 引自 Paul Fox, "The Simla of the South(南方的西姆拉)," *The Changing Landscape: The Garden in the Landscape: Proceedings of the Australian Garden History Fifteenth Annual National Conference, Melbourne, 21-23 October 1994*(《变化中的风景:风景中的花园:澳大利亚花园历史第十五届全国年会论文集,墨尔本,1994年10月21—23日》)(Ballarat: Australian Garden History Society, 1994), 10-11.

③ Fox, "The Simla of the South," 11.

的。①对避暑小镇的追捧也表明,建造皇家疗养胜地有一部分原因是1857年印度民族大起义后产生的健康恐慌。起义发生后,许多官员和军队纷纷迁往澳大拉西亚殖民地。一些人将山间避暑小镇的概念从印度引入澳大拉西亚,而另一些人则对此有所迟疑——考虑到印度民族大起义之后,这些机构臭名昭著。1890年参观大吉岭(Darjeeling,印度东北部山脉)时,亲印派政治家(也是灌溉工人)艾尔弗雷德·迪金(Alfred Deakin,1856—1919)在其日记中写道,"清除像马其顿山那样陡峭山坡和山顶上的植被和干草地时",人们似乎真的没有意识到这个模型是印度的,而不是澳大拉西亚的。②从对马其顿山的描述和它与大吉岭的相似性中,我们看到了殖民地生态、建筑和景观的交织,更看到了帝国主义是如何影响殖民地的方方面面,编排出复杂的民众、地理和植物组合的。

结论

1857年的印度民族大起义让英军措手不及,也让战后帝国战略家陷入恐慌,因为这清楚地揭示了英军对他们所谓的病态气候的敏感性。起义及其后果使得人们更加担忧印度的气候对健康产生的影响,这标志着英国对印态度和意图的转变。英国开始紧急寻找适宜军队驻扎、官员居住的理想地点,在此过程中,众多大英帝国殖民地表示愿意接收体弱多病的杂役、士兵和军官。一旦这些人身体痊愈,就可以证明相关殖民地可以消除印度次大陆的高温和疾病给身体带来的巨大伤害。虽然很多诱人的计划被提出,但似乎只有私人退休人员前往澳大拉西亚疗养院寻求庇护。尽管如此,起义后对英属印度山间避暑小镇的大量关注,迫使确保这些地方的生态健康成为当务之急,这就导致了前文所说的澳大利亚引进印度植物的现象。最后,山间避暑小镇的概念本身也为抵御澳大利亚的夏季高温和新西兰克赖

---

① Anthony D. King, *The Bungalow: The Production of a Global Culture*(《平房:全球文化的生产》) (London: Routledge and Kegan Paul, 1984), 14-64.

② Alfred Deakin, "Diary, Indian 1890-91," *Deakin Papers*, National Library of Australia. 引自Fox, "The Simla of the South," 13.

斯特彻奇有瘴气的沼泽提供了一个模型。

　　1857年印度民族大起义引起的健康恐慌表明考虑帝国内迁徙、地方生态健康和景观变化的重要性，这不仅仅局限在白人殖民者聚居地或热带殖民地内部。健康恐慌给英属印度带来了更广泛的结构性变化，这种变化包含非常明显的地理和环境两个层面，还延伸到次大陆以外。健康恐慌使得印度、澳大利亚和新西兰殖民地之间的交流变得更加复杂，也展现了环境变化、移民和政治讨论的新模式。通过健康恐慌，我们看到了帝国健康和环境历史二者在文化和物质层面的相关性、共生性，认识到这一点非常重要。①

110

---

① James Beattie, Emily O'Gorman, and Edward Melillo, "Rethinking the British Empire through Eco-Cultural Networks: Materialist-Cultural Environmental History, Relational Connections and Agency（通过生态文化网络反观大英帝国：物质主义-文化环境史、关系的连接和代理机构），" *Environment and History*, Vol. 20, No. 4（November, 2014）, 561-575; James Beattie, Edward Melillo, and Emily O'Gorman, eds., *Eco-Cultural Networks and the British Empire: New Views on Environmental History*（《生态文化网络和大英帝国：环境史的新观点》）（New York and London: Bloomsbury, 2014）.

致谢

　　本章基于论文《帝国健康景观:19世纪至20世纪印度和澳大利亚的地点、植物和人》("Imperial Landscapes of Health: Place, Plants and People between India and Australia, 1800s-1900s," *Health & History*, Vol. 14, No. 1 (2012):100-120)以及《帝国与环境焦虑:南亚和澳大拉西亚的健康、科学、艺术和保护,1800—1920年》(*Empire and Environmental Anxiety: Health, Science, Art and Conservation in South Asia and Australasia, 1800-1920*, Basingstoke: Palgrave Macmillan, 2011)一书。我要感谢《健康与历史》的编辑们许可我引用早期资料,感谢凯瑟琳·科尔伯恩(Catharine Coleborne)和翁丹·高兹克(Ondine Godtschalk)对本章的评论,感谢尼古拉·伦贝格(Nicola Lemberg)的研究助理以及大卫·阿诺德、白锦文和玛丽亚·辛(Maria Sin)的鼓励。本章的研究得到怀卡托大学(University of Waikato)的人文与社会科学竞赛研究资助,谨此致谢。

第五章

1896—1919年印度鼠疫和流感暴发：疾病、谣言和恐慌

大卫·阿诺德

Disease, Rumor, and Panic in India's Plague and Influenza Epidemics, 1896–1919

© David Arnold

如今，疾病（或者说疾病的威胁）一直都是谣言和恐慌出现的主要原因。 ¹¹¹ 霍乱、瘟疫、流感、艾滋病、非典和禽流感，这些疾病在暴发时都曾引起感染高危群体的恐惧，或者制造出席卷整个社会的恐怖情绪浪潮。有这种影响的并不总是最致命的疾病，例如疟疾就似乎很少迅速引发大范围的恐慌。对疾病响应级别也不一定与污名化严重、会令患者破相的疾病相关，如麻风病、肺结核和梅毒，其社会影响通过保密和否认制度得到控制，又或者通过强制社会隔离和麻风病收容院集中隔离的做法得以管控。[1]传染病蔓延期间或是暴发初期，疾病、谣言和恐慌三者如果同时出现，或者病因明确、后果未知而传染病发展迅速，那么大规模的混乱就会出现。

本章旨在通过对比现代印度疾病史上两个最具破坏性的传染病事件来评估谣言和恐慌的作用。1896—1897年，腺鼠疫（黑死病）传播到了印度，并在这个国家肆虐。这也是1894年始于中国南部的第三次全球大瘟疫的一部分。在随后50年里，全球范围内估计有1000万到1500万人死于黑死病，其中仅印度就有1200万人。[2]还没有从这场灾难中完全恢复，印度就迎来了第二波更具破坏性的疾病的袭击。1918—1919年暴发的流感被称为

---

[1] 也就是说，就像1889年达米盎神父去世后那样，像麻风病这样的疾病可能会成为"帝国的危险"，并引起世界范围的恐慌。参见 Zachary Gussow and George S. Tracy, "Stigma and the Leprosy Phenomenon: The Social History of a Disease in the Nineteenth and Twentieth Centuries(污名化和麻风病现象：19世纪和20世纪的疾病社会史)," *Bulletin of the History of Medicine*, Vol. 44, No. 5 (1970): 425–449.

[2] Myron Echenberg, "Pestis Redux: The Initial Years of the Third Bubonic Plague Pandemic, 1894–1901(腺鼠疫的减少：第三次腺鼠疫大流行的最初几年, 1894—1901年)," *Journal of World History*(《世界史期刊》), Vol. 13, No. 2 (2002): 429–449.

世界历史上规模最大的传染病，导致大约3000万人死亡。①官方统计显示，流感导致印度1250万人死亡，这一数字随后更新到1800万，甚至2000万。②尽管鼠疫和流感在全球范围内造成了大量人口死亡，但是鉴于印度人口的规模和贫困程度，这两种传染病给印度带来的打击尤为巨大。就流感而言，印度是受影响最严重的国家，这种传染病本身也是有史以来最具破坏性的疾病。③正如一位卫生官员所说，"在传播速度、受害者数量以及总死亡率方面"，印度流感致命程度之高、伤害之大，使得之前鼠疫带来的恐怖变得无足轻重。④然而，在鼠疫曾经引发全面恐慌、招致大量谣言、导致大规模逃离城市的迁移、引发骚乱、引起国家镇压的地方，更大和短时更集中的流感死亡率引发了大量谣言，但除此之外，没有引起任何大的恐慌或动乱。显然，死亡率的相对规模并不能单独解释为什么19世纪90年代末和20世纪初鼠疫期间印度许多地区爆发了恐慌，而1918—1919年流感期间却没有产生任何恐慌。那么，从是否有恐慌反应来看，用夏洛克·福尔摩斯的话来说，为什么流感是"不会叫的狗"呢？⑤

通过同时研究这两个主要传染病事件，特别是它们对印度主要城市的影响，本章试图解释为什么鼠疫引发了如此强烈的国家行动和公众反应，而

① Howard Phillips and David Killingray, "Introduction," in *The Spanish Influenza Pandemic of 1918-19: New Perspectives*(《1918—1919年西班牙流感大流行：新观点》), ed. Howard Phillips and David Killingray (London: Routledge, 2003), 2, 4.

② Karl D. Patterson and Gerald F. Pyle, "The Geography and Mortality of the 1918 Influenza Pandemic (1918年流感的地理分布和死亡率研究)," *Bulletin of the History of Medicine*, Vol. 65, No. 1 (1991): 4–21 (18); Mridula Ramanna, "Coping with the Influenza Pandemic: The Bombay Experience(抗击流感：孟买经验)," in Phillips and Killingray, *Spanish Influenza*, 86–98. 关于下调至约1400万的修订，见 Siddharth Chandra, Goran Kuljanin and Jennifer Wray, "Mortality from the Influenza Pandemic of 1918-1919(1918—1919年流感死亡率)," *Demography*(《人口统计学》), Vol. 49 (2012): 157–165.

③ I. D. Mills, "The 1918-1919 Influenza Pandemic: The Indian Experience(1918—1919年流感疫情：印度经验)," *Indian Economic and Social History Review*(《印度经济和社会史评论》), Vol. 23, No. 1 (1986): 1–40 (2).

④ N. H. Choksy, "Influenza," *Administration Report of the Municipal Commissioner for the City of Bombay, 1918-19*(《孟买市市政专员的行政报告，1918—1919年》)(Bombay: Times Press, 1919), 2, 78.

⑤ 一个也用来描述其他地方明显缺乏反应的短语，见 Myron Echenberg, "'The Dog that Did Not Bark': Memory and the 1918 Influenza Epidemic in Senegal('不叫的狗'：1918年塞内加尔的流感疫情记忆)," in Phillips and Killingray, *Spanish Influenza*, 230–238.

25年后的流感疫情却没有。本章着眼于从这两种疾病的性质和公众认知、迥异的社会反应、传染病与国内政治和经济发展的关系以及其发生的国际背景,来解释上述差异。

印度的鼠疫恐慌

19世纪90年代和20世纪初,印度对当时爆发的鼠疫的反应可以理解为一种交互恐慌事件:应对一个危机的措施引发另一个危机。最初的恐慌来自印度政府。1894年香港暴发鼠疫,这引起了人们的警觉,认为它可能会迅速蔓延到加尔各答和印度其他港口。[1]印度政府卫生顾问担心,一旦这种疾病在本国站稳脚跟(就像1896年7月至8月在孟买那样),它将会成为一种几乎不可阻挡的传染病,席卷整个南亚次大陆。人们担心,一旦鼠疫蔓延到印度,就很可能会发展到中东和欧洲,重新唤起人们对五个半世纪前具有毁灭性的黑死病的恐惧和记忆,对这一切的担忧加快了国家反应速度。1897年在威尼斯召开的一次紧急国际卫生会议想要禁止从印度进口商品,这直接影响了英国与印度的贸易。[2]国家迅速采断然措施非常必要,这缓解了国际恐惧,使印度免遭经济损失和传染病灾难。此外,尽管对鼠疫的传染病学分析还少,但印度公共卫生专家相信,只要采取足够严厉的措施,这种传染病是可以得到控制的。

1896年10月,孟买市政当局被授予额外权力来控制疫情。1897年2

[1] Editorial(社论), "The Plague in Hongkong, and the Measures to Prevent Its Introduction into Calcutta(香港的鼠疫以及防止其传入加尔各答的措施)," *Indian Medical Gazette [hereafter IMG]* (《印度医学学报》)Vol. 29 (1894), 263.

[2] 关于鼠疫在印度的流行及其处理,参见 David Arnold, *Colonizing the Body: State Medicine and Epidemic Disease in Nineteenth-Century India* (Berkeley: University of California Press, 1993), chap. 5; Mark Harrison, *Public Health in British India: Anglo-Indian Preventive Medicine, 1858-1914* (英属印度公共卫生:英印预防医学,1858—1914年)(Cambridge: Cambridge University Press, 1994), chaps. 5-6; Rajnarayan Chandavarkar, "Plague Panic and Epidemic Politics in India, 1896-1914(1896—1914年印度的鼠疫恐慌和流行病政治学)," in *Epidemics and Ideas: Essays on the Historical Perception of Pestilence*(《流行病与思想:瘟疫的历史认知论文集》), ed. Terence Ranger and Paul Slack (Cambridge: Cambridge University Press),1992, 203-240.

月,印度政府颁布了《传染病法案》。[1]该法案具有"广泛的简决权限",适用于整个英属印度,是印度殖民政权所采用的最极端措施之一。法案授权卫生当局没收或摧毁他们认为含有鼠疫病毒的任何财产(包括房屋);给予他们权力可以禁止举办可能危害公共健康的集市和节日庆典;允许他们强制鼠疫患者住院、隔离;允许他们快速处置死者尸体,防止疾病传播;允许他们通过公路、铁路和海运对乘客进行系统检查,搜寻有感染症状的乘客并拘留疑似鼠疫感染者。[2]在孟买,一名印度陆军将军领导成立了鼠疫紧急委员会,以执行这些极不受欢迎的措施。这意味着之前香港采取的军事化和强干涉做法也延伸到了印度。的确,有些参与执行防疫措施的人是"香港医生",他们曾是香港皇家陆军医疗团(Royal Army Medical Corps)的成员。[3]

这些干预措施的性质和规模都非常可观,尤其是对印度这样一个经历了1857—1858年叛乱之后还仍然广泛致力于在社会和经济事务上实施自由放任政策的政权来说。因此,在1897—1899年的三年里,为了防止鼠疫传播到加尔各答,将近400万名铁路乘客在进入孟加拉时接受了检查。大约有72000名旅客被留置做进一步观察,但是他们中很少有人死于鼠疫或出于其他原因死亡。[4]自1896年底起,孟买有数千所房屋被宣布不适合人类居住。人们用石灰重新粉刷墙面,或者将消毒剂喷洒在墙面上,房屋内的

[1] India, Legislative, nos. 37-46, February 1897, National Archives of India(印度国家档案馆), New Delhi.

[2] 关于孟买的鼠疫暴发和官方对此的反应,参见:P. C. H. Snow, *Report on the Outbreak of Bubonic Plague in Bombay, 1896-97*(《1896—1897年孟买腺鼠疫爆发报告》)(Bombay: "Times of India" Steam Press, 1897); W. F. Gatacre, *Report on the Bubonic Plague in Bombay, 1896-97* (Bombay: "Times of India" Steam Press, 1897).

[3] Ian J. Catanach, "Plague and the Tensions of Empire: India, 1896-1918(鼠疫和帝国的紧张局势:1896—1918年的印度)," in *Imperial Medicine and Indigenous Societies*(《帝国医学和土著社会》), ed. David Arnold (Manchester: Manchester University Press, 1988), 149-177.关于与香港的联系,参见 Mary P. Sutphen, "Not What, but Where: Bubonic Plague and the Reception of Germ Theories in Hong Kong and Calcutta, 1894-1897(不是什么,而是哪里:腺鼠疫和细菌理论在香港和加尔各答的接受,1894—1897年)," *Journal of the History of Medicine*, Vol. 52, No. 1, (1997): 81-113.

[4] 数据来自:*Annual Report of the Sanitary Commissioner for Bengal, 1897*(《1897年孟加拉卫生专员年度报告》)(Calcutta: Bengal Secretariat Press, 1898), 8; *Annual Report of the Sanitary Commissioner for Bengal, 1898* (Calcutta: Bengal Secretariat Press, 1899), 5; *Annual Report of the Sanitary Commissioner for Bengal, 1899* (Calcutta: Bengal Secretariat Press, 1899), 6.

泥土地面被挖掉,屋顶也被砸开,墙壁也被凿了很多洞,好让阳光和新鲜空气进来。采取这些措施是因为当时普遍认为潮湿、黑暗和污垢会增加患病风险,虽然这可能并不是直接原因。当局几乎想不通的是,民众居然无法"理解室内通风和采光的重要性"。①但是这些干涉性措施得到了殖民当局对印度公众的对立态度的支持。他们认为,如果要在公共卫生方面取得进展,就必须正视和克服印度人的无知、偏见和敌意。一段时间以来,要求采取这种激烈行动的压力越来越大(对天花和霍乱反复流行的担忧日益加剧就证明了这一点)。而此时印度激进民族主义崛起,殖民政权处理饥荒与其他公共卫生和公共秩序问题的政策招致尖锐批评,民众对殖民政权的敌意不断加深,因而进一步给殖民政权施加了巨大压力。随着抗疫措施的广泛实施,许多印度人开始觉得自己不仅仅受到了疾病的攻击。

　　到19世纪90年代,印度的城市——尤其是最大城市孟买和加尔各答——已经成为殖民统治的棘手之地,人口迅速膨胀,贫困、过度拥挤和疾病问题不断升级。在殖民者看来,城市管理进一步受到工人阶级崛起的威胁,这些工人阶级主要以黄麻和棉纺织业为基础,产业工人成为"永远存在的危险之源"。②对此,英国政府及其警察和公共卫生顾问正在煽动一场 115 "道德恐慌"③,想要利用鼠疫暴发的机会,打击他们认为对其权威和开明意图构成威胁的所有人。对鼠疫的恐慌触及了长期存在的殖民统治问题和根深蒂固的恐惧。

　　造成恐慌的第二个原因与印度民众、精英阶层,特别是城市大众相关。精英阶层包括受过西方教育的中产阶级、商人阶层,以及"传统"种姓阶层和社区领袖,他们认为政府的积极干预挑战和削弱了他们的权威。于是他们决心公然无视印度机构和当局的意见,后者认为其阻碍了对现代卫生需求的积极应对。他们不再有特权了,只能接受火车站有辱人格的搜查(这么一

① T. S. Weir, Executive Health Office, Bombay, in *Administration Report of the Municipal Commissioner for the City of Bombay, 1896—97*(《1896—1897年孟买市政专员的行政报告》)(Bombay: "Times of India", Steam Press, 1897), 681.

② Snow, *Report*, 7.

③ Stanley Cohen, *Folk Devils and Moral Panics: The Creation of the Mods and Rockers*(《民间恶魔和道德恐慌:摩登青年和摇滚青年的创造》)(London: MacGibbon and Kee, 1972).

来按习俗隔离的妇女和她们的隐私都受到了侵犯），接受房屋搜查而允许陌生人进入自己的房子，接受搜查对房屋和其他财产造成的大范围破坏。类似的恐惧和不满在印度民众间蔓延开来——起初只是在孟买的产业工人和市政工人之间，后来逐渐散播到其他城市、城镇和乡村的贫困阶层。社会规范和种姓、宗教习俗也受到冲击，特别是强制病人住院和快速处置感染死者的做法。对鼠疫的卫生攻击引起了民众的恐慌和实际抵抗，但在中产阶级民族主义者已经寻求与大众更密切接触的时候，它也激起了精英分子的敌意。其结果是一股强烈的抗议和恐慌浪潮兴起，矛头直指国家干预，而非疾病本身。抗议和恐慌的浪潮从1896年末的孟买开始，随后蔓延到印度西部和北部的其他地区。①

　　根据孟买焦虑而挑剔的卫生官员威尔（T. S. Weir）的说法，在1896年的最后几个月里，这种疾病迎来了第一个高峰期，"导致恐慌的原因也真正消失了"（这是对当时仍在恶化的疫情的严重误读），"恐慌变得更强烈。人们看着好像被一场噩梦吓到了一样"②。威尔声称这种"流行情绪"的高涨共有三个阶段，并透露了自己的强烈不满。第一阶段，"人们不相信任何防疫措施"；第二阶段，人们"采取措施，但却完全避开了所有正确措施"；第三阶段，人们"宁愿相信谣言，也不相信任何措施"。对谣言听之信之，这种不良反应早就被预料到了。1877年，在印度历史上最可怕的饥荒最严重的时候，一万多名饥民涌入孟买寻求救济。大量难民涌入和随之而来的疾病激增使得城市当局不知所措。他们试图隔离难民，在孟买岛的西部荒地上建立了一个特殊营地。要养活的难民众多，感染疾病和死亡的人也与日俱增，这就引发了恐惧和谣言，说当局正试图毒害难民（为了降低不断增长的难民数量），诱导他们犯种姓制度的禁忌（给他们吃禁忌食物或被外国人触摸身体而受玷污）。最过分的说法是，说当局正在把难民送往医院，杀死他们并将尸体肢解（这是令人憎恶的医学解剖做法）。20年后，孟买也发生了同样

¹¹⁶

---

① 详见 David Arnold, "Touching the Body: Perspectives on the Indian Plague, 1896-1900（触摸身体：关于 1896—1900 年印度鼠疫的观点）," in *Subaltern Studies*（《底层研究》）V, ed. Ranajit Guha（Delhi: Oxford University Press, 1987), 55-90.

② *Administration Report for Bombay, 1896-97*, 705.

的事情——该市市政专员称之为"对医院生活的无端恐惧"①。似乎没有人从过去得到教训。

　　结果就是，1896—1897年，孟买掀起了一股"疯狂、不理智的恐慌"浪潮。②人们的第一反应就是逃离，成千上万的工人和中产阶级逃离了这座城市。他们当中还有这座城市简陋的卫生系统所依赖的道路清洁工。到1897年2月，将近40万人从孟买逃了出去，几乎占了总人口的一半。③孟买谣言四起，有人说当局存心不良，甚至有人说当局有谋杀民众的意图。"最疯狂和最不可思议的"④就是昔日孟买谣言的重现——这些谣言声称印度人会被抓走送往医院提取体液，用以保护欧洲人的生命。⑤媒体在谣言传播中发挥了至关重要的作用。毫无疑问，大多数谣言都是口口相传的，但是到了19世纪90年代，许多方言和英语报纸极大地促进了谣言的传播，而且报纸的重复报道，似乎给了谣言一定的可信度，尽管这些报纸经常是在谴责谣言明显的虚假性。这样做是为了抹黑殖民政府，或是为了激起一般民众以及中产阶级的不满。霍华德·菲利普斯（Howard Phillips）和大卫·基林格雷（David Killingray）在1918年流感大流行时评论了媒体的力量，但在印度，鼠疫早期公众对疾病的反应比25年后更依赖于从报纸获得的信息。⑥一些官员甚至指责"本土"媒体通过出版"未经询问的、任意的荒诞故事，或者任何在印度被称为'加谱'的片段来煽动骚乱，这些片段似乎只是为了引起读

117

---

① Snow, *Report*, 16.

② 同上，第4页。

③ 同上，第19—20页。

④ [J. Neild Cook], *Report of the Epidemics of Plague in Calcutta during the Years 1898-99, 1899-1900 and up to 30th June 1900*（《1898年至1899年、1899年至1900年6月30日加尔各答鼠疫流行报告》）(Calcutta: Municipal Press, 1900), 25.

⑤ R. E. Enthoven, "Editor's Introduction（编者按）," to William Crooke, *Religion and Folklore of Northern India*（《印度北部的宗教和民俗》), 3rd ed. (London: Oxford University Press, 1926), 2; and Crooke in ibid., 111-112; F. S. P. Lely, *Suggestions for the Better Government of India*（《改善印度政府的建议》)(London: Alston Rivers, 1906), 28-30. 这与Luise White在东非的记录相似，参见他的 *Speaking with Vampires: Rumor and History in Colonial Africa*《与吸血鬼对话：殖民非洲的谣言和历史》)(Berkeley: University of California Press, 2000)。

⑥ Phillips and Killingray, "Introduction," 3.

者的兴趣并增加其发行量"①。

　　谣言引发了实际行动。亚瑟公路医院(Arthur Road Hospital)是孟买事件的中心,用于接纳与治疗天花和其他传染病患者。1896年10月,孟买纺织厂愤怒的工人曾两次袭击该医院,要求释放鼠疫疑似感染者。在其他地方,救护车遭到袭击,欧洲人被追打,因为民众认为他们参与了种姓分裂、强制隔离和强制住院治疗。②印度的房屋搜查措施和对旅行者的检查受到了强烈反对。对这些干预措施的不满是导致1897年6月浦那市鼠疫专员兰德(W. C. Rand)被暗杀的原因之一,而暗杀则使得愤怒的政府决定更加坚决地采取强制和镇压措施。③

　　为了控制疫情,政府向俄国细菌学家瓦尔德马尔·哈夫金(Waldemar Haffkine)求助,想要研制鼠疫预防药。哈夫金曾在巴黎接受培训,当时已经在加尔各答研究霍乱。在孟买研制的"哈夫金血清"最终被证明在阻止鼠疫传播方面具有巨大价值,但在短期内(在公众拒绝接种天花疫苗之后)接种疫苗只会助长关于强加的残酷和所涉及的邪恶意图的"荒谬谣言"。④旁遮普是最系统化接种疫苗的地方,但就算是在那里,也有谣言说,接种疫苗的针头"有一码(约一米)长","接种完后你就会当场死亡;男人不再阳刚,女人也会不育等其他类似的胡话"⑤。……雪上加霜的是,随着鼠疫继续蔓延,政府发现防疫措施的执行成本极高,而且耗费了大量行政资源。

---

① Arthur Crawford, *Our Troubles in Poona and the Deccan*(《我们在波那和德干的麻烦》)(Westminster: Archibald Constable, 1897), 78.

② Snow, *Report*, 6-7.

③ Ian J. Catanach, "Poona Politicians and the Plague(潘纳政客和鼠疫)," *South Asia*(《南亚》), Vol. 7, No. 2 (1984): 1-18.

④ 1911年至1930年,孟买生产了超过3300万剂哈夫金血清,逐渐超过了鼠疫死亡人数。正如哈夫金研究所所长在1930年说的那样,印度对接种的接受发生了"深刻的变化"。"[最初]容易发生暴乱是因为强制接种疫苗,而最近威胁发动暴乱却是因为疫苗供应不足。"参见"Report of the Haffkine Institute for the Year 1930(哈夫金研究所1930年报告)," *IMG*, 67, 476-477。

⑤ E. Wilkinson, *Report on Plague in the Punjab from October 1st, 1901, to September 30th, 1902*(《1901年10月1日至1902年9月30日旁遮普鼠疫报告》)(Lahore: Punjab Government Gazette, 1904), 9, 28.

从恐慌中退缩

　　没过多久,印度殖民政权就意识到,这种充满敌意的公众反应非常危险。防疫措施没有达到预期成果,不仅未能阻止鼠疫的蔓延,还引起了恐慌,很可能会引发第二次叛乱。早在1898—1900年,孟买就已经认识到有必要对早期极端措施进行部分"自由化",于是便取消或修改了那些更具冒犯性的条款。政府努力安抚中产阶级,同意其意见,允许富裕家庭将家中病人居家隔离和治疗,而不必送去医院。同时鼓励印度人建立自己的种姓和社区医院。以前被回避的印度传统医学医师——也就是瓦伊迪亚(vaidyas)和哈基姆(hakims)——也被委托通报和治疗鼠疫病例,而"有影响力的人"和"自然领袖"被指派在卫生当局和他们自己的社区之间进行调解。①政府不再强制民众服从卫生政策,转而强调说理和教育,认为尽管这可能需要更长的时间才能有所成效,但最终能赢得大众和中产阶级的支持。于是,人们开始不再那么恐慌了。

　　鼠疫报告和预防手册也已发布,强调理性说服,而不是强制服从,这才是必要的政策。《1909年旁遮普鼠疫手册》开篇就声明:

> 　　鼠疫管理的所有基本原则强调,不得以任何形式对人民施加压力或强制服从命令。为了实施倡导的措施,只有建议、劝说和供应必要设备才是影响和引导公众舆论朝着理想方向前进的唯一合法手段。②

　　为确保有效性,所有预防措施都将依赖于人民的配合:

> 　　必须尽一切努力引发其共情,并通过自然领袖和其他任何可行的

---

① [James MacNabb Campbell], *Report of the Bombay Plague Committee on the Plague in Bombay, 1st July 1897 to the 30th April 1898*(《1897年7月1日至1898年4月30日孟买鼠疫委员会关于孟买鼠疫的报告》)(Bombay: "Times of India", Steam Press, 1898), 24.

② *Punjab Plague Manual, 1909*(《1909年旁遮普鼠疫手册》)(Lahore: Punjab Government Press, 1909), 1.

方式让其明白,能否消除鼠疫主要还是取决于他们自己的行动。①

　　所有这些都表明,政府已经开始认识到,政府——或者说是公共卫生机构——起初对鼠疫的暴发反应过度,结果却不尽如人意,非但没有控制住这种疾病(更不用说根除了),反而拉长了与鼠疫的斗争。尽管死亡高峰在1907年已经过去(这一年全印度有130万人死于鼠疫),但局部鼠疫一直持续到20世纪20年代。随着激进防疫措施的取消和修改,疾病开始消退,人们也慢慢不再恐慌,开始顺从政府的防疫举措。旁遮普的卫生特派员1909年评论说,"普遍的冷漠和不信任"是现在控制鼠疫的最大障碍。②"冷漠"一词孟买卫生官员五年前也提到过,用来感慨对鼠疫的不熟悉和缺乏有效措施"伤害了人们的感情,使他们变得冷漠"。③到1918年印度暴发流感时,鼠疫已经进入缓慢消退时期,但依然是公共健康的持续威胁。

流感疫情

　　1918—1919年,流感给印度带来了毁灭性的打击,超过1200万人(可能多达1800万)死于流感本身,或是更常见的肺炎及其他呼吸系统并发症。20～40岁的成年人特别容易感染,女性比男性更容易死于这种疾病。与鼠疫不同的是,流感的死亡主要集中在几个月内。据说,流感病毒是由1918年5月和6月到达孟买和卡拉奇的已经受感染的军队带来的。这引发了1918年年中席卷印度的第一波流感疫情,造成了大概600万人死亡。④第二波更致命的流感暴发在1918年9月至11月的秋季。仅在1918年10月6日这一天,孟买就有768人死亡,死亡人数比之前鼠疫最严重的日子还要多,

---

① 同前。

② *Report on the Sanitary Administration of the Punjab, 1909*(《1909年旁遮普卫生行政报告》),Lahore:"Civil and Military Gazette" Press,1910, p.11.

③ *Administration Report of the Municipal Commissioner for the City of Bombay, 1903-04*(《1903—1904年孟买市政专员行政报告》)(Bombay:"Times of India" Press, 1904), 2, 179.

④ F. Norman White, *A Preliminary Report on the Influenza Pandemic of 1918 in India*(《1918年印度流感大流行的初步报告》)(Simla: Government Monotype Press, 1919), 1.

在整个孟买辖区内,1918年10月和11月就有100多万人死亡。但是这种疾病很快就失去了最初的威力,几年后,它已经没有任何统计学意义了。[1]

另有数千万的人(具体数据不详)因流感及其并发症而罹患重病。报告显示,一些地区近一半人口都被感染了。[2]中部省份的农村地区和部落死亡率特别高,1918年,这些地区的死亡率为102.6‰,是所有省份中最高的。鼠疫一开始只是在城市蔓延,对防疫措施的抵制和对谣言的报道以及对谣言的抵制都发生在城市,接着鼠疫逐渐渗透到农村。流感对印度农村造成的破坏尤为严重,特别是第二波疫情期间。中部省份卫生专员注意到了流感是如何"以极快速度传播,瘫痪城镇,摧毁村庄的"。10月和11月,"疾病在村庄里肆虐,达到顶峰。村民非常无助,食物和衣服又十分匮乏,一场难以言喻的灾难就这样发生了"[3]。

流感的地理分布和鼠疫一样也不均匀。印度西部、北部和中部受到严重打击,而东部和南部在流感疫情期间受影响较小。与鼠疫不同的是,流感虽然在1918—1919年极具破坏性,但其破坏力很快就消退了,到20世纪20年代初,流感已不再是主要的健康威胁。也许最大区别在于,流感并没有像1896—1897年鼠疫暴发时那样引发恐慌,且随后几年间时不时再次引发恐慌。其中一个原因肯定在于这两种疾病性质不同。鼠疫的影响远超过了疾病本身,有人可能会继瓦尔特·本雅明(Walter Benjamin)之后说那是一种"光环"。[4]从黑死病开始,这种疾病就为欧洲人所熟知,对其的回忆总是充满恐惧,这也是伊斯兰医学及其印度分支尤那尼(Unani-tibb)医学十分熟悉的疾病。关于这种疾病是如何产生的以及如何治疗和防控,已有大量文

120

---

[1] Mills, "Influenza Pandemic."

[2] T. G. N. Stokes, "Report on the Influenza Epidemic in the Central Provinces and Berar(中部各省和贝拉尔的流感疫情报告)," *Annual Sanitary Report of the Central Provinces and Berar, 1918*(《1918年中部各省和贝拉尔年度卫生报告》)(Nagpur: Government Press, 1919), Appendix 2, p. 3.

[3] *Annual Sanitary Report of the Central Provinces, 1918*(《1918年中部省份年度卫生报告》), 8.

[4] Walter Benjamin(瓦尔特·本雅明), "A Small History of Photography(摄影简史)," in Benjamin, *One-Way Street and Other Writings*(《单行道及其他》), trans. Edmund Jephcott and Kingsley Shorter (London: Verso, 1997 [1985]), 240-257 (247-248).

献。①对欧洲人和印度人来说,这种根深蒂固的文化观点使得鼠疫成为卫生谈判中的一个问题。国家的仓促措施加剧了印度教徒和穆斯林对殖民主义的恐惧,因此也使得他们对处理病人和死者的方式十分恐惧。相比之下,流感携带的文化或政治包袱很少,没有所谓的"光环",尤那尼和阿育吠陀(Ayurvedic,印度传统医学)文献中也没有广泛讨论过这种疾病——据说在最初的阿育吠陀文献中根本没有记载过这种疾病。②像欧亚大陆的其他地区一样,印度在1890年也经历了一场流感疫情。印度政府卫生专员诺曼·怀特(F. Norman White)在1918年10月指出,当时的流感症状"与目前的流感惊人相似"。与当前的疫情一样,当年流感也是通过印度西部港口从欧洲传入印度的。③但是,1890年的流感死亡率远低于1918—1919年,流感疫情既没有引起恐慌,也没有促进医学研究。以史为鉴,旁遮普卫生专员参考1890年的流感疫情,对印度医生对早期流感疫情的"冷漠和怀疑"感到非常痛心。④1918—1919年的疫情让印度措手不及。

121　　此外,与鼠疫不同的是,流感以"闪电般的速度"在印度传播。⑤早期的疾病主要依靠老鼠和老鼠身上的跳蚤传播鼠疫杆菌(这种科学联系直到1897年才被发现)。鼠疫从一个城镇蔓延到另一个城镇,从一个村庄到另一个村庄,进展缓慢,但是一旦传播到了就很难根除。因此,最常见的政府措施是预防性的(也是强制性的),这引发了非常明显的恐慌反应,因为火车站和路口的搜身一直持续,村庄被整个整个地疏散,村民被转移到隔离的鼠疫营地,对疫苗接种的大力宣传也在继续。尽管人们并不喜欢尸检,但这仍然是一种重要的诊断工具。以上所有情况,流感疫情期间均没有出现。这

---

① 参见 Guy Attewell, *Refiguring Unani Tibb: Plural Healing in Late Colonial India*(《重塑尤那尼医学:殖民晚期印度的多元疗愈》)(New Delhi: Orient Longman, 2007)。

② Koilas Chandra Bose, "Epidemic Influenza in and around the City of Calcutta(加尔各答市内及周边流行性感冒)," *IMG*, Vol. 55, 1920, 169-174 (169).

③ White, October 15, 1918, India, Education (Sanitary), No. 7, October 1918, India Office Records [*hereafter*IOR], British Library, London.

④ Appendix D: "The Influenza Epidemic of 1918 in the Punjab(旁遮普1918年流感疫情)," *Report on the Sanitary Administration of the Punjab, 1918*(《1918年旁遮普卫生行政报告》)(Lahore: Superintendent, Government Printing, Punjab, 1919), xv.

⑤ Bhupal Singh, "Influenza," *IMG*, Vol. 55, 1920, 15-18 (15).

种疾病的特点是"传染性强",潜伏期短,只有6～48小时,它在印度各地迅速蔓延,第二波疫情尤为致命。[1]人员集中的地方——如工作场所、电影院、市场、学校、公共交通工具、家里以及拥挤的贫民窟——为流感在人与人之间的快速传播提供了理想条件。悲观报道满天飞:有人说"人民极度无助",也有人把这种传染病比作"雪崩",还有人说没有哪个国家机构能够阻止这种现象。[2]流感疫情使得感染家庭整个地丧失工作能力和行动能力,他们得不到医疗援助,甚至都得不到亲戚朋友的照顾。

　　流感疫情期间也发生了一些局部恐慌和逃离事件,特别是在疫情初期的孟买。对此,印度政府卫生专员评论说:"流感疫情期间,民众非常恐慌,火车上也挤满了来自疫情中心的难民,其中许多人已经感染了流感。"[3]然而,即使是在孟买,也没有发生像1896—1898年那样使一座城市陷入瘫痪的大规模人口外流现象。许多人只是死在原地,人们没有时间去抗议,没有精力去发起暴动。国家也没有出于恐惧出台预防性的强制措施。事实上,在这种情况下,国家基本处于不活跃状态。士兵、警察、邮递员和卫生人员都被疾病和死亡牵制住了。由于战争,绝大部分高级医务人员都去战场了,国家除了建议人们待在室内不要出门、注意保暖和吃好喝好以保证营养摄入,几乎没有提供任何预防或补救措施。孟加拉的卫生专员查尔斯·宾利(Charles Bentley)恰如其分地总结了当时的情况:

　　　　由于流感疫情的突然暴发和迅速蔓延,当局几乎无法控制住疫情的发展和肆虐。面对如此广泛的疫情,医疗和卫生组织也在积极采取防控措施,但在当时的情况下都只是杯水车薪。此外,由于缺乏针对这种疾病的特效药,有效的综合治疗几乎不可能;尽管推荐了一系列有价值的治疗方法,但是从数量和种类上来看,大多数都没有什么用。[4]

① "Influenza Memorandum(流感备忘录)," Bengal, Municipal (Sanitation), No. 15, 1920, IOR.

② Stokes, "Report on the Influenza Epidemic(流感疫情报告)," 5.

③ Annual Report of the Sanitary Commissioner with the Government of India, 1918(《1918年印度政府卫生专员年度报告》)(Calcutta: Superintendent, Government Printing, India, 1920), 61.

④ Report on Sanitation in Bengal, 1918(《1918年孟加拉卫生报告》)(Calcutta: Bengal Secretariat Book Depot, 1919), 24.

讨论流感疫情的一手资料总是一再强调政府无能、城市瘫痪，以及疫情快速发展和后果如何致命。孟买亚瑟公路医院的助理卫生官员乔克西（N. H. Choksy）对1896年流感患者转移和治疗的暴力冲突现场的描述就非常生动。在他漫长的经历中，他

> 从来没有遇到过这么多人身体同时恶化的情况。流感疫情期间，他看到了很多面容憔悴、面黄肌瘦、衣衫褴褛的人。流感病情发作后，这些人还继续工作两到三天，这导致疫情迅速扩散，而这些人也自然而然成为疾病的受害者。高昂的费用以及随之而来的食物匮乏，再加上高昂的房租，耗尽了这些人所有的精力。[①]

恐慌的需求

19世纪90年代末和20世纪初的大范围恐慌与1918—1919年恐慌的消失两者形成了鲜明对比。对此，有人说是因为鼠疫和流感的特点有显著差异。但这并不是流感这只"狗"没有"叫"的唯一原因。同样重要的是，政府和地方公共卫生当局缺乏针对流感的干预措施，也没有试图改变公众——或者至少是那些可以影响公众态度的人——对西方医疗和卫生措施的态度。如前所述，自流感疫情发生以来，印度政府及其公共卫生专家认为积极干预在政治上是不明智的，而且会适得其反，因此必须努力说服和教育公众采取更开明的态度。但这不仅仅是国家政策的问题。到1918年，随着大量高级医务人员奔赴战场，长达四年的战争几乎耗尽了印度医疗卫生服务的所有资源。面对流感疫情，当局除了建议人们生病后不要上班，避免去公共场所，要尽量休息，饮食要清淡、有营养，没有任何令人信服的抗击流感策略。当局也建立了一些临时医院，并调动了流动药房，影印、发放了大量的英文和其他当地方言的传单，提醒人们疫情期间的注意事项。但是1896—

---

① Choksy, "Influenza," 78.

1897年的激烈抗鼠疫措施似乎没有任何意义,因为无论如何,当局都没有 [123] 时间或资源来部署这些措施,即使它们看起来是正确的。①

　　另外一方面,尽管流感在印度的传播路线和1918—1919年的鼠疫类似,都是从孟买向外扩散到印度的北部和中部,但是流感是从印度西海岸传入的,而鼠疫则由东海岸传入。印度西边的欧洲预防和控制流感方面都做得非常失败,印度又能好到哪里去呢? 相比之下,东边传来的鼠疫,一路从香港向西直达印度,似乎需要采取紧急、严厉措施来保护西方免受东方传染病的伤害。19世纪90年代末印度的鼠疫吸引了许多调查委员会,来自德国、奥地利、法国、俄罗斯和土耳其的外国代表团分别来到印度研究鼠疫。孟买还建立了鼠疫研究委员会,伦敦的鼠疫委员会也来到孟买调研。自那之后,孟买当地的鼠疫研究尤为密集。鼠疫大流行以及其政治和卫生重要性使得细菌学这样一种以实验为基础的医学在印度迅速崛起,国家医疗服务机构中也设立了单独的细菌学部门。尽管流感带来了灾难性死亡,但当局对流感的反应小得多。1918年12月,印度政府和印度研究基金协会只派了一名医务人员——印度医疗服务局的马龙(R. H. Malone)——调查流感的细菌学并研究出台有效预防措施的可能性。②事实上,直到1933年人们才发现出现流感的原因是流感病毒而不是以前认为的流感杆菌。印度医学报刊上也发表了关于流感的文章,描述当地流感疫情,讨论了可能的治疗和预防方法,但远不及鼠疫大流行后的研究热度。③1920年之后没有出现新的传染病,对流感等传染病的医学和卫生研究迅速减少,研究的兴趣回到了更持久的问题上,如对疟疾、肺结核、霍乱和黑热病的控制与治疗。旁遮普的卫生专员1919年时曾说,面对鼠疫,我们曾经十分"恐慌",于是我们便成

---

① 相关说明参见 Ramanna,"Coping",以及前面引用的省级报告。

② India, Education (Sanitary), nos. 15–17, December 1918, IOR; White, *Preliminary Report*, 12–14.

③ 已引文章更多信息,参见:E. Selby Philson, "Influenza in Bombay(孟买的流感)," *IMG*, Vol. 53, 1918, 441–448; Debendra Nath Sen, "Influenza as Observed in the Sambhu Nath Pandit Hospital, Calcutta(在加尔各答桑布·纳特·潘迪特医院观察到的流感)," *IMG*, Vol. 55, 1920, 89–92; Editorial, "Influenza," *IMG*, Vol. 55, 1920, 381–382。印度也引起了英国医学出版社的一些(最低限度的)关注,见 H. G. Waters, "A Note on Influenza in India, 1918–20(1918—1920年印度流感笔记)," *British Medical Journal*(《英国医学杂志》), Vol. 2, No. 3120 (1920): 591–592.

立了鼠疫部门来专门应对鼠疫。然后十年后又有了疟疾，于是又有了专门处理这种疾病的疟疾部门。一段时间，曾夺走旁遮普近100万人生命的流感差点就让历史重演了——建立流感部门，但最终还是没有。①

124　　如果说研究鼠疫主要是印度在做的事情，那么研究流感则是欧洲或北美的事情。大部分关于流感病因的争论都发生在那里，欧洲和北美对流感杆菌的搜寻也最为积极。也是在那里，预防性疫苗的主要研究开始进行，尽管印度细菌学家也用他们自己的疫苗或欧洲实验室首创的配方进行了试验。②

　　然而，考虑到公众曾经反对接种抗鼠疫疫苗的痛苦经历，即使这种疫苗能够被研发出来，许多卫生官员对社会是否能接受抗流感疫苗表示怀疑。在联合省卫生专员看来，这只是"一个不切实际的提议"。人们普遍认为，如此大规模的危机不太可能再次发生，而当初危机之所以发生，根本问题在于印度的无知、贫困以及缺乏基本医疗服务——特别是在农村地区。1924年7月《印度医学学报》（*Indian Medical Gazette*）确定"印度的七大灾难"时，并没有囊括流感（但是包含了鼠疫）。③以前有专门的鼠疫调查委员会，但是对于流感，没有专门的调查委员会，也没有前来调研的外国代表团。大多数关于这种传染病的报道只出现在市级和省级的年度报告中（或作为其附录），而不是作为单独的出版物出版。这种传染病最引人注目的可能是1921年印度人口普查报告中的记录，该报告首次揭露了流感造成的死亡人口数量，以及"流感对国民生活方方面面造成的影响"。④

　　在这种情况下，通过更谨慎（甚至是不存在）的国家战略，社会领袖——种姓和社区的领导、城市巨头和社会服务组织——更容易调动自己的资源

① *Report on the Sanitary Administration of the Punjab, 1919*（《1919年旁遮普卫生行政报告》）(Lahore: Superintendent, Government Printing, Punjab, 1920), 17.
② C. Mactaggart, "Report on the Epidemic of Influenza in the United Provinces during 1918(1918年联合各省流感报告)," *Annual Report of the Sanitary Commissioner of the United Provinces of Agra and Oudh, 1918*（《1918年阿格拉和奥德联合省卫生专员年度报告》）(Allahabad: Superintendent, Government Press, United Provinces, 1919), Appendix D, 15A.
③ "On the Seven Scourges of India(论印度的七大灾难)," *IMG*, Vol. 59, 1924, 351–355.
④ "R. K."［R. Knowles］, "The Medical Aspects of the Indian Census of 1921(1921年印度人口普查的医学方面)," *IMG*, Vol. 59, 1924, 466–469(469).

和人脉来帮助病人和穷人,或者建立临时医院和诊所。印度很多慈善家和慈善组织不满国家针对鼠疫出台的文化和政治上的不敏感措施,开始自己采取行动。现在他们承担起照顾病人和提供食物、牛奶、毛毯和其他必需品的责任。诺曼·怀特(Norman White)写道:"那也许是印度历史上从未有过的情况,受过教育的、地位更高的社会成员在危难之际挺身而出,帮助贫穷的同胞。"①相比之下,国家医疗和公共服务的作用似乎微不足道。但是,人们对政府没有什么可害怕的,所以也没有什么理由恐慌。

　　然而,这并不是说没有出现谣言。相反,在关于1918年流感大流行的初步报告中,怀特谴责了变得"极其普遍"的印度"谣言"。其中一些与流感本身有关——不论这些谣言说流感是一种全新的疾病还是说这是一种罕见的瘟疫。但是其他流传的谣言更具普遍性,有人将流感大流行归因于"在西部战线上广泛使用毒气",还有人认为这是"我们肆无忌惮的敌人(德国)的邪恶阴谋"。怀特本人表示,这些谣言"如果不是在1918年的10月和11月间在印度非常流行,就不值得一提了"②。

　　在整个印度,尽管流感的死亡率很高,但似乎并没有像20年前鼠疫那样引起巨大恐慌。这并不是说流感没有带来巨大的社会和人口影响,而是人们对它的反应远不如对鼠疫那么强烈。③也许这场灾难的速度和规模可以解释这一点。1918年11月,莫罕达斯·甘地在给他的儿子哈里拉尔(Harilal)的信中说,他的家人和其他许多人一样,都死于这种疾病。"但是,"他补充道,"这样的消息到处都是,所以现在心里几乎没有任何感觉。"④在1918年末,甘地专注于即将到来的关于罗拉特法案(Rowlatt Bills)的斗争,

---

① White, *Preliminary Report*, 12.

② 同上,第1—2页。

③ 更详细分析参见:David Hardiman, "The Influenza Epidemic of 1918 and the *Adivasis* of Western India(《1918年流感大流行和西印度的阿迪瓦西斯》)," *Social History of Medicine*, Vol. 25, No. 3 (2012): 644–664.

④ M. K. Gandhi, Gandhi to Harilal Gandhi, November 23, 1918, *Collected Works of Mahatma Gandhi* (《圣雄甘地全集》), Vol. 17 (Delhi: Government of India, Publications Division, 1965), 247. 甘地对流感明显漠不关心,这与他在南非时对鼠疫的重视形成了鲜明的对比,见:M. K. Gandhi, *An Autobiography, or the Story of My Experiments with Truth*(《自传或者说是我体验真理的故事》) (London: Penguin, 2001), 266–272.

流感似乎没有日益加剧的国家镇压那么令人不安，虽然对此早已有了预期。同样，面对像鼠疫这样的传染病，印度人熟悉的做法之一就是把疾病想象成一位女神，她既能控制疾病，也能传播疾病。①因此，1903 年在孟买市的沃里区（Worli），一名妇女"宣称自己是有治愈鼠疫能力的女神"，很多人聚集在她的住所周围寻求她的祝福，而市政卫生官员却试图以危害公众罪起诉她。最终，她被定罪、判刑。②相比之下，除了马德拉斯卫生专员的一次偶然提及，很少有证据表明人们将后来的流感也视为疾病女神的造访，甚至他提到这一观点，也是为了论证迷信的衰落和"现代治疗方法"在印度的日益流行。③

126 同样，我也没有看到任何证据表明流感与孟买谣言或类似的欧洲恶意故事相关。一开始，轻微仇外情绪试图将流感病毒进入印度归咎于军事当局（政府方面一直对此予以坚决否认）。也有人抱怨孟买公司和其他市政机构对正在发展的危机反应迟缓，国家和整个西方医疗系统的反应也不足（对此的回应是，世界各国政府都在努力应对这种前所未有的冲击）。④有谣言说，孟买总督威灵顿勋爵（Lord Willingdon）或者他的妻子已经感染流感过世，这也解释了他们为什么没有参与公共事务。⑤但是没有人谣传威灵顿及印度政府为了屠杀大量"令人头疼"的民众而在水源中下毒或者故意传播这种疾病。只是在后来的 1919 年 4 月的札连瓦拉园（Jallianwala Bagh）大屠杀之后，甘地在《年轻的印度》中提出了一个说法，认为印度政府漠视民众生命，让流感夺走了 600 万印度人民的生命，他们"就像没有救援的老鼠"。⑥

---

① Crooke, *Religion and Folklore*（《宗教与民俗》），118.

② *Administration Report of the Municipal Commissioner for the City of Bombay, 1903-04*, 163.

③ *Annual Report of the Sanitary Commissioner, Madras, 1918*（《1918 年马德拉斯卫生专员年度报告》）（Madras: Superintendent, Government Press, 1919），8.

④ White, *Preliminary Report*, 1-2. 当然不止印度在抱怨，例见：Sandra M. Tomkins, "The Failure of Expertise: Public Health Policy in Britain during the 1918-19 Influenza Epidemic（专业知识的失败：1918—1919 年流感流行期间的英国公共卫生政策），" *Social History of Medicine*, Vol. 5, No. 3 (1992): 435-454.

⑤ *Report on the Indian Papers Published in the Bombay Presidency* (Bombay: Government Central Press, 1918), for October-November 1918.

⑥ "Public Health," *Young India*, April 23, 1919, cited in Ramanna, "Coping," 98.

　　贫困、国家干预措施的缺乏、流感传播的速度及其对感染者各方面能力的影响，这些才更可能是谣言没有转化为普遍恐慌的原因。从表面上看，这似乎仍然令人吃惊。除了死亡率极高、疫情发展异常迅速，流感疫情时期，印度也发生着普遍动荡。如果19世纪90年代末的鼠疫恐慌部分是由于政治上的不满，为什么1918年的情况就不一样了呢？严重的战时短缺使得基本商品——食品、衣物、煤油——价格疯涨，全国大部分地区都面临旱灾和歉收的威胁，一场饥荒蓄势待发。饲料短缺导致牛奶价格飞涨，毛毯供应也不足，这一切使得大部分人更难在流感中存活下来。整个印度普遍认为潜在的营养不良、贫困和虚弱加快了流感夺命的速度。人们普遍认为"穷人和农村阶层受影响最大"。[1]在马德拉斯，该传染病的破坏力不如其在印度北部和西部的杀伤力，但是食品价格还是较正常水平高出了50%，犯罪率也飙升至1876—1878年饥荒以来的最高水平。[2]民众骚乱进一步以粮食骚乱的形式出现，在这场骚乱中，抗议者试图阻止当地谷物的出口，或者主张下调价格到可承受水平。在一些地方，暴力冲突接踵而至。[3]《印度徒报》(*The Hindu*)报道了塞勒姆(Salem)一名老妇人从市场货摊上抢走辣椒的故事，如此一来，流感带来的紊乱就转变成了当前的生存危机。"很快，印度国内很多其他报纸也有了类似的文章，结果造成了大规模恐慌……"[4]但是真实情况下的流感并没有引起这样的反应。

　　这一时期政治动荡频繁，因为民族主义政治家们要求自治，甘地开始了争取印度自由的运动(Swaraj，斯瓦拉吉)，这为他后来在1919年4月抗议罗

---

[1] White, *Preliminary Report*, 9; "The Influenza Epidemic of 1918 in the Punjab(1918年旁遮普流感)," xvi; *Report on Sanitation in Bengal, 1918*(《1918年孟加拉卫生报告》), 9-10, 21-23.

[2] *Report on the Administration of the Police of the Madras Presidency, 1918* (Madras: Superintendent, Government Press, 1919), 10, 13-15。相比之下，1918年10月上半月马德拉斯政府的机密报告很少提到流感，尽管在一些地区流感死亡率翻了一番，见：India, Home (Political), No. 23, November 1918, Tamil Nadu Archives, Chennai.

[3] David Arnold, "Looting, Grain Riots and Government Policy in South India, 1918(1918年印度南部的掠夺、谷物暴动和政府政策)," *Past and Present*, No. 84 (1979): 111-145.

[4] *Hindu*(《印度人》), September 5, 1918, 6.

拉特法案以及在1920—1922年提倡不合作运动奠定了基础。[1]然而，除了前面提到的《年轻的印度》中的评论，流感疫情的威胁和反殖民抗议的上升趋势之间几乎没有任何联系。如果说疾病和政治之间存在关联，那也是在别的地方，比如将殖民主义比作结核病的肆虐，或是说针对钩虫疾病的卫生措施是"与罗拉特法案相关的阴险计划的一部分"这样的谣言。[2]

结论

从历史上看，"恐慌"一词被赋予了许多不同含义，甚至在鼠疫和流感这两种相隔约25年发生在印度的灾难性传染病的相对有限的背景下，也是如此。在某种程度上，恐慌可以仅仅是描述性的——一种记录和传递的手段，通常需要给予同情的，以记录和传递一场大传染病期间降临到大多数人身上的灾难强度及其造成的痛苦和困惑。但是使用这个术语的一个作用显然是将观察者和评论者——无论是英国文官政府、殖民医生和公共卫生官员，还是印度中产阶级和医疗精英——与被认为未受教育、轻信和迷信的大众的行为及信仰区隔开来。有了恐慌，就意味着会有"疯狂"谣言和"荒谬"故事的流传。恐慌也会让民众选择逃离受感染的城市（这种不负责任的行为必然会传播疾病），唤醒对疾病之神的原始信仰，或者出现对试图帮助病人和垂死者的个人和机构的人身攻击。尽管没有一个社会阶层能够对恐慌免疫或对谣言无动于衷，但将大众反应认定为恐慌只是作为一种"他者"的方式，一种非理性行为的表现，让文明观察者确信他或她在教育、常识和科学

---

[1] Judith M. Brown, *Gandhi's Rise to Power：Indian Politics，1915-1922*(《甘地的崛起：1915—1922年的印度政治》)(Cambridge：Cambridge University Press，1972)；R. Kumar, ed., *Essays on Gandhi Politics：The Rowlatt Satyagraha of 1919*(《甘地政治论文集：1919年的罗拉特非暴力不合作运动》)(Oxford：Clarendon Press，1971).后一项工作的几个贡献者提到了流感流行病学，但是没有暗示与罗拉特骚动的具体联系，例如可参见 Donald W.Ferrell，"The Rowlatt Satyagraha in Delhi(德里的罗拉特非暴力不合作运动)," in *Essays on Gandhi Politics：The Rowlatt Satyagraha of 1919*(《甘地政治随笔：1919年的罗拉特非暴力不合作运动》)，ed. R. Kumar (Oxford：Clarendon Press，1971)：189-235 (198). 流感、民众骚乱及"1918—1920年世界末日的集市谣言"，参见 C. A. Bayly, *The Local Roots of Indian Politics：Allahabad，1880-1920*(《印度政治的地方根源：1880—1920年的阿拉哈巴德》)(Oxford：Clarendon Press，1975)，246.

[2] Resolution，May 31，1920，Bengal，Municipal (Sanitation)，No. 1，July 1920，IOR.

理解方面的优越性。在这一点上,它在精神上与后来的历史学家如乔治·鲁德(George Rudé)和E. P .汤普森(E. P. Thompson)试图证明的"人群"逻辑反应和理性行为背道而驰。①恐慌是一种反应,应由个人来谴责,或者在可能的情况下,通过强制措施、宣传教育,由国家的补救措施进行预判和控制。

但这还不是全部。恐慌——即使事后可能会被打上这一明显带有贬义的术语烙印——也可能是由国家的草率行动造成的,或者是由当时看来迫切需要采取的政治或经济措施导致的,又或者是由技术、科学顾问们似乎无可辩驳的建议导致的。1896—1898年,印度政府及其各省政府根据现有的最佳建议制定了行动方针,但他们后来又后悔了,决定不那么做了。恐慌也是有用的——不仅是一个备受谴责的术语,也是一种夸张的方法——可以纠正以前的越轨行为或扭转以前的异常反应。同样,从政治反对派而不是殖民控制的立场来看,恐慌也非常有影响力。通过恐慌,相关群体(即鼠疫疫情中的印度中产阶级)可以让人们看到殖民国家政策的傲慢、急躁以及麻木不仁的行为和观念。虽然对于这些行为和观念,他们没有明着说它们好还是不好。在这种情况下,流行的谣言和恐慌是不满的表现,这是印度精英阶级想要宣传的,通常通过媒体来完成。这种策略是一种手段,通过这种手段,印度本地精英阶层的权威可以得到重申,如果成功的话,甚至还可以得以恢复,就像第一轮反鼠疫措施之后那样。

本次讨论的结论在某种意义上是平庸的。鼠疫和流感是两种非常不同的"动物"(一个会"叫",一个不会"叫")。但是,从方法上来说,将一个流行事件与另一个进行比较是有价值的,可以找出二者的共同之处和不同之处,特别是它们在时间上如此接近,而且需要追踪的物理和社会地形如此相似。25年来,从19世纪90年代末和20世纪初的恐慌到1918—1919年的沉默反应,印度对鼠疫和流感的反应形成了鲜明对比,因此也为一些问题提供了思路,说明了政府主导的公共卫生和印度舆论是如何转变的,教育过程(或称

---

① George Rudé, *The Crowd in History: A Study of Popular Disturbances in France and England, 1730-1848*(《历史中的人群:1730—1848年法国和英国民众骚乱研究》)(New York: Wiley, 1964); E. P. Thompson, "The Moral Economy of the English Crowd in the Eighteenth Century(18世纪的英国道德经济)," *Past and Present*, No. 50 (1971): 76-136.

"冷漠")是如何影响人们的态度和反应的。与此同时,对这些平行的传染病事件进行观察,我们就能发现疾病本身的性质、发展速度、传播方式及其对感染者的影响都有着很大的不同。比较不同的传染病,我们就能思考为什么死亡人数的规模本身并不能充分地反映一种特定传染病引起的社会反应的水平和强度(通常是通过谣言和恐慌来衡量的)。

第六章
电缆传递的恐慌：传染病和电报世界

白锦文

Panic Encabled: Epidemics and the Telegraphic World
© Robert Peckham

　　以传染病为主题创作的故事往往扣人心弦，这并非没有依据，这类故事符合戏剧的基本要求。"传染病惊悚片"一般按照"发现致命病毒—引起恐慌—找到解决方案"的叙事模式展开，随着情节变化，"故事的整体轮廓"也会更加清晰。正如查尔斯·罗森伯格（Charles Rosenberg）在谈到艾滋病发生的情境时所说：

　　　　某一时刻，传染病突然暴发，接着会在某一特定空间内持续一段时间，紧接着情节开始愈发紧张，似乎在昭示着什么，一场关乎个体甚至所有人的危机也就此降临，直至最后逐渐减弱、消失。①

　　传染病危机自带戏剧性，所以它成为现代小说的最佳候选主题并不奇怪，布拉姆·斯托克（Bram Stoker）所著《吸血鬼德古拉》一书就是这样一个例子。该书出版于1897年（当时实验室科学改变了人们理解和应对传染病的方式），整部书叙事节奏紧张，高潮不断，结尾也颇为刺激，罗森伯格认为以传染病为主题的小说就应像这般"充满戏剧性"。此外，小说中出现的吸血鬼行为也常被设定为一种致命传染病，该病可由"寄生虫"引发并通过已感染者的血液传播。而伦敦又是一个"人口密集且人员流动极快"的世界级

① Charles E. Rosenberg, "What Is an Epidemic? AIDS in Historical Perspective（传染病是什么？——从历史角度看艾滋病），" in *Explaining Epidemics and Other Studies in the History of Medicine*（《解释医学史上关于疫情和其他疾病的研究》）(Cambridge: Cambridge University Press, 1992), 278-292(279). 历史学家理查德·埃文斯也曾认真思考过"所有传染病所具有的共同'戏剧性特征'"，参见 Paul Slack, "Introduction," in *Epidemics and Ideas: Essays on the Historical Perception of Pestilence*（《传染病与观点：论瘟疫的历史观》）, ed. Terence Ranger and Paul Slack (Cambridge: Cambridge University Press, 1992), 1-20 (3).

都市，街道上"熙熙攘攘"①，因此为防止该病在伦敦街头肆虐，必须采取严厉控制措施。1897年6月，伦敦街头格外热闹壮观，人们正在庆祝"大英帝国的重大节日"，即英国女王的钻石大庆。女王正准备离开白金汉宫去参加圣保罗大教堂外举行的仪式，在这之前，女王将按照已有安排"向其全国臣民同时发送一条消息"，该信息将"通过私人线路从皇宫传送到圣马丁大教堂的中央电报局，然后快速传播到大英帝国的最偏远地区——'我由衷地感谢我亲爱的臣民。愿上帝保佑你们！维多利亚女王'"。在斯托克的小说中，帝国内部的人们正欢欣鼓舞地庆祝盛典，帝国正不断扩张，而故事主角们却在奋力阻止疫情从欧洲东部边境向大英帝国中心蔓延，情节反转也在此刻上演。

在《吸血鬼德古拉》一书中，人们采取了哪些方式来阻止疫情的蔓延以及它可能激起的恐慌呢？首先是现代通信技术的应用，包括火车、轮船、报纸、留声机、打字机，以及最重要的技术——电报。在这个"机器文本"中，情节主要围绕信息流通和疾病传播展开。②随着故事在一份份剪报、电报和速记杂志中娓娓道出，现代媒介技术已内化为故事结构的一部分。为找到引发传染病的寄生虫，各项技术的通力合作不可或缺：先用复杂情报网络搜寻信息，再由长距离通信工具（铁路、电报、新闻报）转播详尽数据，最后通过纸质报告校对整理。③面对寄生虫引发的混乱以及各种技术带来的大量信息，书中人物尽力理出头绪，正如其中一个角色所说："这是一段叙述完整又逻辑紧密的故事。"④

---

① Bram Stoker, *Dracula*(《吸血鬼德古拉》)(New York: Grosset & Dunlap, 1897), 19.

② Judith Halberstam, "Technologies of Monstrosity: Bram Stoker's Dracula(怪异的技术：布拉姆·斯托克的吸血鬼)," in *Cultural Politics at the Fin de Siècle*(《19世纪末的文化政治》), ed. Sally Ledger and Scott McCracken (Cambridge: Cambridge University Press, 1995), 248-266 (251).

③ Laura Otis, *Networking: Communicating with Bodies and Machines in the Nineteenth Century*(《网络：19世纪的身体和机器交流》)(Ann Arbor: University of Michigan Press, 2001), 194-219 (195); Christopher Keep, "Technology and Information: Accelerating Developments(技术与信息：飞速的发展)," in *A Companion to the Victorian Novel*(《维多利亚小说手册》), ed. Patrick Brantlinger and William B. Thesing (Malden: Blackwell, 2002), 137-154; Jennifer Wicke, "Vampiric Typewriting: Dracula and Its media(吸血鬼的打字机：吸血鬼德古拉和其沟通媒体)," *ELH: English Literary History*(《英国文学史》), Vol. 59, No. 2 (1992): 467-493.

④ Stoker, *Dracula*, 210.

　　在斯托克的小说中，电报网络是推动"传染病"情节发展的关键一环。书中人物在接收到电报发来的信息后，利用电报系统做出了远距离响应，并快速收集碎片信息以预先遏制寄生虫的下一步进攻。换句话说，运输是物质形式，通信是非物质形式，而这次之所以能战胜外来入侵者，正是因为有效利用了这种形式差异。[①]或者再换个角度，这部小说其实揭示了一个道理：当技术传播速度快于疾病传播速度时，传染病其实是可预防的。实际上，《吸血鬼德古拉》正是一次关于传播速度的竞赛。

　　本章主要讨论19世纪90年代的电报和传染性疾病。那时，斯托克正在撰写小说，蒸汽也成为一种新型动力。用弗朗西斯·德·温顿上校（Sir Francis de Winton，1889）的话来说，蒸汽和无线电报共同为国际关系提供了一种新型"交流方式"。[②]本章旨在探讨人们如何利用电报来缓解公众焦虑，以及电报又在多大程度上制造它试图控制的恐慌。世界似乎正变得越来越小，于是人们开始猜测这种"缩小"最终会带来什么。[③]而随着洲际电报的推动，全球经济逐步"实时化"，人们又会发问，电报在追踪传染病威胁方面能发挥什么作用？电报技术能在多大程度上呈现这些威胁？面对当前加速流动的信息以及来源众多的碎片化数据，如何才能呈现"完整又逻辑紧密的叙述"，将看似毫无关联的一幕幕事件串联起来并预先阻止恐慌的形成？传染病危机又会以何种方式影响帝国统治下不断发展的理性与科技？为了解决这一系列相关问题，本章试图阐明现代电报文化运作与传染病危机之间的关系，探索电报是如何帮助人们养成新的行为习惯并形成一种新的读写形式的，即一种"读懂"危机并遏制恐慌的新方式。

133

---

① 电报技术出现之前，通信与运输密不可分；参见 James W. Carey, *Communication as Culture: Essays on Media and Society*（《作为文化的传播："媒介与社会"论文集》）（New York and London: Routledge, 1992［1989］）, 213-214. 在牛津英语词典中，"communications"指信息传输，而"transport"指人员和货物的运送。

② Colonel Sir Francis de Winton, "Address," *Proceedings of the Royal Geographical Society and Monthly Record of Geography*, Vol. XI（London: Edward Stanford, 1889）, 613-622（621）。另参见邓肯·贝尔（Duncan Bell）的论述：*The Idea of Greater Britain: Empire and the Future of World Order, 1860-1900*（《大英帝国的理想：帝国与世界秩序的未来，1860—1900年》）（Princeton: Princeton University Press, 2007）, 88。

③ "The Effects of the Shrinkage of the World," *Spectator*（《旁观者》）, September 15, 1900, 9.

  19世纪90年代,传染病威胁席卷全球,关于"疾病"概念的争论也日益激烈。人们逐渐将电报视为一项技术,认为该技术或许有助于明确传染病的具体含义、确定传染病的特征,并消除其带来的威胁。电报的精确定位体现在各个方面,虽然这种语言有着严格规定(用标准但十分精简的电文体传播信息),但是它把看似毫无关联的数据重新排列组合从而绘制出疫情分布图,描绘出其随时间地点转移的轨迹。借用保拉·特莱希勒(Paula Treichler)的话来说,疾病事件不只是"真实"可传播的传染性疾病,还包含了"具有重要意义的传染病"。①关于传染病的矛盾性解释在不断激增:传染病是什么? 它从哪里来? 人们要如何对其进行追踪? 在这种情境下,人们"恐慌"也情有可原。而公共健康则通过限制这些层出不穷的解释来影响公众行为,在信息管控方面发挥着愈加重要的作用。培养公众的"反恐慌意识"是工作重点,这有助于纠正一些非理性的群体行为。②与近代社会的本能恐惧不同,恐慌具有明显的现代特征。正如《旁观者》所描述的那样,1890年1月,一场流感席卷英国,引发了公众的广泛焦虑,但当代感染危险所引发的"恐慌"与早期历史上灾难性事件所带来的"急性恐惧"有着根本不同。③

  这里主要研究两个事件。首先是所谓的"俄国流感"事件,这次流感直逼俄国大都市(与斯托克小说中的寄生虫来源一致,该传染源同样来自"欧洲东端地区"),并分三波侵染英国:第一波从1889年12月持续到1890年1月,第二波从1891年1月持续到当年4月,最后一波自1891年末开始至1892年初结束。④在绘制流感地图并将此次威胁概念化为"传染性"的过程中,电报报道发挥了重要作用。除此之外,政府机关也为这种概念化做出了关键贡献:地方政府委员会——属政府监察机关,创立于1871年,旨在监督英格兰和威尔士当地政府——试图追踪该传染病的传播轨迹以阐明其病因

---

① Paula A. Treichler, *How To Have Theory in an Epidemic: Cultural Chronicles of AIDS*(《怎样在疫情中建立理论:艾滋病的文化编年史》)(Durham, NC: Duke University Press, 1999), 11.

② "Anti-Panic," *Spectator*, December 16, 1893, 13.

③ "The Decrease of Certain Fears," *Spectator*, January 4, 1890, 19.

④ 但是随后,流感又卷土重来,包括1893—1894年暴发的流感。我借用阿伦·厄普沃德(Allen Upward)在游历奥斯曼帝国的欧洲各省后所使用的称呼"欧洲东端"进行描述,见 *The East End of Europe*(London: John Murray, 1908).

及传播模式。①与斯托克小说中对抗寄生虫的竞赛类似，对此次流感大范围扩散轨迹的追踪也基于相同假设，即当信息以接近"实时"的速度快速传播时，人类可以赶超疫情的传播速度，甚至可以化解其可能造成的威胁。

　　本章涉及的另一场疫情暴发于帝国"边际"，即东方的香港，也是当时英国皇室的直辖统治地。1894 年，黑死病从此地开始扩散，"第三次鼠疫大流行"也由此开始，全球共 1500 万人因此丧生（见第五章）。具体来看，本章分析了伦敦和香港之间的信息交换过程，从而表明了电报信息压缩版与冗长版发送方式之间的交互过程。信息传达要求瞬时、"实时"，但这种信息必须经过语境化处理才能和其他数据一起串成一个"连贯的故事"，本章的重点正是讨论这两者之间的矛盾关系。从这个意义上来看，其实鼠疫相当于一个"取样装置"，用罗森伯格的话来说，鼠疫既是一个等待人们发现探索的对象，也是一次"能够阐明社会价值与制度实践基本模式"的自然实验"。②

　　因此，本章论述主要从四个方面展开：第一，在 19 世纪的最后十年，电报开始成为绘制病情地图的重要工具。1889—1992 年，流感大流行再次激起了人们对用地图来可视化呈现全球疫情分布的兴趣。③正如汤姆·科赫（Tom Koch）所言，虽然细菌学使迄今为止不可见的病原体变为可见，但是疫情分布地图使"个体病理学……成为影响社会和国家的公共卫生事

_____

① 马克·霍尼斯鲍姆记叙了当地政府委员会在流感中发挥的作用，并且做了很多工作使人们重新关注流行病对公共卫生领域技术进步的重要性。例如，可参见："The 'Russian' Influenza in the UK: Lessons Learned, Opportunities Missed（英国的"俄国流感"：吸取了教训，错失了机会），" Vaccine（《疫苗》）, Vol. 29, suppl. 2 (2011): B11-B15；"The Great Dread: Cultural and Psychological Impacts and Responses to the 'Russian' Influenza in the United Kingdom, 1889-1893（巨大的恐惧：文化和心理影响与英国对"俄国流感"的应对，1889—1893 年），" Social History of Medicine（《医学社会史》）, Vol. 23, No. 2 (2010): 299-319。他的《大流感流行史：死亡、恐慌和歇斯底里，1830—1920 年》(A History of the Great Influenza Pandemics: Death, Panic and Hysteria, 1830-1920)一书回顾了英国的这次流感并描述了这次流感所引起的恐慌(London: I. B. Tauris, 2014)。

② Rosenberg, "What Is an Epidemic?" 279. 但是，有关霍乱是"社会优势的精准测验"这一观点的批评，参见 Christopher Hamlin, Cholera: The Biography (Oxford: Oxford University Press, 2009), 1-13 (11).

③ Frank G. Clemow, The Geography of Disease（《疾病地理学》）(Cambridge: Cambridge University Press, 1903), v. 医学制图起源于 18 世纪某些疾病绘制的"斑点图"，到 19 世纪中叶开始在全球范围内流行，参见：Nancy Leys Stepan, Picturing Tropical Nature（《热带自然描绘》）(London: Reaktion, 2001), 159。

件"①……所以,本章考虑到了电报学在疫情地图绘制方面所发挥的重要作用,同时尼古拉斯·金将在第八章展开探讨,包括可视化技术是如何塑造当代"新兴"传染病图像,以及可视化技术又是如何在这个过程中制造集体恐慌的。第二,电报的压缩形式与传送效率很大程度上影响着帝国统治的性质,特别是在全球危机的背景下。②第三,自然灾害和疫情危机也推动着电报通信的发展。第四,不只是对大规模感染的忧虑会引起恐慌,大众传播媒介——电报,同样也会引起恐慌。但讽刺的是,电报正是预防大规模感染的关键。伊莎贝拉·伯德(Isabella Bird)在1883年指出,香港"与整个文明世界都保持着无线电通信,因此它的贸易一直都很兴盛"。③虽然无线电通信能够促进香港的贸易繁荣,并显然能使其从中谋利,但是也同样威胁着香港的稳定。1894年夏天,正值疫情最严重的时期,《香港电讯报》(Hongkong Telegraph)发文提倡用强力"杀菌剂"对香港进行彻底的杀菌消毒,每具尸体、房屋内部以及室外街道,都是如此,即使电报电缆也不例外。试想瘟疫肆虐的香港可能面临的"致命性灾难",《香港电讯报》猜测,那些已经惊慌失措的亚洲港口城市——从西贡到马尼拉——都会铺设起"包有印度橡胶外壳且浸过重硫酸盐的电报电缆",并且还会隔离电报员中疾病的潜在超级传染者。④

137 　　电报可能具有危险的传染性。正如迪普·坎塔·拉里希·乔得瑞(Deep Kanta Lahiri Choudhury)所说,大英帝国于19世纪50年代初将电报网络引入印度,部分目的是将其作为一种战略技术,以整合和控制帝国领土。但与

---

① Tom Koch, *Disease Maps : Epidemics on the Ground*(《疾病地图：地面上的流行病》)(Chicago: University of Chicago Press, 2011), 2.

② 正如西蒙·温彻斯特所指出的那样,1883年的卡卡托亚火山喷发在巩固电报方面起了重要作用。参见 *Krakatoa: The Day the World Exploded: August 27, 1883*(《1883年8月27日的克拉卡托：世界被引爆的那一天》)(London: Penguin 2004〔2003〕) 179-198.

③ Isabella L. Bird (主教夫人), *The Golden Chersonese And The Way Thither*(《金色半岛以及通往那里的路》)(London: John Murray, 1883), 40.

④ "The Duty of the Hour" and "Hongkong Six Months Hence," *Hongkong Telegraph*, June 15, 1894, 2。就此而言,把电报和电话当作传播疾病的媒介的想法很普遍。例如,可参照"The Telephone as a Source of Infection(作为传染源的电话)," *British Medical Journal*(《英国医学杂志》), Vol. 1, No. 1360 (January 22, 1887) 的注释,该注释表达了对"滥用公共电话话筒部位"可能会导致感染的担忧,并要求对其进行定期消毒(第166页)。

此同时，电报也充当了发泄反帝情绪和实施反帝行为的渠道，暴露出大英帝国易被推翻和破坏的特点。[①]换句话说，电报可能会起反作用，即使它尽力规范报道内容，明确疫情的具体含义，以期控制疫情，它也依旧会使"人们意识到传染病的严重性"。

但是奇怪的是，鲜有文章涉及电报技术在疾病威胁方面的发展。相比之下，人们对电报在以下几方面所发挥的作用给予了一定的关注：军事规划与帝国对抗方面、全球市场扩张方面、气象学和天气预测方面。[②]每一方面，电报都像"哨兵"一样，传递来自前沿哨所的信息，监测最新消息，并帮助制订准备计划。[③]有时，电报站会采取军营或临时殖民实验室的操作模式。在世纪之交，有人提出将帝国偏远地区的电报站兼作战略性野战医院，用于为散居的乡村居民提供服务。[④]

然而，流感大流行刚刚结束，鼠疫就于19世纪90年代早期席卷中国南部，也就是在这时，人们开始注意到全球疾病监测系统的缺陷。1894年，

---

① Deep Kanta Lahiri Choudhury, "The Sinews of Panic and the Nerves of Empire: The Imagined State's Entanglement with Information Panic, India, c. 1880-1912(恐慌的肌肉与帝国的神经：国家与信息恐慌之间的假想纠缠，1880—1912年的印度)," *Modern Asian Studies*(《现代亚洲研究》), Vol. 38, No. 4(2004): 965-1002; *Telegraphic Imperialism: Crisis and Panic in the Indian Empire, c.1830*(《电报式帝国主义：1830年印度帝国的危机与恐慌》)(Basingstoke: Palgrave Macmillan, 2010)。这只是一个内部电路系统。直到1870年，英国-印度海底电报公司才利用电缆将孟买和亚丁以及苏伊士连接起来。

② 例如，参见 Javier Márquez Quevedo, "Telecommunications and Colonial Rivalry: European Telegraph Cables to the Canary Islands and Northwest Africa, 1883-1914(电信和殖民斗争：通往加纳利群岛和非洲西北部地区的欧洲电缆，1883—1914年)," *Historical Social Research*, Vol. 35, No. 1 (2010): 108-124; Byron Lew and Bruce Cater, "The Telegraph, Co-ordination of Tramp Shipping, and Growth in World Trade, 1870-1910(电报、不定期班船运输的协调和世界贸易的增长，1870—1910年)," *European Review of Economic History*(《欧洲经济史回顾》), Vol. 10, No. 2 (2006): 147-173; Katharine Anderson, *Predicting the Weather: Victorians and the Science of Meteorology*(《天气预测：维多利亚和气象学科学》)(Chicago: University of Chicago Press, 2010)。有关电报对于中国港口气象学的重要意义的报道，参见 Marlon Zhu, "Typhoons, Meteorological Intelligence, and the Inter-Port Mercantile Community in Nineteenth-Century China(台风、气象学情报与19世纪中国港口间的商业团体)"(unpublished PhD thesis, Binghamton University, 2012)。

③ 正如弗雷德里克·凯克(Frédéric Keck)和安德鲁·拉科夫(Andrew Lakoff)所指，"哨兵一词用于描述那些能提供大难来临前最初征兆的生物或技术设备"，参见 "Preface," *Limn* (*Sentinel Devices*), No. 3 (2013): 2-3。

④ 例如，参见阿德莱德的文章："The Overland Telegraphic Line: The Medicine-Chest Question(陆路电报线：药箱问题)," *Advertiser*(《广告商》), March 31, 1904, 9。

《柳叶刀》杂志 1 月刊的一位作者对此进行了评述，并强调了几年前人们对流感大流行的反应不足：

138

> 1889 年 10 月的西伯利亚西部，没有人曾预料到流感会暴发；没有人会焦急不安地望着国土边境，只为阻止感染者踏入自己的国家；也没有人随时准备向世界最远端发送电报，只为通报第一例确诊病例。①

在没有电报时，这里的人们只把电报想象为一种"前沿"技术，一位监测疫情危机的哨兵和传令官，它可以传送关键信息，帮人们提前了解疾病进展并做好相应准备。到 19 世纪 90 年代中期，电报发展成为全球监控传染病的关键技术，其价值也得到了广泛认可。

电报监测与 1889—1992 年的流感暴发

19 世纪中叶，电报在英国问世，引发了一场关于电报通信益处、危险及其意义的激烈争论。这种能够与相隔千里的人进行远程即时交流的能力是否合理？社交活动减少会造成什么后果？许多人预先对其可能造成的危险做出了警告：电报将导致"意识持续消耗"，从而增大智力下降的危险。②

然而，至少从 19 世纪 50 年代起，电报就已经应用到铁路系统中，人们也越来越意识到电报在医疗服务系统中发挥的重要作用，譬如电报有助于医院通信，又譬如医院可以根据电报信息第一时间派遣救护车等。③到 19 世纪 80 年代早期，电缆开始改变医学情报及医学实践，许多内科医生开始在

---

① Frank G. Clemow, "The Recent Pandemic of Influenza: Its Place of Origin and Mode of Spread（最近的流感大流行：其起源地及传播模式）," *Lancet*（《柳叶刀》）, Vol. 143, No. 3673 (January 20, 1894): 139-143 (142).

② "The Intellectual Effects of Electricity（电的智力效应）," *Spectator*, November 9, 1889, 632.

③ 有关"电报铁路网"的发展，参见 William Fothergill Cooke, *Telegraphic Railways or The Single Way Recommended by Safety, Economy, and Efficiency, Under the Safeguard and Control of the Electric Telegraph*（《电报铁路网，或在电报的守卫和控制下，根据安全、经济和效率原则推荐的铁路单行线》）(London: Simkin, Marshall, & Co., 1842)。库克为提倡将电报融合到铁路系统中放弃了自己的医学事业。

急救中使用电话和电报①。《英国医学杂志》刊登的一篇社论《医学新闻中的
电报》称,"利用电缆免费获取对公众具有重要意义的医学信息,这在我们看
来并不是什么新鲜事"。1883 年,关于埃及霍乱疫情的电报报道"快速、准
确且具有结论性意义",令人印象深刻。事实证明:

> 电报一开始提供的信息,包括疾病的性质、程度、症状以及诱
> 因……对医疗从业者有着重要意义和价值。不仅如此,当疫情……引
> 起欧洲民众的巨大恐慌时,这些信息也可以很好地帮助人们记录下当
> 地政府采取的防治和检测措施。②

此外,《英国医学杂志》还强调了实地报道与电报在疾病监测中发挥的重要
作用。相比之下,政府应对危机却常常拖泥带水、敷衍了事。

1889 年,医学思想开始发生转变,关于病因学的争论甚是激烈。也就是
在那段日子,流感大流行暴发,人们对疾病传染的本质感到愈加迷惑,流感究
竟是通过接触传播,还是通过细菌或环境传播?③正如一位评论员所述:

> 因此有人指出,流感在世界各地传播,传播速度远超人类通信的速
> 度;它往往通过同时攻击某地大量居民而突然暴发;但如果它攻击那
> 些——比如乘船远航的人——它便无法依靠人员接触进行传播。④

139

---

① Stanley Joel Reiser, *Medicine and the Reign of Technology*(《医学和技术统治》)(Cambridge:
Cambridge University Press, 1978), 198-199。有关电话的部分,参照 Sidney H. Aronson, "The
Lancet on the Telephone, 1876-1975(电话里的《柳叶刀》,1876—1975 年)," *Medical History*, Vol.
21, No. 1 (1977): 69-87.

② "The Telegraph in Medical Journalism(医学新闻中的电报)," *British Medical Journal*, Vol. 2, No.
1187 (September 29, 1883), 645.

③ F. B. Smith, "The Russian Influenza in the United Kingdom, 1889-1894, " *Social History of
Medicine*, Vol. 8, No. 1 (1995): 55-73;另请参见 Michael Worboys, *Spreading Germs: Disease
Theories and Medical Practice in Britain, 1865-1900*(《传播细菌:英国的疾病理论和医学实践,
1865—1900 年》)(Cambridge: Cambridge University Press, 2000).

④ H. Franklin Parsons, "The Influenza Epidemics of 1889-90 and 1891 and Their Distribution in
England and Wales(1889—1890 年和 1891 年的流感及其在英格兰和威尔士的分布)," *British
Medical Journal*, Vol. 2, No. 1597 (August 8, 1891): 303-308 (304).

大多数评论家都心知肚明,流感具有传染性,但其病因尚不为人知晓,感染原因也是众说纷纭。有些人认为是"巨大地理骚动"的结果,就像1883年喀拉喀托(Krakatoa)火山突然爆发,向大气中喷出一团有毒的"尘埃分子",导致大气污染。[1]1892年,内科医生兼细菌学家理查德·普发弗(Richard Pfeiffer)分离出他所认为的流感病原体(被称为"普发弗氏杆菌")。[2]流感如此难以捉摸,"疾病"本身性质似乎因此受到质疑。正如《柳叶刀》上一篇社论所阐释的,尽管人们对流感很熟悉,但对其身份"缺乏确切了解"。流感以"惊人速度"传播,似乎不受任何"地理限制",流感病毒的传播轨迹"变幻莫测,与普通传染病的传播概念完全相反,要想对其本质进行简单解释,几乎不可能"[3]。

流感病源尚不确定,流感本身"变幻莫测",学界一直致力于定义流感,绘制疫情图。[4]报纸上的电报报道在追踪疾病方面发挥了关键作用。正如马克·霍尼希鲍姆(Mark Honigsbaum)所言:"流感通过铁路在欧洲迅速蔓延,全球电报网络对疫情进行即时报道,这让俄国流感一下子成为'媒体的热点话题'。"[5]评论员对流感传播速度感到震惊,短短4个月,俄国流感就肆虐欧美。[6]朱利叶斯·路透(Julius Reuters)于1851年在伦敦成立了一家通讯社。同年,多佛和加来之间铺设了海底电缆。19世纪60年代,路透社利用伦敦在当时世界上的地位,一跃成为世界新闻的主要供应商,日益成为大

---

[1] 参见 Clemow, *The Geography of Disease*, 189.

[2] 20世纪30年代,理查德·肖普(Richard Shope)从受感染的猪身上分离出流感病毒,参见 Heather L. Van Epps, "Influenza: Exposing the True Killer(流感:揭露真实的杀手)," *Journal of Experimental Medicine*(《实验医学期刊》), Vol. 203, No. 4 (April, 17, 2006): 803.

[3] *Lancet*, Vol. 134, No. 3460 (December 21, 1889): 1293–96 (1293)。参见迈克尔·布雷萨列尔(Michael Bresalier)对这篇文章的评论:"'A Most Protean Disease': Aligning Medical Knowledge of Modern Influenza, 1890–1914(最变幻莫测的疾病:现代流感的医学知识对比,1890—1914年)," *Medical History*, Vol. 56, No. 4 (2012): 481–510 (490).

[4] Bresalier, "'A Most Protean Disease.'"

[5] Honigsbaum, *A History of the Great Influenza Pandemics*, 33–81 (33).

[6] Alain-Jacques Valleron, Anne Cori, Sofia Meurisse, et al., "Transmissibility and Geographic Spread of the 1889 Influenza Pandemic(1889年大流感的传染性及地理传播)," *Proceedings of the National Academy of Sciences of the United States of America*(《美国国家科学院学报》), Vol. 107, No. 19 (2010): 8778-8781。关于维也纳和巴黎的恐慌,参见:"Vienna Is Quite in a Panic about the Influenza," *Spectator*, December 28, 1889, 2.

英帝国的半官方机构。[1]在流感肆虐期间,受疫情影响的欧洲各国首都定期向路透社提交报告。《泰晤士报》记者描绘了此次流感如何势不可挡地向西传播。[2]例如,1889年11月25日,《泰晤士报》宣称圣彼得堡"感染病例人数非同寻常地增加","一定是流感导致的"。几天后,即12月3日,该报报道称,其记者和英国大使已被流感夺走性命。12月12日,在"最新情报"中,《泰晤士报》刊登了来自圣彼得堡、柏林、维也纳和巴黎的同步电报报道。在随后的几天、几周、几个月里,报纸每天都刊登来自欧洲和全球受影响城市的报道,监测疾病传播,报道疾病病毒性、死亡率和发病率,分享有关其病因和可能传播途径的医学观点。

　　虽然电报为人们提供更多信息,但信息传播也加剧了恐慌。《柳叶刀》带领医学出版社呼吁各报纸停止发布"耸人听闻的电报",避免引起"恐慌"。各报纸的每日报道故意夸大言辞,称这场"怪异、未知的流感正步步逼近英国海岸,形势不容乐观"。[3]就连报纸也承认这种恐慌是非理性的("对流感的恐慌,像大多数恐慌一样,是非理性的")。虽然报纸过度渲染这场"传染病",但报纸也小心谨慎,不会夸大其危险性。[4]因此,《每日新闻》在1892年1月宣称,恐慌"可能比疾病本身更具杀伤力":

> 　　是时候发起强烈抗议了,反对在流感问题上持续引起恐慌的行为。日复一日,流感的传播范围被恶意夸大,公众对此惊恐万分。有关这种疾病性质变化的谣言正在国外疯狂传播。[5]

《蓓尔美街报》(*Pall Mall Gazette*)的一名记者走访了伦敦各大医院(包

① 有关路透社作为大英帝国机构的发展及其在1865年至第一次世界大战期间创造"世界新闻"中的作用,参见:Donald Read, *The Power of News: The History of Reuters*(《新闻的力量:路透社的历史》), 2nd ed.(Oxford: Oxford University Press, 1999 [1992]), 49–117 (49).

② 正如霍尼希鲍姆所述,伦敦日报和地方报纸之间也存在竞争,参见:*A History of the Great Influenza Pandemics*, 33.

③ "All about Influenza(流感杂谈)," *Pall Mall Gazette*(《蓓尔美街报》), December 10, 1889, 7.

④ "The Influenza Epidemic," *Daily News*, December 11, 1889, 5; "Lord Salisbury and the Epidemic (索尔兹伯里勋爵和流行病)," *Daily News*, January 4, 1890, 4.

⑤ "The Influenza Panic(流感恐慌)," *Daily News*, January 29, 1892, 5.

括盖伊医院、大学学院医院[University College Hospital]、皇家自由医院和圣玛丽医院)的门诊病人,以追踪这种"幽灵"疾病。他得出结论:"流感在很大程度上是想象的产物。"①然而,在呈现当地感染病例的图片、把具体病例和地点纳入一篇统一报道中时,该报纸将传染病"戏剧化",全面描绘出一幅国家受流感折磨的图景。

　　流感不分青红皂白("神秘莫测"),随机挑选受害者,这进一步加剧了恐慌。权贵与穷人都会感染。1890年,英国女王远离伦敦,来到怀特岛,实行自我隔离。当时一则新闻公告称:"每天从英国外交部转交给奥斯本的所有盒子和文件都经过小心翼翼的消毒处理,且避免与来自伦敦的人有任何私人往来。"②首相索尔兹伯里勋爵(Lord Salisbury)感染了流感,诗人罗伯特·勃朗宁(Robert Browning)和阿尔弗雷德·劳德·丁尼生(Alfred Lord Tennyson)则死于传染病。女王的孙子克拉伦斯公爵(the Duke of Clarence)亦被传染病夺走性命,他于1892年1月在桑德灵汉姆(Sandringham)去世,原本几周后便是他的婚礼。③

　　这场传染病也凸显出日益互联的大规模网络的作用:铁路、轮船和邮政服务被认定为病毒传播的主要途径。《柳叶刀》杂志称:"似乎有充足证据表明,传染病主要通过人与人接触传播,大城镇和人口密集地首当其冲……这场传染病传播的速度和任何人类传染病一样快……病毒可能进一步传播。"④许多职员纷纷辞职离开邮政总局的电报部门。伦敦证券交易所的员工感染数量尤其多。有证据显示,病毒通过邮件传播,收信人感染了信上的病毒生了病。铁路更是病毒传播的一大途径。由于这场传染病一如既往地在圣诞节前后暴发,评论员发现,出行是导致病毒传播的重要因素,通勤的城市工人、商人、放学回家的孩子,都会传播病毒。正如斯托克小说中写的那样,快速远程通信系统成为疫情暴发的核心环节。

---

① "The Phantom influenza(幽灵流感)," *Pall Mall Gazette*, January 11, 1890, 3.

② *Truth*, Vol. 27, No. 681 (January 6, 1890), 93.

③ 除了萨利堡勋爵(Lord Salibsury),里士满公爵(the Duke of Richmond)、德比勋爵(Lord Derby)和约克大主教(the Archbishop of York)都死于这场流感,参见:Honigsbaum, *A History of the Great Influenza Pandemics*, 39-40, 58.

④ *Lancet*, Vol. 138, No. 3541 (July 11, 1891): 78-79 (78).

医务人员和公共卫生专家试图减少与报纸的接触。一位著名医生（罗布森·卢斯[Robson Roose]博士，伦道夫·丘吉尔[Randolph Churchill]的私人医生）在《蓓尔美街报》报道中表示："这场流感正演变为一场恐慌事件，人人自危，害怕成为下一个受害者。我给流感病人看病，忙得不可开交：目前需照看的病人有60个之多，上至内阁部长，下至平民百姓……我一直努力劝说各大报纸……有必要缓和人们的恐慌情绪。"[①]另一份出版物于1890年1月宣称：

> 报纸上与流感有关的报道不计其数，然而每天并无多少新消息出现。没有人想过，英国的流感几乎和病菌一样，是由日报上的文章造成的。更准确地说，许多病例应被称为"每日电报综合征"，而非"流感"。[②]

恐慌是新型传染病（电报综合征）的症状，这是一场因接触大众媒体而暴发的传染病。大众媒体原本旨在让公众了解有关传染病的真实信息，并预先警告公众，然而最终其自身反倒催生了另一种形式的疾病：恐慌。[③]因此，人们越来越意识到，尽管电报能够促进公共卫生，但它也会放大风险，导致其他形式的经济社会"传染病"：投机、金融风暴、社会动荡。[④]电报既能促成统一，也能导致"堕落"。[⑤]

危机期间，电报和邮件提供了"大堆材料"，看起来相互矛盾，而且常常

---

① "Influenza," *Pall Mall Gazette*, January 9, 1890, 1-2 (2).

② "The Influenza Epidemic," *Monthly Homeopathic Review*, Vol. 24, No. 2 (1890): 113-117 (113-114).

③ James Mussell, "Pandemic in Print: The Spread of Influenza in the Fin de Siecle(报纸中的大流行：流感在世纪末的传播)," *Endeavour*(《奋进》), Vol. 31, No.1 (2007): 12-17.

④ Robert Peckham, "Infective Economies: Empire, Panic and the Business of Disease(传染性经济：帝国、恐慌与疾病商业)," *Journal of Imperial and Commonwealth History*(《帝国和联邦历史期刊》), Vol. 41, No. 2 (2013): 211-237.

⑤ Carey, *Communication as Culture*, 8.

令人困惑。①公共卫生官员努力使疫情相关信息具象化,"确定"流感开始时间,用数据描述其传播轨迹,并将其与此前的流感作比较。②医生埃德蒙·西蒙斯·汤普森(Edmund Symes Thompson)在1890年指出,流感具有典型性,并显示出"人类生活影响的因素"。他指出,"此次流感与霍乱不同,其传播速度往往超过人际交往速度"③。

值得注意的是,这场传染病发生时,人们试图通过实施统一的跨国关税和国际服务监管来改革并"完善"国际电报网络,使其标准化。由电报联盟(成立于1865年)组织的国际电报会议于1890年夏天在巴黎召开,当时正值流感高峰期。此次会议旨在继续推进技术标准化方面的工作。主持这次会议的英国电缆先驱约翰·彭德爵士(Sir John Pender)夸赞了"巨大的通信网络"给"世界上数百万人带来的好处"。④

俄国军队的医务部门在电报通告中收集了一份关于流感的长篇报告。英国各方一致努力利用伦敦"电报和铁路网络中心的地位,确保该部门的传染病研究与时俱进⑤。霍尼希鲍姆指出,1890年流感的经验为1893年和1898—1901年对其他传染病(如霍乱和鼠疫)进行类似的集体式调查开创了先例——尽管当时预防措施完全不足,且可能会在1918年流感大流行期间造成毁灭性后果。⑥

---

① Richard Sisley, *Epidemic Influenza: Notes on Its Origin and Method of Spread*(《流感的起源与传播方式注释》)(London: Longmans, Green, and Co., 1891), x。关于收到信息的不同数量和质量,参见:Henry Parsons, *Report on the Influenza Epidemic of 1889-1890*(《1889-1890年流感报告》)(London: H.M.S.O., 1891), 121。

② Parsons, "The Influenza Epidemics of 1889-1890 and 1891," 305.

③ E. Symes Thompson, *Influenza, or Epidemic Catarrhal Fever: An Historical Survey of Past Epidemics in Great Britain from 1510 to 1890*(《流感或流行性卡他热:1510—1890年英国流行病历史调查》)(London: Percival and Co., 1890), vii.

④ "The International Telegraph Conference(国际电报会议)," *Times* [London], June 18, 1890, 5.

⑤ Honigsbaum, "The 'Russian' Influenza in the UK("俄国流感"在英国的传播)," B11;另请参见 "The Great Dread: Cultural and Psychological Impacts and Responses to the 'Russian' Influenza(巨大的恐惧:"俄国流感"造成的文化和心理影响及对流感的反应)"; Honigsbaum, *A History of the Great Influenza Pandemics*, 37.

⑥ Honigsbaum, "The 'Russian' Influenza in the UK," B14; Honigsbaum, *A History of the Great Influenza Pandemics*, 47-54. 关于LGB,参见 Anne Hardy, "On the Cusp: Epidemiology and Bacteriology at the Local Government Board, 1890-1905(学术前沿:地方政府委员会与流行病学和细菌学,1890—1905年)," *Medical History*, Vol. 42, No. 3 (1998): 328-346 (331).

　　1889 年至 1892 年暴发的流感受到广泛报道，成为"危机媒体化"的转折点。[①]当时地方政府委员会医务司试图追踪感染情况，全国各地的医生也参与了这项工作。1890 年 1 月，在委员会卫生官员乔治·布坎南（George Buchanan）的指导下，《英国医学杂志》刊登了一则以"流感流行：信息请求"为题名的消息，要求读者协助绘制威胁英国工业心脏地带的传染病地图。该请求是"统一计划"的一部分，旨在收集有关流感的信息。地方政府委员会向英格兰和威尔士卫生部的医务人员分发了有关流感的问卷。[②]霍尼希鲍姆表示，此次集体努力促成了"对流感进行的最全面调查之一"，也是采用"生命过程"传染病学方法"确定"疾病的公共卫生统筹工作的早期实例。[③]

香港与电报世界

　　在欧洲流感渐渐消退之际，人们的注意力转向另一场流感——当时许多时事评论员认为这场流感起源于东方。1894 年初，鼠疫从广东省传入香港。[④]有关这种疾病的消息通过电报向全球传播，在"第三次鼠疫大流行"的"戏剧性事件"中发挥了关键作用。信息通过电报传播，让公众了解亚洲乃至全球正在发生的事件。同时，科研成果匆忙付印，疫情期间伦敦和殖民

---

① 参见 K. D. Patterson, *Pandemic Influenza, 1700-1900: A Study in Historical Epidemiology*（《1700—1900 年流感大流行：流行病学历史研究》）(Totowa, NJ: Rowan and Littlefield, 1986), 49-82; Lucy Brown, *Victorian News and Newspapers*（《维多利亚时代的新闻和报纸》）(Oxford: Clarendon Press, 1985). 有关概要，参见 *Further Report and Papers on Epidemic Influenza, 1889-1892*（《1889—1890 年流感进一步报告和文件》）(London: Eyre & Spottiswoode, 1893).

② Parsons, *Report on the Influenza Epidemic of 1889-1890*, 120.

③ Honigsbaum, "The 'Russian' influenza in the UK," B15. 集体调查由布坎南（Buchanan）的助手亨利·富兰克林·帕森斯（Henry Franklin Parsons）博士进行。有关帕森斯的职业生涯，参见其讣告："Henry Franklin Parsons," *British Medical Journal*, Vol. 2, No. 1253 (November 8, 1913), 1263-1264; "Henry Franklin Parsons," *Lancet*, Vol. 182, No. 4706 (November 8, 1913), 1354-1356.

④ 参见 Carol Benedict, *Bubonic Plague in Nineteenth-Century China*（《19 世纪中国的鼠疫》）(Stanford: Stanford University Press), 1996, 131-149. 实际上，1889—1892 年的鼠疫在俄国被称为"中国流感"或"亚洲流感"。人们认为此次鼠疫是在 1888 年黄河泛滥后从中国传到俄罗斯帝国的。当时，约 200 万人和动物淹死在洪水中。据推测，香港本身就可能是鼠疫的源头。关于鼠疫在全球的传播，参见 Myron Echenberg, *Plague Ports: The Global Urban Impact of Bubonic Plague, 1894-1901*（《鼠疫港口：1894—1901 年黑死病对全球城市的影响》）(New York: New York University Press, 2007).

地之间的电报通信影响了当地政府的决策过程。

19世纪末,英国评论家多将香港设想为一个网络辐射全球的战略中心。《泰晤士报》1890年报道,威廉·凯西克(William Keswick)在皇家殖民地学会的一次会议上发表了关于"香港及其贸易"的演讲,他指出,"香港是一个极佳的集散地",已成为"众多邮路的终点站和始发枢纽"。显然,清朝正走向没落,然而即使在那里,"蒸汽通信连接了大清帝国相隔甚远的地区,打破了通信壁垒","电报线在全国也相当普遍"。①

世纪之交的时事评论员,如查尔斯·布赖特(Charles Bright),也同样饶有兴趣地认可香港的网络枢纽地位。他与父亲同名,父亲是一位著名电气工程师,曾负责铺设第一条跨大西洋电报电缆,而他本人也提倡进一步推广电报技术:

> 我敢说,铁路、轮船和电报是我们与其他帝国贸易往来中最有力的武器。然而,人们尚未意识到,如何利用直接、高效、廉价的电报通信,促进帝国统一和帝国各分散地区间的贸易往来。②

用记者兼邮政改革家约翰·亨尼克·希顿爵士(Sir John Henniker Heaton)的话来说,电报提供了"增强并延续同情的手段,而这种同情恰恰是帝国统一的基础"。③19世纪60年代中期,香港总督能够给伦敦发电报,但这需要邮船在新加坡、槟榔屿和锡兰(今斯里兰卡)的加勒(Galle)停靠,信息在这些地区通过电缆发出,总共要用两周时间才到达伦敦。④1869年3月,《德臣西报》将美国某电文斥为"一派胡言",该电文称中国的港口将很快

---

① "Hongkong and its Trade," *Times* [London], January 15, 1890, 11.

② Charles Bright, *Imperial Telegraphic Communication*(《帝国电报通信》)(London: P. S. King & Son, 1911), xiii.

③ 引自 Bell, *The Idea of Greater Britain*(《大不列颠的理念》), 88。关于电报和"全球化",见 Roland Wenzlhuemer, *Connecting the Nineteenth-Century World: The Telegraph and Globalization*(《连接19世纪世界:电报与全球化》)(Cambridge: Cambridge University Press, 2012)。

④ 1870年,新加坡接入电缆,这一时间缩短至五天,参见 Austin Coates, *Quick Tidings of Hong Kong* (Hong Kong: Oxford University Press, 1990), 3-4, 33.

连接起来，且英国人正"大力拓展电报线路"以垄断中国的贸易。①第二年，丹麦大北电报公司（Danish Great Northern）、中国及日本推广公司开始铺设一条连接香港和上海的电缆，香港就此通过电报与世界接轨。第一封电报于1871年4月18日从香港发至上海。6月，约翰·彭德爵士的中国海底电报公司经由西贡（今胡志明市）将香港与新加坡相连，在此进一步将香港与印度和伦敦相连。之后，彭德——他的女儿嫁给了1887年被任命为香港总督的乔治·威廉·德辅（George William Des Voeux）——从伦敦给香港发了一封电报，历时53分钟："新加坡、西贡、香港间的海底电报系统已建设完成，中华帝国从此与印度和欧洲直接相连。"②

几年前《泰晤士报》上一篇有关香港的长篇文章深入分析了"电报通信"的作用：电报使这个城市"与世界各地建立密切的联系"。电报"为促进贸易往来提供众多优势"，同时持续不断的中法冲突进一步凸显了"紧急情况下电报的巨大作用"。记者温格罗夫·库克（Wingrove Cooke）曾断言："在政府事务中，无知会造成巨大代价，电报通信是价值无法用金钱衡量的基本要素之一。"③中国的评论员注意到国内普遍存在着对外国技术的偏见。包括美国传教士吉尔伯特·立德（Gilbert Reid）在内的许多人指出，中国人对电报线路通信方式存在误解。1892年，他发现在中国人的想象中，"电报线是用来传递邮件而非信息的"。④

尽管电报意义重大，但电缆在香港的出现多少有些令人扫兴。《孖剌西

146

---

① "The Talked-of Telegraph（电报漫谈），" *China Mail*［Hong Kong］（《德臣西报》），March 28, 1869, 3.

② *London and China Telegraph*, Vol. 13, No. 406（June 12, 1871）: 431。有关中国的电报史，参见：*The Far Eastern Telegraphs: The History of Telegraphic Communications between the Far East, Europe and America before the First World War*（《远东电报：第一次世界大战前远东、欧洲、美国之间的电报通信史》）（Helsinki: Suomalainen Tiedeakatemia, 1981）；Erik Baark, *Lightning Wires: The Telegraph and China's Technological Modernization, 1860-1890*（《避雷线：电报与中国的技术现代化，1860—1890》）（Westport, CT: Greenwood Press, 1997）。香港的第一个电报系统是怡和公司于1863年安装的私人系统——接通东角（铜锣湾）的总部和2.4千米外维多利亚镇的办公室。1869年，安装了一套警署电报系统，将维多利亚监狱旁边的中央警察局与其他城镇警察局以及该岛南部的警察局连接起来；有关香港地区电报的发展，参阅 Coates, *Quick Tidings of Hong Kong*。

③ "Hongkong," *Times*［London］, October 9, 1883, 8.

④ Gilbert Reid（李佳白），*Peeps into China*（《窥视中国》）（London: Religious Tract Society, 1892），183。然而，大都市人对电报的态度也有相似的误解。

报》指出:"电报缓缓而至,最终成为既成事实,人们几乎认为电报不足为奇。"[1]然而,该报也承认,电报改变了香港与伦敦之间以及其他地方之间新闻和信息交流的性质。1870年左右,来自欧洲的新闻要用25～30天时间才传到香港新闻界,而电报的开通意味着即使是在东方,公众在事件发生几天后即可阅读新闻。1872年,"大英帝国的主要信息经纪人"路透社在香港设立了办事处。[2]

传播危机:电报文

电报是管理帝国广阔疆土的工具,其实用价值受到评论家的盛赞。电报技术"不受时空限制",被誉为"实现帝国理念最重要的因素之一"。[3]可以说,电报通信的速度从根本上改变了(帝国内)殖民部和(当地殖民政府)"现场的人"之间的关系。[4]尽管大英帝国的成功归功于没有官僚主义的繁文缛节,但正如阿奇博尔德·科尔克霍恩(Archibald Colquhoun)在1902年指出的那样:"平静的时代已然结束,随着通信的发展,清楚自己工作的(殖民地)现场人员不断受到来自帝国内(殖民部)官员的干扰。"[5]电报的到来意味着伦敦可以更直接管控具体事务,让国务大臣在殖民政府的日常事务中有发言权。1887年经任命成为香港总督之前,圣卢西亚的殖民大臣德辅承认,他

---

[1] *Hongkong Daily Press*(《孖剌西报》),Tuesday,June 6,1871,2. 到1894年,电话通信已经取代了香港警察局和政府大楼之间的电报,参见:the brief report issued on the progress of public works by the Public Work Office (July 31, 1894), *Hongkong Government Gazette*, September 1, 1894, 745-48 (745).

[2] Simon J. Potter, *News and the British World: The Emergence of an Imperial Press System, 1876-1922*(《新闻与英国世界:1876—1922年帝国新闻系统的出现》)(Oxford: Oxford University Press, 2003), 88.

[3] 引自Potter, *News and the British World*, 28.

[4] 关于"现场的人",见 J. S. Galbraith, "The 'Turbulent Frontier' as a Factor in British Expansion(动荡的边疆:英国扩张因素之一)," *Comparative Studies in Society and History*(《社会历史比较研究》), Vol. 2, No. 2 (1960): 150-168;关于电报和中国"现场的人"自治权的削弱,见 Ariane Knuesel, "British Diplomacy and the Telegraph in Nineteenth-Century China(英国外交和19世纪中国的电报)," *Diplomacy & Statecraft*(《外交与治国方略》), Vol. 18, No. 3 (2007): 517-537。正如克尼泽尔指出的,1900年的义和团运动彰显了电报在外交和战略通信中的重要作用。

[5] Archibald R. Colquhoun, *The Mastery of the Pacific*(《征服太平洋》)(New York and London: Macmillan, 1902), 247.

"害怕电报可能会限制[他的]行动自由"。①1871年的"郭亚成案"(清政府要求将一名被香港当局拘留的谋杀嫌犯遣返回内地)引发的争议表明,港英政府可以利用电报向香港首席大法官施压。②电报还让港英政府得以寻求伦敦当局对其决议的授权,甚至它还"赋予了总督询问国务大臣的权力"。③大卫·保罗·尼克尔斯(David Paull Nickles)观察到,电报削弱了外交官的自主权,由此刺激了外交部门的中央集权,同时提高了信号情报的重要性。④

电报一定程度上是社会的均衡器,其简洁特征(通常最多20个字)势必会省却一些繁文缛节:"阁下"被简单地翻译为"您"或完全省略。与快信相比,电报有着浓缩、简短的风格特征,这种风格通常与报纸上刊登的路透社新闻报道别无二致。新闻和国家官方通信的传播路径相同,开始听起来很相似。事实上,对内和对外信息均经过国际新闻机构筛选,路透社、沃尔夫社和哈瓦斯社是几乎所有电报情报的"守门人",范围涵盖头条政治新闻、市场数据、宫廷八卦以及板球得分。这些机构"是未来危机的重要放大镜,是帝国主义情绪的倍增器,是帝国主义竞争的武器"⑤。例如,1894年6月13

① William Des Voeux, *My Colonial Service in British Guiana, St. Lucia, Trinidad, Fiji, Australia, Newfoundland, and Hong Kong, with Interludes*(《我在英属圭亚那、圣卢西亚、特立尼达、斐济、澳大利亚、纽芬兰和香港的殖民服务,附插曲》), 2 vols. (London: John Murray, 1903), I, p.180.尽管德辅意识到他对电报的恐惧"被证明是毫无根据的,然而每天传来的消息无论多么少,往往缓解了孤立状态。事实证明,这种电报在很多方面对政府和人民都很有用"。1880年,在去斐济的路上,德辅首先在旧金山使用了电话("后来才开始普遍使用"),见 Des Voeux, *My Colonial Service*, 180, 328. 到1881年,香港已经开始使用电话,见 *Historical and Statistical Abstract of the Colony of Hongkong* (Hong Kong: Noronha, 1911), 14.
② 有关本案的详细情况,见 Peter Wesley-Smith, "Kwok A-Sing, Sir John Smale, and the Macao Coolie Trade(郭亚成、约翰·斯马莱爵士以及澳门苦力贸易)," *Law Lectures for Practitioners*(《法律从业者讲义》) (1993): 124-134 (130).感谢文基贤博士让我注意到这种情况下电报的使用。
③ Paul Fletcher, "The Uses and Limitations of Telegrams in Official Correspondence between Ceylon's Governor General and the Secretary of State for the Colonies, circa 1870-1900(1870—1900年左右,锡兰总督和殖民地国务大臣之间的官方通信中电报的使用和限制)," *Historical Social Research / Historische Sozialforschung*, Vol. 35, No. 1 (2010): 90-107 (97).
④ David Paull Nickles, *Under the Wire: How the Telegraph Changed Diplomacy*(《线下:电报如何改变外交》)(Cambridge, MA: Harvard University Press, 2003).
⑤ Alex Nalbach, "'The Software of Empire': Telegraphic News Agencies and Imperial Publicity, 1865-1914("帝国的软件":电报新闻机构和帝国宣传,1865—1914年)," in *Imperial Co-histories: National Identities and the British and Colonial Press*(《帝国共同历史:国家身份与英国及殖民地的出版业》), ed. Julie F. Codel (Madison, NJ: Fairleigh Dickinson University Press, 2003), 68-94 (68-69).

日《泰晤士报》上第一篇关于鼠疫的报道（66个字）的风格和内容与政府电报并无区别。①官方、媒体和公共信息交流的汇聚引起了对机密性、真实性和保密性的极大关注（以及信号员在这一过程中扮演的角色），促进了旨在扩大国家对信息管控方面的立法。因此，1894年，香港《电报信息版权条例》旨在"在某些情况下保障电报信息的产权，并防止伪造和不当披露电报"②。

对于受过记者训练的拉迪亚德·吉卜林（Rudyard Kipling）来说，经压缩的电报习语可被誉为"感染"交流的"冗长恶习"的解药。以电报技术为基础的现代新闻业构成了"新帝国主义的重要组成部分"③。这是一种新颖、简洁和"有力"的习语，体现了自制与权威。④然而，电报通信的极简化引发了一连串的问题。压缩（以提高速度和降低传输成本）和编码会产生理解问题，并可能导致误读和错误。1869年，路透社驻加勒的代理人在给《德臣西报》的一封信中为自己辩护，反对对自己草率报道的指控。他辩称，这一失误完全归咎于"沿途政府电报局的信号员，他们一定是漏接了整条线路，这种情况并不少见"⑤。因而各机构和办事处成立，以审查部门职能，并根除电报出错的源头。⑥尽管殖民办公室一直有成本意识，鼓励简明扼要，但过分简洁可能出现混乱。正如殖民部的一名官员在谈及香港总督卢吉（Lugard）爵士收

① "The Plague in Hongkong," *Times* [London], June 13, 1894, 5.

② *Hong Kong Hansard*（《香港议事录》），December 12, 1894, 13。机密性和准确性问题突出了电报信号员在电报网络中作为信息翻译和传达人的作用，参见 Deep Kanta Lahiri Choudhury, "Of Codes and Coda: Meaning in Telegraph Messages, circa 1850-1920（关于代码和结尾：1850—1920年左右电报信息的含义），" *Historical Social Research*, Vol. 35, No. 1 (2010): 127-139；另见 Gregory J. Downey, *Telegraph Messenger Boys: Labor, Technology and Geography, 1850-1950*（《电报信使：劳动、技术和地理，1850—1950年》）（New York: Routledge, 2002）。版权和电报越来越成为一个问题，且在香港受到广泛讨论，参见："Copyright Telegrams," *Hongkong Daily Press*, September 28, 1900, 3。

③ Richard Menke, *Telegraphic Realism: Victorian Fiction and Other Information Systems*（《电报现实主义：维多利亚小说和其他信息系统》）（Stanford: Stanford University Press, 2008），217-218.

④ "男性化"的电报用语与女性在电报中的角色存在紧张关系，关于这一点，见：Thomas C. Jepsen, *My Sisters Telegraphic: Women in the Telegraph Office, 1846-1950*（《我的姐妹电报：电报局中的女性，1846—1950年》）（Athens: Ohio University Press, 2000）.

⑤ "A Telegraphic Blunder（一个电报错误），" *China Mail*, June 16, 1869, 3.

⑥ Lahiri Choudhury, "Of Codes and Coda," 132.

到的一封隐晦电报时所言:"这封电报用词简洁到令人费解的地步。"[1]虽然目标是节约和消除多余的细节,但(电报)缺乏上下文语境也会产生问题。《旁观者》在1898年告诫读者,"切勿养成轻信每日电报的习惯,以为每一天的电报是孤立的,或者以为这些电报除了片段情节的记叙之外还能包含什么别的信息,因为整出戏可能得好几年才能演完"。[2]

1894年5月10日,港英政府根据香港卫生委员会的建议发布公告,宣布香港为疫区港口。随着中国人口中鼠疫病例的增加,这个港口城市开始了严厉的卫生干预,包括强制驱逐和拆除感染鼠疫患者的房屋——这些措施引发了当地人的"恐慌"。电报通信在很大程度上决定了危机的形式。6月13日,《泰晤士报》首次收到大东电报公司、澳大拉西亚和中国电报公司的电报。随后该报的记者于6月18日、21日和30日进行了报道,向读者披露"现场详细观察"(8月28日)。[3]最新的"实地"科学研究也经电报披露给了医学出版社。6月14日,日本细菌学家北里柴三郎和他的团队在香港开始了他们的鼠疫研究工作。6月23日,关于鼠疫菌的最新发现"通过电报通信……直接从疫区"传出。[4]

电报对处理鼠疫危机至关重要,特别是在伦敦殖民部和港英政府之间的交流方面。5月16日,外交部收到英国驻里斯本大使发来的电报,称香港已被宣布为疫区港口。[5]外交部将这一消息通知了殖民部后,里彭勋爵立即发电报给香港总督威廉·罗便臣爵士,要求紧急确认。[6]电报信息相互交叉,造成了一些误解。事实上,罗便臣已主动发送了一封电报通知里彭鼠疫

150

① 引自 Bernard Mellor, *Lugard in Hong Kong: Empires, Education and a Governor at Work, 1907–1912*(《卢吉在香港:帝国、教育和工作中的总督,1907—1912 年》)(Hong Kong: Hong Kong University Press), 2006, 22。

② "Topics of the Day(今日话题)," *Spectator*, January 29, 1898, 20.

③ "The Plague in Hongkong," *Times* [London], August 28, 1894, 6.

④ "The Plague at Hongkong," *Lancet*, Vol. 143, No. 3695 (June 23, 1894): 1581. 几周后, 北里(Kitasato)发表研究论文: "The Bacillus of Bubonic Plague(腺鼠疫杆菌)," *Lancet*, Vol. 144, No. 3704 (August 25, 1894): 428–430.

⑤ "Foreign Office to Colonial Office(外交部致殖民部)" (received May 17, 1894) in *British Parliamentary Papers: China*(《英国议会文书:中国》), Vol. 26; *Correspondence, Annual Reports, Conventions, and Other Papers Relating to the Affairs of Hong Kong, 1882–99*(《与香港事务有关的通信、年报、会议和其他文件,1882—1899 年》)(Shannon: Irish University Press, 1971), 387.

⑥ "The Marquess of Ripon to Sir William Robinson" [telegraphic] (sent May 17, 1894), ibid.

暴发的消息,随附香港市民医院的詹姆斯·劳森的医疗报告。大约六个星期后,即6月25日,这份电报到达了伦敦。然而,在收到里彭的电报后,罗便臣立即用电报答复,随后寄出相关快信。①这种时间上的滞后可能引起误解,快信内容表示,截至5月15日已报告了130起鼠疫病例,而电报里则显示"近200起"病例。②

尽管电报文有时会被误解为发报者不耐烦(甚至粗鲁),但殖民部的提问语气确实唐突:

> 香港是否真的感染了腺鼠疫? 邻近其他港口是否也感染了? ③

总督罗便臣回复道:

> 香港迄今已有近200例腺鼠疫病例;患者仅限于底层劳动人民;死亡率很高。久旱过后,雨季来临;病例显著减少。广州、北海也受影响。快信将通过邮寄送达。④

从伦敦发来的电报中可以明显看出,殖民部对这一延迟的消息有些许不满和失望,电报中命令罗便臣向殖民部全面通报情况。6月15日,整整三天未通电报之后,里彭给香港总督发了一封电报,要求提供进一步的信息,内容大致如下:

> 随时向我通报腺鼠疫的进展和任何病故和感染的欧洲人名字。报告离港人数,以及对华区的安排。鼠疫是否源于中国内地? 如果是,你事先是否有采取预防措施? 电报回复。⑤

① "Sir William Robinson to the Marquess of Ripon"［dispatch］(sent May 18, 1894), ibid., 394.
② "Sir William Robinson to the Marquess of Ripon"［dispatch］(sent May 17, 1894), ibid., 390; "Sir William Robinson to the Marquess of Ripon"［telegraphic］(received May 18, 1894), ibid., 388.
③ "The Marquess of Ripon to Sir William Robinson"［telegraphic］(sent May 17, 1894), ibid., 387.
④ "Sir William Robinson to the Marquess of Ripon"［telegraphic］(received May 18, 1894), ibid., 388.
⑤ "The Marquess of Ripon to Sir William Robinson"［telegraphic］(sent June 15, 1894), ibid., 389.

罗便臣直接回复了一封较长的电报（事实上更像是封快信）。[1]随后在 ₁₅₁
6月27日的电报中，里彭的语气更不容拒绝：

> 速将你方6月16日电报以来腺鼠疫的进展电告于我。每两周
> 一次。[2]

这引发了香港一系列回复迅速的电报。与简捷的电报相比，快信被明
确地认为是一种"元叙事"体裁。罗便臣在6月20日的一份快信中明确使用
了"叙述"一词：

> 冒着重复以往通信中所作陈述的危险，也许我应该向侯爵阁下转
> 交一份关于上月与鼠疫有关的主要事件的详细叙述，尽管可能不甚
> 连贯。[3]

一封快信可紧承上一封快信，完成"叙述"，达到总体连贯，与脱节的电
报表述相比，这种形式体现了现场事件展开的顺序。文章结构严谨，编号清
晰，段落分明，展现精选细节。

5月17日的快信发出六天后，罗便臣又发了一封含附件的快信，包括宣
布香港为疫区港口的声明，《孖剌西报》上一篇关于鼠疫的文章，对疫病的医
学评论，以及教育部关于华人学校恐慌性质的报告。[4]其他快信包括电报
往来的副本，例如与广州的电报往来。所谓快信，需与附件一起阅读，并将
所述事件置于一个"更大背景"语境中，多视角叙述，有权威专家（记者、科学
家、殖民官员）支撑内容的真实性。

快信为总督提供了一种"掩护"的方式，他通过列举以往与伦敦殖民部

---

① "Sir William Robinson to the Marquess of Ripon" [telegraphic] (received June 16, 1894), ibid., 389.

② "The Marquess of Ripon to Sir William Robinson" [telegraphic] (sent June 27, 1894), ibid., 399.

③ "Sir William Robinson to the Marquess of Ripon" [dispatch] (received June 23, 1894), ibid., 411.

④ "Sir William Robinson to the Marquess of Ripon" [dispatch] (sent May 23, 1894), ibid., 394.

的电报通信，突出自己的果断行动和正确决策。它们为总督提供了一个机会，让他得以将局势戏剧化，特别是强调自己在维持秩序方面的作用。同理，电报也可以给总督提供一个契机，将责任委托给殖民部（以及转移责任）。例如，在6月1日，罗便臣给里彭发了一封电报，询问他是否可以雇佣100名轻犯进行清洁和消毒工作（未经殖民办公室同意不可进行）。①

152

如果说电报信息可以影响快信语言，那么反过来，电报有时也会使用正式快信的语气。快信和电报通信的交叉常常会造成尴尬的时间滞后。因此，在5月18日的一通电报中，罗便臣试图根据他此前刚收到的电报来补充他前一天所发的快信。②这导致了正式快信和电报通信之间的重复和拖延，产生即时性和慎重行动之间的矛盾。事实上，电报的即时性可能会出错，这时就需要通过重新发送一封电报来纠正前一封电报的内容。

结论：超越戏剧论

许多历史学家认为，电报极大地削弱了"现场的人"的自主性，触发了通信领域的"革命"。其他人则持相反观点。考虑到成本和可靠性的实际问题，以及殖民官员方面的阻力，电报并没有实质加强整个帝国的政府管制。丹尼尔·海德里克写道，"这很容易让人相信可以让殖民地与伦敦迅速联系起来"，电报使殖民部的行政官员能够加强对"他们的远房下属的控制，从而以中央管控取代周边小的次帝国主义。然而，事实却正好相反"。③尔约·考基艾宁（Yrjö Kaukiainen）基于自己对《劳埃德船舶日报》的分析进一步指出，在电报技术出现之前，由于19世纪20年代的轮船和19世纪40、50年代的铁路加速了通信交流，全球快信时代已然萎缩。④

① "Sir William Robinson to the Marquess of Ripon"［telegraphic］（received June 1, 1894），ibid., 388.

② "Sir William Robinson to the Marquess of Ripon"［dispatch］（sent May 18, 1894），ibid., 394.

③ Daniel R. Headrick, *The Tentacles of Progress: Technology Transfer in the Age of Imperialism, 1850-1940*（《进步的触角：帝国主义时代的技术转移，1850—1940年》）（Oxford: Oxford University Press, 1988），107.

④ Yrjö Kaukiainen, "Shrinking the World: Improvements in the Speed of Information Transmission, c.1820-1870（缩放世界：信息传输速度的提升，约1820—1870年），" *European Review of Economic History*（《欧洲经济史评论》），Vol. 5, No. 1（2001）: 1-28.

诚然，正如詹姆斯·凯瑞所指出的那样，19世纪后期的技术革命上的一些观念可能失之偏颇。与其把电报看作是与旧通信方式的彻底决裂，不如把通信的历史看作是一个复杂的层次，这可能更行之有效；用凯瑞的话说，交流就是"伤疤组织"。旧的形式转化成新的形式，形成了语言的使用、知识的序列和"意识的结构"。[1]同样，技术并不仅仅影响社会，而且影响社会条件（本身形成于早期技术），而这决定了创造什么样的技术和如何使用这种技术。[2]最后，在19世纪后期，尽管"全球媒体系统"可能与全球化相互交织，但全球化和新的交流形式并不等同于新帝国主义。[3]

尽管如此，电报技术确实改变了使疾病威胁概念化的方式，即使它借鉴了关于疾病特性的遗传假设。正如对1889—1892年鼠疫大流行的反应所表明的那样，对鼠疫流行期间的"实时"绘图呈现了整理散乱的大量信息的新方法，以便"对抗"疫病威胁及其引发的恐慌。伦敦和港英政府官方通信中有关鼠疫流行的分析同样强调了电报在制造一种新的"恐慌"语言中所起的关键作用。电报起着维护秩序的作用，同时它的即时性创造了一种无媒介的"现实感"。尽管电报以一种全球性的思维开启了"想象力的革命"以及由技术"产生的一种新的想象力的可能性"，[4]但电报同时也使人关注起这些可能性的危险，尤其是突出了其在控制恐慌的努力中反而产生恐慌的双重危险。

人类学家查尔斯·布里格斯（Charles Briggs）推翻了罗森伯格的论述，罗森伯格在应对一场传染病危机时提出"传染病就像创作戏剧一样"，而布里格斯认为传染病是对陈述疾病过程的反映。也就是说，对传染病的叙述通常不是在应对传染病时发生的，而是在人类感染之前就已形成。布里格斯的兴趣是将疾病事件作为"媒介化的对象"——也就是"感染[疫病]的人

① Carey, *Communication as Culture*, 202.

② 参见 Lynne Hamill, "The Social Shaping of British Communications Networks prior to the First World War(第一次世界大战前英国通信网络的社会塑造)," *Historical Social Research*, Vol. 35, No. 1 (2010): 260-286.

③ 参见 Dwayne R. Winseck and Robert M. Pike, *Communication and Empire:Media, Markets, and Globalization, 1860-1930*(《通信与帝国：媒介、市场与全球化，1860—1930年》)(Durham, NC: Duke University Press, 2007), 2.

④ Bell, *The Idea of Greater Britain*, 76.

通常事先就已经通过媒体了解了疫病"。[1]对电报在19世纪后期造成传染病危机中的作用的一项研究(以不断巩固的全球快速通信网络为基础)可以为通信技术在造成传染病方面提供一个有用的历史视角。该研究还可能揭示出复杂恐慌的"多变"性质,而这种恐慌来自疾病本身以及不断扩张的全球媒体网络对疾病的表述。

---

[1] Charles L. Briggs, "Pressing Plagues: On the Mediated Communicability of Virtual Epidemics(紧迫的鼠疫:论虚拟流行病的媒介传播能力)," in *Plagues and Epidemics: Infected Spaces Past and Present*(《鼠疫与流行病:过去和现在的传染空间》), ed. D. Ann Herring and Alan C. Swedlung (Oxford: Berg, 2010), 39-59 (39, 56).

致谢

本章的研究获香港研究资助局的一般研究资助(资助代码:HKU 752011H;项目名称:"传染性经济:瘟疫与帝国危机")。感谢波斯科诺(Porthcurno)电报博物馆的夏洛特·丹多(Charlotte Dando)。

第七章

不要惊慌！

——从黄热病到生物恐怖主义『激动又恐惧』的公众心理

艾米·费尔柴尔德

大卫·梅里特·约翰斯

Don't Panic! The "Excited and Terrified" Public Mind from Yellow Fever to Bioterrorism

风在记者身边呼啸而过,急救车灯光闪烁,照亮了四周的黑暗。乍一¹⁵⁵看,这场景颇像气象频道播放的经典灾难片段,像是龙卷风席卷了堪萨斯州,又像是飓风正在逼近墨西哥湾。然而,你很快便能从视频片段中知晓,这是一次完全不同的突发事件。一名驻扎在得克萨斯州边境的新闻记者报道称:"俄克拉何马州爆发了致命天花,人们为了逃命,纷纷乘车从各个方向驶离该州。"枪声响起时,该记者紧张地回头张望。民团成员正在从国民警卫队和俄克拉何马州警察手中争夺边界控制权。"现在听起来,这里更像一个战区。"记者严肃地说道。视频中的情节仿佛出自好莱坞惊悚片——或许是记录食脑虫感染的《传染病》(2011 年),也或许是以僵尸来袭为题材的《末日之战》(2013 年)。

但是该视频片段并非好莱坞制作,它描绘了一个完全不同的虚构场景。这是一次名为"暗冬行动"的桌面演习,由华盛顿特区内部和附近的公共健康规划员设想,用于检验美国遭受生化恐袭后的应急反应能力。这段虚构的新闻视频剪辑就是为了让这次散播天花病毒的恐怖袭击尽可能真实。2001 年 6 月 21 日至 22 日,"暗冬行动"在安德鲁斯空军基地启动。这之后仅三个月就发生了"9·11"世贸中心和五角大楼恐怖袭击。紧接着,三周后又发生了炭疽信事件。约翰斯·霍普金斯民用生物防御战略研究中心、战略与国际问题研究中心和分析服务公司(一家位于弗吉尼亚州阿灵顿市的非营利机构)是这次演习的主要设计者和控制者。用罗纳德·巴雷特(Ronald Barrett)的话来说,"在所有精心策划的疫情演习中,这次演习最具影响力"①。联邦调查局前任局长、中央情报局前任总监、卫生与公共服务部现任部长玛格利特·汉堡（Margaret Hamburg），以及扮演总统的前参议员萨姆·纳恩（Sam Nunn）等主要公众人物参与了此次演习。

"暗冬行动"的设计者们没有指派此次恐袭的具体任务，但却充分利用了人们对恐怖主义的忧虑。此次演习中既有驻兵科威特边境的伊拉克军队，也有窃取俄罗斯核材料的基地组织。②而冷战时期人们对苏联的担忧也融入其中。当时，人们曾一度认为苏联有能力在一年之内生产80～100吨的天花病毒③，因此越发担心中东地区的生化武器落入不法之徒手中。④显然，一场令人焦虑不安的噩梦即将到来。在开会商讨"暗冬行动"的具体方案期间，虚拟的新闻广播报道称，"此次恐袭由阿富汗恐怖组织发起，而伊拉克则为此次恐袭提供了技术支持"⑤。参与者们不仅要面临国内暴发的超大规模天花，同时也必须考虑相应的军事响应措施。⑥

"疫情极易造成大众恐慌"，这一观念早已根深蒂固，而"暗冬行动"正是利用了这一点。从19世纪末开始，到经济大萧条结束，社会学文献一直在为此观点提供理论依据。早期的著名理论家之一，同时也是法国社会心理学家和社会学家的古斯塔夫·勒庞就在其1895年出版的《乌合之众：大众心

---

① Ronald Barrett, "Dark Winter and the Spring of 1972: Deflecting the Social Lessons of Smallpox（'暗冬行动'和1972年的春天：吸取天花带来的社会教训）," *Medical Anthropology: Cross-Cultural Studies in Health and Illness*（《医学人类学：健康与疾病中的跨文化研究》）, Vol. 25, No. 2 (2006): 171-191 (176).

② Christian W. Erickson and Bethany A. Barratt, "Prudence or Panic? Preparedness Exercises, Counterterror Moblization, and Media Coverage—*Dark Winter*, TOPOFF 1 and 2（谨慎还是恐慌？防备演习、反恐动员和媒体报道——"暗冬行动"，TOPOFF 1和2）," *Journal of Homeland Security and Emergency Management*（《国土安全与应急管理期刊》）, Vol. 1, No. 4 (2004):1-21 (6).

③ Tara O'Toole, Michael Mair, and Thomas V. Inglesby, "Shining Light on 'Dark Winter（'暗冬行动'的光芒）," *Clinical Infectious Disease*（《临床传染病》）, Vol. 34, No. 7 (2002): 972-983 (972).

④ William J. Bicknell, "The Case for Voluntary Smallpox Vaccination（自愿天花疫苗接种的情况）," *New England Journal of Medicine*（《新英格兰医学期刊》）, Vol. 346, No. 17 (2002): 1323-1325 (1323).

⑤ Johns Hopkins Center for Civilian Biodefense Studies, Center for Strategic and International Studies, ANSER Institute for Homeland Security, Oklahoma City National Memorial Institute for the Prevention of Terrorism, *Dark Winter*, Newsclip, Day 6. http://www.upmchealthsecurity.org/website/events/2001_darkwinter/（2014年6月1日访问）

⑥ Barrett, "Dark Winter and the Spring of 1972," 177.

理研究》一书中提出了一个颇具影响力的理论，即所谓的"感染理论"。①该理论的核心观点是：情绪可以在人群中彼此感染，让人产生一种"集体心理"，进而采取一些非理性行为。但是就在人们因冷战而吓得直冒冷汗时，学界对恐慌又有了新的认知，并将此观点进一步确立。这种新观点认为，恐慌实际上是一种罕见行为，但不一定是非理性行为。②尽管此观点在学界得到了更为广泛的认同，但在华盛顿特区以及公民心中，更具说服力的依旧是传统观点，即灾难来临时，社会极有可能发生混乱。1938年，在听众收听了由奥森·威尔斯（Orson Welles）导演的广播剧《世界大战》之后，恐慌情绪便笼罩了整个国家。著名心理学家哈德利·坎特里尔（Hadley Cantril）分析了此次事件造成的恐慌，有力地阐述了自己的立场。"［大众恐慌］今天当然也会再次出现，规模甚至会较之前大得多。"坎特里尔宣称。③

　　正如白锦文在本书导言中所指出的那样，当前，有大量研究恐慌的文献，相关论据得到了进一步充实，关于疯狂暴徒的谬见也遭到了公开质疑。现有经验证明，在大规模灾难面前，人们其实并不会恐慌，就算真的恐慌，也是极其罕见的。此外，那些偶尔被称作"恐慌"的行为也不一定都是无用或者反社会的。社交依恋通常会促使人们出手相助，帮人脱险，有时甚至迎难

157

---

① Gustave Le Bon, *The Crowd: A Study of the Popular Mind*（《乌合之众：大众心理研究》）（New York: Macmillan, 1896）. 另见 William McDougall, *The Group Mind*（《集体心理》）（Cambridge: Cambridge University Press, 1920）, 24; Robert E. Park and Ernest W. Burgess, *Introduction to the Science of Sociology*（《社会学科学概论》）（Chicago: University of Chicago Press, 1924）, 867–869.

② 此处的相关文献较为广泛，最早可追溯到20世纪30年代末期理查德·特雷西·拉皮尔（Richard Tracy LaPiere）所著的《集体行为》（*Collective Behavior*［New York: McGraw-Hill, 1938］）。亦可参见：Duane P. Schultz, "Panic in Organized Collectivities（有组织的集体恐慌）," *Journal of Social Psychology*（《社会心理学期刊》）, Vol. 63, No. 2 (1964): 353–359; Alexander Mintz, "Nonadaptive Group Behavior（非适应群体行为）," *Journal of Abnormal and Social Psychology*（《异常和社会心理学期刊》）, Vol. 46, No. 2 (1951): 150–159; Enrico L. Quarantelli, "The Nature and Conditions of Panic（恐慌的性质与条件）," *American Journal of Sociology*（《美国社会学期刊》）, Vol. 60, No. 3 (1954): 267–275; Neil J. Smelser, *Theory of Collective Behavior*（《集体行为理论》）（New York: Free Press, 1962）, 131–169.

③ Hadley Cantril, *The Invasion from Mars*（《来自火星的进攻》）（Princeton: Princeton University Press, 1982 [1940 and 1966]）, vi.

而上。①然而,尽管"恐慌神话"成为流行话题,相关论据却并未否认恐慌作为一种观念或反应时所发挥的力量。人们只是将恐慌从夸张和歪曲的概念中剔除罢了,我们经常称之为恐慌的东西其实是正常行为,甚至可能是绝望情境下做出的有益反应。②

但是,如果大众恐慌更多的是幻觉,而不是可客观诊断的社会反应更加虚幻,它便会像任何美好神话一样,拥有大批信徒——并因此影响现实中的社会和政治反应。③人们试图利用一些关键的社会学理论来寻觅恐慌的根源。④但是此方法只对"造成恐慌的决定性因素的顺序进行了静态分析"⑤,却忽视了那些引起恐慌、响应恐慌、担忧恐慌以及操控恐慌的行为主体,也忽视了政策制定者(或是其批评者)在制定有关恐慌的决策时所经历的政策构思过程。此方法无助于恐慌"历史"的讲述,但在该段历史中,决定因素的顺序或许会改变,决定因素本身或许也会改变。同样,在明确研究集体恐慌

158

---

① Smelser, *Theory of Collective Behavior*; Norris R. Johnson, "Panic and the Breakdown of Social Order: Popular Myth, Social Theory, Empirical Evidence(恐慌与社会秩序的崩溃:通俗神话、社会理论、经验证据)," *Sociological Focus*(《社会学聚焦》), Vol. 20, No. 3 (1987): 171-183(172); Lee Clarke, "Panic: Myth or Reality?(恐慌:神话还是现实?)" *Contexts*(《语境》), Vol. 1, No. 3 (2002): 21-26; Anthony R. Mawson, "Understanding Mass Panic and Other Collective Responses to Threat and Disorder(了解大规模恐慌和面对威胁与混乱的其他群体响应)," *Psychiatry*(《精神病学》), Vol.68, No. 2 (2005): 95-113.

② Alan Blum, "Panic and Fear: On the Phenomenology of Desperation(恐慌与恐惧:关于绝望的现象学)," *Sociological Quarterly*(《社会学季刊》), Vol. 37, No. 4 (1996): 673-698 (675-678).

③ Marshall Sahlins, "The Return of the Event, Again: With Reflections on the Beginnings of the Great Fijian War of 1843 to 1855 between the Kingdoms of Bau and Rewa(事件的回归,又一次:对1843—1855年保和王国与雷瓦王国之间伟大斐济战争的开战思考)," in *Clio in Oceania: Toward a Historical Anthropology* (《大洋洲的克莱奥:迈向历史人类学》), ed. Aletta Biersack (Washington, DC: Smithsonian Institution Press, 1991), 37-99 (43).

④ Smelser, *Theory of Collective Behavior*, 131-169; Johnson, "Panic and the Breakdown of Social Order," 172.

⑤ Smelser, *Theory of Collective Behavior*, 169. 当然也有其他的理论,例如,可参见:Blum, "Panic and Fear," 675-678; P. B. Foreman, "Panic Theory," *Sociology and Social Research*, Vol. 37 (1953):295-304.

的史学著作中,也很少有作品探究疾病本身的生物学和传染病学因素。^①

当然,在道德恐慌方面,也有一部较为成熟的文献。该文献重点探讨了恐慌被污名化的过程,因此也涉及了关于恐慌的其他社会方面,比如与恐慌关联较为密切的古怪行为和边缘人群。集体恐慌并非只有社会性,不管正确与否,这就是它的核心。严重急性呼吸系统综合征("非典")就是这样一例。"非典"的威胁可能来自境外,也可能来自境内的某一特定群体(因此有人会尽力避开唐人街等场所,并全力排斥亚洲游客群体),但是道德恐慌只是普遍恐慌或集体恐慌中的一小部分。非典病毒是存在于空气中的。对于此次疫情暴发,没有人应受指责,也就是说,没有应受社会污名化的行为群体,即"民间恶魔"——斯坦力·柯恩在分析道德恐慌时首次提出该词,并因此名声大噪。但是我们认为恐慌也是存在于空气中的,并且可以不断蔓延。恶魔往往无处不在。^②所以,我们必须搞清楚究竟是哪些社会情形让我们相信、害怕甚至操纵集体恐慌了。

文化人类学家维克多·特纳(Victor Turner)创造了"社会戏剧"一词以描述他认为的"一系列时期",这些时期具有以下特征:"危机四伏","危险和悬念时刻不断"。^③处于这些情境中的社会行动者可能会有意把"过去与现在联系在一起",从而更好地应对危机,不论这场危机是即将到来,还是正在发

---

① Margaret Humphreys, "No Safe Place: Disease and Panic in American History(没有安全之地:美国历史上的疾病与恐慌)," *American Literary History*(《美国文学史》), Vol. 14, No. 4 (2002): 845–857 (847)。南希·托姆斯(Nancy Tomes)的作品在历史学文献中脱颖而出,见:"The Making of a Germ Panic, Then and Now(细菌恐慌的产生,过去和现在)," *American Journal of Public Health*(《美国公共健康期刊》), Vol. 90, No. 2 (2000): 191–198 (193) and "'Destroyer and Teacher': Managing the Masses During the 1918-1919 Influenza Pandemic('毁灭者与教师':1918—1919年流感大流行期间的群众管理)," *Public Health Reports*(《公共健康报道》), Vol. 125, No. 3 (2010): 48–62.

② Stanley Cohen, *Folk Devils and Moral Panics: The Creation of Mods and the Rockers*(《民间恶魔与道德恐慌:青年摩登派和摇滚族的创造》) (London: MacGibbon and Kee, 1972); David Marsland, "Sociological Analyses of Youth and Community Services(青年与社区服务的社会学分析)," *Paedagogica Europaea*(《欧洲教育学》), Vol. 10, No. 2 (1975): 93–106.

③ Victor Turner, "An Anthropological Approach to the Icelandic Saga(冰岛萨迦的人类学研究方法)," in *On the Edge of the Bush*(《丛林边缘》), ed. Edith Turner (Tucson: University of Arizona Press, 1985), 71–93 (74); Victor Turner, *Dramas, Fields, and Metaphors: Symbolic Action in Human Society*(《戏剧、田野与隐喻:人类社会中的象征行动》) (Ithaca, NY: Cornell University Press, 1974), 39.

生，抑或是存在于人们的想象之中。①对于那些由公开"违反"既定规则或规范引发的社会冲突，以及由争夺权力引发的派系之争，特纳尤为关注。而对于随后出现的由不团结导致的危机，人们也需采取一系列补救措施。但这些措施要么导致不可挽回的分裂和不断加深的分歧，要么有助于恢复秩序。特纳通过仔细观察发现，人们未必总能找到"社会戏剧"的明确解决方案，但是在最后的高潮阶段，却总能抓住"一个反思总结的机会"。②不论人们是否就此次冲突达成了一致的解决方案，有些东西已经改变了。现有体系得以重新构想和调整，参与人之间的关系发生了转变，权力和权势也被重新分配。③

159

利用特纳描绘的行动方案，本章提出了"恐慌戏剧"这一相关概念。我们可以利用该概念对恐慌进行历史相关性分析，且随着时间推移，该分析的叙事轮廓依旧可以保持较高完整度和辨识度。依照特纳的视角，我们考虑了三个事件——19世纪的黄热病、20世纪早期的流感大流行，以及冷战时期至反恐战争时期的生物战威胁（之后也被称为生物恐怖主义）。我们认为，"恐慌戏剧"概念有助于我们将集体恐慌理解为社会和政治事件。此外，对于诸如恐慌"剧本"在什么情况下会改变、又会怎样改变的问题，"恐慌戏剧"概念也起到了揭示作用。

黄热病

1873年9月，路易斯安那州参议员约瑟夫·罗德曼·韦斯特（J. R. West）收到了一封来自家乡的电报，简简单单几行字却透露出极度绝望之情：

> 人们惊慌失措，物资所剩无几，几乎所有穷人都靠政府救济，市金

---

① Turner, *Dramas, Fields, and Metaphors*, 13, 33–43; Jerry D. Moore, *Visions of Culture: An Introduction to Anthropological Theories and Theorists*（《文化视野：人类学理论和人类学理论家介绍》）(Walnut Creek, CA, London, and New Delhi: Altamira Press, 1997), 231.

② Turner, *Dramas, Fields, and Metaphors*, 33–43.

③ 同上。

库分文不剩。谢天谢地，援助资金会如期而至。黄热病病例不断增加。

(签名)塞缪尔·利维(Samuel Levy)市长

　　一场黄热病席卷了路易斯安那州的什里夫波特(Shreveport)，城里死亡无数，混乱不堪。内战后黄热病如不速之客般多次造访美国，这只是其中之一。黄热病起因不明，但人们普遍认为它是由床品和衣物交叉感染导致的。

　　可以肯定的是，黄热病感染者死亡时的状态十分可怕，感染者——不管是已死亡或是奄奄一息——都面目全非。黄热病导致器官衰竭，引起内出血。患者进而呕吐出一种黏液和血液交杂的黑色分泌物，看起来像是黑咖啡渣。所有用作医院的建筑都只不过是"巨大的人类屠宰场"，"病人的排泄物得不到清理，令人作呕"，"垂死之人和死者堆放在一起"①，到最后，患者变得神志不清，在外头游荡。最糟糕的情况下，死者陈尸街头也变得司空见惯，尸体"爬满蝇蛆，随时都会被撕成碎片"②。尸体和生命垂危的感染者成了每日的"可怕风景"。③

　　玛格丽特·汉弗莱斯(Margaret Humphries)认为这种离奇死亡是导致人们惊慌失措、四处奔逃的主要原因。虽然外逃是公民被迫采取的少数补救措施之一，但讽刺的是，正是这种行为引起了恐慌，往往会导致当地经济崩溃。1888年，佛罗里达州杰克逊维尔(Jacksonville)的黄热病引起银行挤兑，商业陷入停滞。④1879年孟菲斯也出现了类似情况。黄热病消失后，许多原本留下来的人还是决定离开这座"经济损失达数万美元"的小镇。远至加尔维斯顿(Galveston)的社区都宣布对来自孟菲斯的所有人员和物品实施隔离，"许多公司收到电报，要求取消大量货物订单，周围所有的城镇、大小村庄都宣布对来自孟菲斯的人员和货物实施严格隔离"⑤。

160

---

① Mathew Carey, *A Short Account of the Malignant Fever, Lately Prevalent in Philadelphia: With a Statement of the Proceedings that Took Place on the Subject in Different Parts of the United States*(《近期肆虐费城的恶性发热之简述：美国不同地区相关会议的陈述》)(Philadelphia: Printed by the Author, November 23, 1793), 61.

② 同上，第25页。

③ 同上，第32—33页。

④ "The Scourge in Florida(佛罗里达的灾难)," *New York Times*(《纽约时报》), August 14, 1888, 2.

⑤ "The Memphis Fever Panic(孟菲斯黄热病恐慌)," *New York Times*, July 12, 1879, 1.

许多地区对恐慌的反应和对疾病的反应一样强烈，即使尚未遭到疾病侵袭也会先行实施封锁措施。各地不惜一切代价进行社交隔离，以抵御病毒。生活在未受病毒感染地区的公民有时也会拿起武器，实施"鸣枪"隔离措施，以抵御外来人员。密西西比州杰克逊（Jackson）的居民们甚至拆毁了通往该市的铁轨。①一则新闻报道称，"愤怒情绪在这里愈演愈烈"，许多人说，"如果有必要迫使人们遵守他们合理的隔离措施，他们会把当地与维克斯堡（Vicksburg）之间的每一座桥梁都烧个精光"。②恐怖情绪在南方腹地蔓延开来。1888 年，华盛顿邮局收到了来自伊利诺伊州开罗市（Cairo）邮政局长的电报，他警告称"南方各地区已被一群暴徒掌控"③。值得注意的是，"鸣枪"隔离措施的对象并非移民或其他种族人士，而是有能力逃跑的中产阶级和上层人士。在密西西比州杰克逊市，"政府官员在执法时无须尊重任何人"，因此就连州长都被禁止进入"他自己的首府"④。

在特纳看来，分析应从社会秩序崩溃开始。显而易见，恐慌发生的前提条件是一场突发事件，即某个巨大威胁。但在被动应对疾病的情况下——19 世纪 70 年代之前，几乎没有永久性的卫生机构有权力控制疾病的暴发——恐慌和疾病本身便会变得难以区分。疾病在某地暴发，当地市民纷纷逃跑以保护自己，恐慌不断蔓延，周边地区对恐慌的反应和对传染病本身的反应一样强烈。疾病本身可能是社会秩序"崩溃"的先声，而各社区居民采取行动逃跑时产生的恐慌则是崩溃的第二信号。因此，即使恐慌被广泛认为具有传染性和普遍性，它在 19 世纪的美国依然呈现出独特特征。传染病中的政治骚乱点燃了早期欧洲恐慌论者的想象力——美国观察员焦虑不安地关注着这些骚乱——而在城市化程度低得多的美国，情况截然不同。随着美国向西扩张，无边无际的边疆地区似乎为人们提供了一个安全的避

① "Railroad Track Destroyed（铁轨遭到破坏）," *Chicago Daily Tribune*（《芝加哥每日论坛报》），September 19，1897，3.
② 同上。
③ "The Mail Service is Demoralized（邮政服务业士气低落）," *Atlanta Constitution*（《亚特兰大宪章报》），September 25，1888，1.
④ "Gov. M'Laurin Barred Out（洛兰州长入城遭拒）," *Chicago Daily Tribune*，September 19，1897，3.

难之所。美国的恐慌情绪构成极大威胁,但它未诠释为具有非理性或带有政治威胁的:或许,逃难本身混乱不堪又有破坏性,但在国家冷酷无情地扩张时,社会恐慌图像从没涂上一种阶级起义的色彩(当然,在早期记录中没有代理人的底层百姓几乎总是处于被动地位),也从没被认为是那些富人逃命时的非理性行为。

这段早期历史有助于将恐慌的概念融入传染病的体系中。桑德·吉尔曼(Sander Gilman)指出,"恐慌"一词意味着灾难性致命疾病疯狂肆虐、不受约束,进而引发公众强烈反应,影响个人和社会对疾病的体验。[1]一旦恐慌和传染病在记忆中交织一体,恐慌导致某事件发生的条件就形成了,这些事件包括散播疾病谣言、基于上一年情况对即将到来的流感季忧心忡忡,这种担忧很可能引发恐慌,迫使人们对其进行预测。

19世纪为未来戏剧性恐慌事件奠定了基础。人们渴望建立一套对抗疾病、维持秩序的体系。[2]从殖民时代到第二次世界大战——历史学家称之为"热带医学"时代,帝国主义国家以维持新帝国秩序的名义,投入巨大精力,对抗国外的疾病和疾病引起的恐慌。[3]疾病恐慌时常成为必要的催化剂,促进国内公共卫生机构建设,发展巩固帝国在国外的殖民地。[4]新殖民体系继承了帝国主义生物政治学上的疾控方法。同时,国内新兴公共卫生机构具有科学权威性,有能力重建秩序,使惊慌失措的公众能够表达诉求。

162

---

① Sander Gilman, "Moral Panics and Pandemics(道德恐慌与大流行病)," *Lancet*, Vol. 375, No. 9729 (2010): 1866-1867.

② Humphries, "No Safe Place"; Charles E. Rosenberg, *The Cholera Years: The United States in 1832, 1849, and 1866*(《霍乱肆虐之年:1832年、1849年和1866年的美国》)(Chicago: University of Chicago Press, 1987 [1962]).

③ 例如,参见 Marisola Espinosa, *Epidemic Invasions: Yellow Fever and the Limits of Cuban Independence, 1878-1930*(《流行病入侵:黄热病和古巴独立的局限,1878—1930年》)(Chicago: University of Chicago Press, 2009).

④ Frank R. Baumgartner and Bryan D. Jones, *Agendas and Instability in American Politics*(《美国政治中的议程和不稳定性》)(Chicago: University of Chicago Press, 2009); Thomas A. Birkland, *After Disaster: Agenda Setting, Public Policy, and Focusing Events*(《灾后:议程设置、公共政策和事件聚焦》)(Washington, DC: Georgetown University Press, 1997); Daniel Nohrstedt and Christopher M. Weible, "The Logic of Policy Change after Crisis: Proximity and Subsystem Interaction(危机后政策变化的逻辑:邻近性和体系间相互作用)," *Risks, Hazards & Crisis in Public Policy*(《公共政策中的风险、危害和危机》), Vol. 1, No. 2 (2010): 1-32.

最终,秩序重建涉及维护新的国家秩序,一气呵成地改变、预防甚至根除可怕的恐慌事件。这些新机构将由影响力大的行动者任职,在社会混乱加剧事件复杂性后制造分化。

流感、天花、猪流感

黄热病有助于建立集体恐慌的概念,这既令人期待,又让人害怕。20世纪末,这种说法开始发生重大变化。因此,黄热病恐慌的另一个显著特征是,尽管恐慌会破坏社会秩序,但假如没有行动者能预防灾难,恐慌则几乎是自然发生的,甚至具有保护性,以确保消除可能引发传染病的导火线。[1]如上所述,即使逃命会引发混乱,人们在面临传染病时依然会选择逃走保命。1900年,沃尔特·里德(Walter Reed)发现蚊子是传播黄热病的媒介。在此之前,广泛的隔离措施(尤其是"鸣枪"隔离),以及恐慌都开始变得不受欢迎。人们普遍认为,只有新奥尔良"疯疯癫癫"的意大利人以及纽约下东区"不识字的"移民才会恐慌,"有教养的可敬公民"理应见多识广,不应恐慌。[2]人们渐渐认为,疾病可以通过细菌学得到控制。细菌学是一门新的科学,细菌学认为细菌能够人传人,因此是传染病的来源。精英阶层刚了解了点微生物知识便沾沾自喜。对他们而言,那些缺乏教育、英语阅读技能不足的人仅仅是因为孤陋寡闻才会在流感暴发时感到恐慌。

鉴于1893年人口普查局的认可,以上转变呈现出集体意识的特点,同时西部边境也已"闭合",美利坚帝国已经扩展至整个大陆,这绝非巧合。

在"进步时代",美国人开始极度崇尚"现代科学方法"。[3]这在一定程度上是合理的,当时在应对传染病威胁方面确实取得了进展。威廉·塞奇威克(William Sedgwick)是美国最顶尖的细菌学家之一,他在20世纪早期为

---

[1] Carey, *A Short Account of the Malignant Fever*, 54–55, 58, 95–96.

[2] "Threat to Burn a Fever Hospital(威胁烧了发热医院)," *New York Times*, September 3, 1905, 1; "A Senseless Protest(无意义的抗议)," *New York Tribune*(《纽约论坛报》), August 30, 1916, 8. 又见"Paralysis Hysteria(麻痹歇斯底里)," *New York Times*, July 16, 1916, E2.

[3] "They Died of Smallpox; The Mauri Family Mystery Cleared Up. Malignant Nature of the Disease—Panic and Flight of People from the Neighborhood," *New York Times*, January 7, 1887, 8.

实现公共卫生教育的专业化作出了贡献，并总结了细菌学时代的科学成果： *163*
"1880年之前，我们一无所知；1890年后，我们对这一切了如指掌。这是灿
烂辉煌的十年。"①发现传染病死亡人数下降后，卫生官员在1912年宣称，
"在一定程度上可以说公共卫生是能用金钱买到的"，公众也对此深信不
疑。②世纪之交，"不受恐惧支配"成为现代医学和卫生科学的又一个"胜
利"。一位对现状心满意足的报纸作者坚称："我们已然完成众多事业以保
护人类健康，恐惧因此被抛诸很远。"③在美国境内，恐慌被定义为一种"例
外状态"，与和疾病、衰弱、死亡的"正常"对抗背道而驰。然而，这种新范式
和新体系并没有从根本上破坏公众对恐慌的信仰和坚持。相反，新体系表
明，恐慌可以得到抑制。诚然，新体系的其中一个任务便是消除恐慌。

正如实验室是抗击疾病的关键一样，开放性和透明性成为防止大规模
恐慌的重要工具。社会学家罗伯特·E. 帕克（Robert E. Park）在1904年撰
文，提出了一种依靠"事实力量"的"新型交流方法"。这种方法一旦传播，就
可以让乱成一团的民众停下来思考。④1907年旧金山黑死病暴发期间，发
布"真实完整的记录"成为对抗瘟疫和恐慌的一种手段。⑤

对于美国疾病恐慌控制能力的最大考验来自1918年的流感大流行，这
场大流行导致全球约4000万人死亡，其中美国约55万人死亡。⑥流感在各

---

① 引自 Elizabeth Fee, "History and Development of Public Health（公共卫生的历史和发展），" in
Principles of Public Health Practice（《公共卫生实践原则》）, 2nd ed., ed. F. Douglas Scutchfield
and C. William Keck (Clifton Park, NY: Thomson Delmar Learning, 2003), 10-30 (17).

② Nancy Tomes, *The Gospel of Germs: Men, Women, and the Microbe in American Life*（《细菌的真谛：
美国生活中的男人、女人和微生物》）(Cambridge, MA: Harvard University Press, 1999).

③ "Bubonic Plague Invades England Once More, But Causes No Panic（腺鼠疫再次入侵英格兰，但不
会引起恐慌），" *New York Tribune*, November 20, 1910.

④ 引自 Jackie Orr, *Panic Diaries: A Genealogy of Panic Disorder*（《恐慌日记：恐慌症的家谱》）
(Durham, NC: Duke University Press, 2006), 44.

⑤ "The Bubonic Plague—and Others（腺鼠疫及其他），" *Outlook*, October 12, 1907.

⑥ Alexandra Minna Stern and Howard Markel, "Influenza Pandemic（流感大流行），" in *From Birth to
Death and Bench to Clinic: The Hastings Center Bioethics Briefing Book for Journalists,
Policymakers, and Campaigns*（《从出生到死亡、从实验室到临床：海斯汀中心为记者、决策者和运
动提供的生物伦理简报手册》）, ed. Mary Crowley (Garrison, NY: The Hastings Center, 2002),
89-92 (89).

城市肆虐,导致大量民众感染、死亡,①卫生官员制定了一系列抑制疾病传播的新策略。

164   令人震惊的是,传染病暴发时,美国境外的威胁一直是边境吃紧,这是数十年来偏执的全国辩论的主题。②在这种情况下,控制疫病的努力集中在美国境内,而非美国边境。全面的"社交距离"措施并没有产生由国外疫病引发的焦虑,而是引发了对美国政府的新一轮抗议。人们认为强制戴口罩特别麻烦。③同样,关闭教堂的做法也可能引发公众怨言,认为公共卫生措施侵犯了"礼拜自由"。④然而,更常见的反应是接受,这证明了政府的力量和民众对政府的信任,尤其是在疾病控制方面。1918年,所谓的西班牙流感暴发时正值第一次世界大战,公众围绕是否参战和是否卷入外交事务展开激烈辩论,"爱国主义情绪高涨"。政府官员发现,美国人"特别倾向于听从政府的命令"。⑤在同时应对公共健康威胁和国家间利益威胁时,维护本国利益的正当性油然而生,政府对全球冲突和国内传染病引起的恐慌和社会混乱进行了防控。正如1919年哥伦比亚特区的卫生官员所报道的,"人们惊恐万状,似乎愿意尽一切努力与卫生当局合作,以遏制传染病的流行"⑥。因此,即使公民不同意公共卫生干预时,也经常发现"爱国公民"在

---

① *Annual Report of the Health Department of the City of Richmond, Va. for the Year Ending December 31, 1918*(《弗吉尼亚州里士满市卫生部截至1918年12月31日的年度报告》)(Richmond, VA: Clyde Saunders, 1919).

② Amy L. Fairchild, *Science at the Borders: Immigrant Medical Inspection and the Shaping of the Modern Industrial Labor Force*(《边界科学:移民医疗检查和现代工业劳动力的形成》)(Baltimore, MD: Johns Hopkins University Press, 2003).

③ Journal of Proceedings Board of Supervisor, City and County of San Francisco(旧金山市和县监事会议录), 1919, 50. 关于会议出席情况,见:"New Cases of Influenza at Low Record(低纪录的流感新病例)," *San Francisco Examiner*(《旧金山观察家报》), January 26, 1919. http://www.influenzaarchive.org (2014年6月1日访问).

④ "The Closing of the Churches(教堂关闭)," *Evening Star*(《明星晚报》)[Washington, DC], October 26, 1918. 另见 Bulletin of the State Board of Health of Kentucky(肯塔基州卫生委员会公告), 1919, RG 155, October 1919, 18. 针对权利方面的持续争论,见 "Opposes Further Church Closing(反对进一步关闭教堂)," *Evening Star* [Washington, DC], October 28, 1918. http://www.influenzaarchive.org (2014年6月1日访问).

⑤ Stern and Markel, "Influenza Pandemic," 90.

⑥ Annual Report of the Commissioners of the District of Columbia Year Ended June 30, 1919(哥伦比亚特区截至1919年6月30日的官员年度报告), Vol. III, Report of the Health Officer. http://www.influenzaarchive.org (2014年6月1日访问).

表达"郑重抗议"的同时同意"服从命令"。①诚然，很难辨别这种对忠诚的公民主体的描述，他们愿意履行自己的集体职责，有多少是报纸记者为响应政府路线而发表的社论而已。但这种言论也表明了中央集权政府约束民众行为的广泛权力。

这个转变的重要之处在于，人们开始向政府寻求保护，免受疾病和恐慌的困扰。这一变化将为后来的理论模型奠定基础，这些理论模型认为，只要领导能力没有缺失，人们就不会恐慌。社会理论家认为，在危机面前，人们会暂时诉诸本能，触及根深蒂固、由来已久的利己主义基础，但很快会被"团体领导"的影响拉回集体。②换句话说，当拥有一个受尊重和可信的权威结构，团体最终会做出一致反应，而不是四分五裂。由此，寻求针对疫情和恐慌本身的补救和预防行动变得更加重要，回避已无济于事。但随着恐慌成为需要管理的一部分，这种新的范例给那些质疑激进国家行动的人更多的目标，创造出新的联盟和新的分裂。

关于预防性健康措施引起恐慌——即"疾病的主要原因"③——的指控比比皆是。事实上，甚至当公民抗议疾病控制措施（比如要求每个人都戴口罩的法令）侵犯了他们的公民权利，他们也经常依赖重要论断，这些论断声

---

① "Pastors Protest Church Closings（牧师抗议关闭教堂）," *Evening Star*［Washington，DC］，October 15，1918. http://www. influenzaarchive.org（2014 年 6 月 1 日访问）. 在圣路易斯，商会同样对强制关闭表示不满，但仍"向市当局保证，其成员将全力支持公共卫生官员采取的一切明智措施，以防止流感在圣路易斯的蔓延"。参见："Quarantine Order is Modified to Extend List of Exemptions（修改检疫令以扩大豁免名单）," *St. Louis Globe Democrat*（《圣路易斯环球民主党人》），November 19，1918. http://www.influenzaarchive.org（2014 年 6 月 1 日访问）.

② 值得注意的是，直到 20 世纪 30 年代后期，理查德·特雷西·拉皮尔（Richard Tracy LaPiere）才提出了最广泛的恐慌治疗方法。拉皮尔的思想源自弗洛伊德 20 世纪 20 年代的作品，将在 20 世纪 60 年代加以阐述。见 LaPiere，*Collective Behavior*，441. 另见：Sigmund Freud，*Group Psychology and Analysis of the Ego*（《群体心理学与自我分析》）（London：Hogarth Press，1922），46；D. P. Schultz，"Panic in Organized Collectivities（有组织集体的恐慌）," *Journal of Social Psychology*（《社会心理学杂志》），Vol. 63，No. 2（1964）：353-359。适用于阐述类似观点但在军事环境中作为区分有组织的恐慌（领导力和社会凝聚力更具决定性）和无组织的恐慌的一种方法的理论。

③ "Aver That Influenza Is Spread by Fear and Panic（可断言流感经由害怕与恐慌传播）," *Seattle Post-Intelligencer*（《西雅图邮报》），October 13，1918. http://www.influenzaarchive.org（2014 年 6 月 1 日访问）.

称任何限制自由的措施都会引发恐慌这一"疾病最强大的盟友"。①《费城询问报》指责道，"当局似乎疯了"，"他们想干什么，把每个人都吓死？"②一些批评者明确指责卫生官员惊慌失措，斥责那些"失去理智"的人，指责他们"侃侃而谈各种奢侈条件，作为防止城市人口大量死亡的唯一可能手段"③。巴尔的摩的卫生官员就是这样"躺枪"的。约翰·布雷克博士坚持自己的决定，不关闭剧院和其他公共场所，以避免"引起恐慌"。他和该市的顶尖医生推测，"这会对人们产生令人担忧的影响，可能使他们更容易感染这种传染病"④。与此同时，未能迅速采取行动以阻断恐慌也招致了批评。因此，詹姆斯·卡西迪（James E. Cassidy）在 1918 年的《秋河先驱晚报》（*Fall River Evening Herald*）上写道，卫生官员如果在疫情早期关闭大多数公众场所，"我们可能感到恐慌……但是现在我们已被毁灭性的死亡所笼罩"。作者问道，为什么官员们现在不采取这些措施封闭沙龙聚会呢？

　　历史学家认为，尽管 1918 年迅速蔓延的流感极具毁灭性，使得人们的

---

① "The Closing of the Churches," *Evening Star*［Washington, DC］, October 26, 1918. 亦见 Bulletin of the State Board of Health of Kentucky, 1919（《1919 年肯塔基州卫生局公报》）, RG 155, October 1919, 18. 辩论继续进行，只限于权利，参见："Opposes Further Church Closing," *Evening Star*［Washington, DC］, October 28, 1918. http://www.influenzaarchive.org（2014 年 6 月 1 日访问）.

② "Spanish Influenza and the Fear of It（西班牙流感及其带来的恐惧）," *Philadelphia Inquirer*（《费城询问报》）, October 4, 1918. 亦见："Calls for Opening of Local Churches（呼吁开放当地教堂）," *Charleston News and Courier*（《查尔斯顿信使新闻》）, October 30, 1918. http://www.influenzaarchive.org（2014 年 6 月 1 日访问）.

③ "Be Sane（保持理智）," *New Orleans States*（《新奥尔良报》）, October 17, 1918. http://www.influenzaarchive.org（2014 年 6 月 1 日访问）.

④ "Blake Will Not Close Theaters（布莱克不会关闭剧院）," *Baltimore America*（《美国巴尔的摩》）, October 7, 1919. 另见 Minutes, Special Meeting of the San Francisco Board of Health（旧金山卫生委员会特别会议记录）, MS 1818, October 17, 1919; "Flu and Theater（流感与戏剧）," *New Orleans States*, January 6, 1919; "No Fear of Flu Here（此地无须恐惧流感）," *Oakland Enquirer*（《奥克兰问询报》）, December 10, 1918. http://www.influenzaarchive.org（2014 年 6 月 1 日访问）。一些官员采取措施反驳有关他们行动仓促的谣言. 辛辛那提的市长发布了一则广告，向其他地方保证，人们可以进入他的城市，并没有采取任何有效的隔离措施："All are free to come and go as they wish. Let there be no misunderstanding about this（所有人都可以自由来往。对此不要有任何误解）." "No Quarantine（不隔离）!" *Cincinnati Enquirer*（《辛辛那提问询报》）, October 7, 1918. http://www.influenzaarchive.org（2014 年 6 月 1 日访问）.

恐慌情绪激增，但这种情况只持续了"短暂的一段时间"。①然而，事实上，在疫情蔓延期间，人们普遍都在谈论恐慌。只不过让恐慌看起来转瞬即逝的是它以不同于19世纪的形式出现。可以肯定的是，有一些关于明显混乱的报道让人想起了以前的恐惧和回避反应。例如，在科罗拉多州，据报道有100名矿工正"奔向"一座未感染疫情的城镇。"武装警卫"和"惊慌失措的矿工之间的战斗似乎迫在眉睫"。然而，据报道，这一冲突是"迄今为止最接近于恐慌"的。②恐慌更常见地表现为医生和药店的担忧情绪。③管理疾病和与疾病相关的社会混乱的体制从根本上改变了恐慌反应的性质。

　　恐慌，尤其是在1918年流感大流行期间，开始更多地被描述为一个个体事件，而非一个群体现象："每一点小小的疼痛或痛苦本身可能是无害的"，可能会导致一个人"沉溺于悲观的想象"，从而"为攻击提供了肥沃的土壤"。一位临床医生总结道，"精神害怕[疾病]，让人变得容易接受它，主动想到它"。相比之下，"坚决不愿想到疾病、拒绝疾病、排斥恐慌状态的人能够更好地抵御疾病"。如此强调"拒绝忧虑"是应对传染病的一个新特点，医生（和销售人员）一次又一次地建议公众"保持头脑清醒，不要过度担

① Alexandra Minna Stern, Martin S. Cetron, and Howard Markel, "The 1918-1919 Influenza Pandemic in the United States: Lessons Learned and Challenges Exposed(1918—1919年美国流感大流行：吸取的教训和暴露的挑战)," *Public Health Reports*, Vol. 125, suppl.3 (2010): 6-8.

② "100 Miners Flee from Influenza(100名矿工逃离流感)," *Rocky Mountain News*(《落基山新闻》), October 22, 1918. http://www.influenzaarchive.org (2014年6月1日访问).

③ "Stop the Senseless Influenza Panic(停止无谓的流感恐慌)," *Philadelphia Inquirer*, October 8, 1918；"Flu Folk Rush to Drug Stores(流感患者涌向药店)," *Spokesman-Review*(《发言人评论》), October 26, 1918. http://www. influenzaarchive.org (2014年6月1日访问). 亦见：Tomes, "Destroyer and Teacher," 53. 忧心忡忡的人诉诸药物的做法也是医学文化地位上升的表现。David J. Rothman, *Strangers at the Bedside: A History of How Law and Bioethics Transformed Medical Decision Making*(《床边的陌生人：法律和生物伦理如何改变医疗决策的历史》)(New York: Basic Books, 1991)；David Rosner, *A Once Charitable Enterprise: Hospitals and Health Care in Brooklyn and New York, 1885-1915*(《曾经的慈善事业：布鲁克林和纽约的医院和医疗保健，1885—1915年》)(Cambridge: Cambridge University Press, 1982).

忧"。①卫生官员也加入该行列,兴高采烈地教导公众相信最好的预防措施之一是保持"无畏和充满希望的心态"。②这种将恐慌从公共领域转移出来并使之成为一种内心感受的做法,反映了对个人及其不良习惯作为疾病原因的越来越少的专业性关注。③

随着经济大萧条的到来,关于恐慌的谈论——以及对谁或什么应该为其爆发负责的判断——无疑转移到了金融危机上。在公共卫生领域,脊髓灰质炎这种无法控制的传染病似乎是恐慌的最后据点,这种病可能会让整个社区陷入恐慌。④到了20世纪40年代,卫生官员开始宣称已经控制住了疾病引起的恐慌。毫无疑问,这是因为感染人数持续下降,由于疾病蔓延范围越来越小,离他们越来越远,人们也就越来越没有理由对它感到恐慌。同样,随着疾病暴发的频率和致命性越来越低,社论作者们相应地也就没有理由批评卫生主管部门的疾病管理技能。总的来说,传染病没有那么致命了。一方面,这种传染病学的转变表明,对于"恐慌戏剧"而言,威胁的规模十分重要。西班牙大流感是一场巨大的传染病,在全球夺去了数千万人的性命。公众十分关心政府采取了什么措施,以及政府在面对如此大规模的传染病时是否做得太多或者不够。另一方面,意料之外的因素开始出现在"恐慌戏剧"中。在传染病学上,即使一些小事件已偏离了传染病被攻克的事实,现

①　"Stop the Senseless Influenza Panic," *Philadelphia Inquirer*, 1918; "No Need of an Influenza Panic," *Providence Daily Journal*(《普罗维登斯日报》), October 10, 1918; "Sunshine and Influenza(阳光和流感)," *New Orleans States*, October 23, 1918; "Keep Cool and Smash the 'Flu,'(保持冷静,战胜'流感')" *Baltimore Sun*(《巴尔的摩太阳报》), October 10, 1918; "The Flu Situation," *New Orleans States*, January 20, 1919; "Let Recoveries Too Be Reported(让恢复也被报道)," *Albany Evening Journal*(《奥尔巴尼晚报》), October 10, 1918. http://www.influenzaarchive.org(2014年6月1日访问).

②　Dr. W. T. Howard, Assistant Commissioner of Health(卫生助理官员), "The Truth about Influenza(流感的真相)," *Municipal Journal*(《市政杂志》), October 18, 1918; "Deplores Epidemic Fear(谴责流行病恐慌)," *St. Paul Pioneer Press*(《圣保罗先驱报》), October 9, 1918. http://www.influenzaarchive.org(2014年6月1日访问).

③　Amy L. Fairchild, David Rosner, James Colgrove, Ron Bayer, and Linda Fried, "The Exodus of Public Health: What History Can Tell Us about Its Future(公共卫生的大逃亡:历史向我们讲述的传染病的未来)," *American Journal of Public Health*, Vol. 100, No. 1(2010): 54–63.

④　Naomi Rogers, *Dirt and Disease: Polio Before FDR*(《流言与流感:罗斯福之前的脊髓灰质炎》) (New Brunswick, NJ: Rutgers University Press, 1992).

在也可能被记录在恐慌量表上。①

例如，1947年天花刚刚暴发时，纽约市卫生局就宣布战胜疾病和恐慌。有趣的是，尽管在一些广播讲话中卫生专员强调没有理由"过度恐慌"，他还是用恐慌来推动工作事项。伊斯雷尔·温斯坦（Israel Weinstein）医生警告数百万听众，如果不接种疫苗，天花将会像野火一样蔓延。②他通过描述天花的临床经验，以灰色的细节，设定了这个世界末日的场景。这个略有声势的警告使他获得了"民众的明智合作"，人们在仅仅一个月的时间里就接种了600多万疫苗。③然而，这场呼吁并没有激起多少公众恐慌。得天花的仅有12个人，其中两人死亡。《纽约时报》报道："没有恐慌"，"任何时候都没有理由害怕传染病——因为有卫生局的警惕坐镇"④。

在1947年的天花大暴发中，人们很容易取胜，并宣称疾病（和恐慌）已经得到了预防，因为死亡或感染的人很少。西班牙流感导致50万人死亡，但这并不意味着政治上有利可图。相比之下，在与可怕的敌人（如天花）的战斗中，仅有少数人死亡（包括大规模疫苗接种运动中少数不幸的受害者），可以称得上是一场惊人的胜利。毕竟，纽约战胜的不仅仅是天花这种可怕的瘟疫，它还展示了政府官员如何保护公民免受在全球周边地区扩散的"外来威胁"。⑤天花这个案例中，传染源是一个"来自墨西哥的男人"，他在一辆驶往美国不安全的南部边境的公共汽车上输入了天花。⑥这一传奇故事与历史学家所描述的"国际卫生"——即以卫生名义的国际机构建设时期的叙述——相吻合。世界卫生组织这样的新兴国际机构，以及疾病控制与预

---

① Amy L. Fairchild, "The Polio Narratives: Dialogues with FDR（脊髓灰质炎叙事：与罗斯福的对话）," *Bulletin of the History of Medicine*, Vol.75, No. 3（2001）: 488-534.

② 强调为原文所有。http://www.nyhistory.org/node/63842（2014年6月1日访问）.

③ Israel Weinstein, "An Outbreak of Smallpox in New York City（纽约市天花暴发）," *American Journal of Public Health*（《美国公共卫生杂志》）, Vol.37. No. 11（1947）: 1376-1384.

④ "Control of Smallpox（控制天花）," *New York Times*, April 16, 1947, 24.

⑤ Raymond B. Fosdick, "Public Health as an International Problem（公共卫生是一个国际问题）," *American Journal of Public Health*, Vol. 34, No. 11（1944）: 1133-1138; Thomas Parran and Frank G. Boudreau, "The World Health Organization: Cornerstone of Peace（世界卫生组织：和平的基石）," *American Journal of Public Health*, Vol. 36, No. 11（1946）: 1267-1272.

⑥ Berton Roueché, "The Case of the Man from Mexico（墨西哥人的案例）," *New Yorker*（《纽约客》）, June 11, 1947, 70.

169 防中心等希望控制国际的传染病的组织为日渐疏忽的国界管控提供了解决方案:严密监视国界。①

但是,如果天花事件暗示了巴什福德在后记中所说的"全球权力动态变化",即东西方紧张关系随着全球南北部的崛起而逐渐缓和,那么1976年的猪流感疫情就大不相同了,它威胁到美国疾病预防控制中心的合法性。为了应对迪克斯堡(Fort Dix)的猪流感大暴发(该疾病已经导致一名新兵死亡),美国疾控中心发起了有史以来的第一场大规模联邦免疫运动,预计约有4000万人接种疫苗。杰拉尔德·福特总统确信美国正面临一种很可能让1918年的流感大流行重现人间的流感病毒,因此,他在国家电视台上个人呼吁"给美国的每一个男人、女人和孩子接种疫苗",并为此拨款1.35亿美元。②

面对谁将为疫苗接种承担责任、猪流感威胁程度可信传染病学证据的缺乏,以及只有一人证实死于猪流感等问题,福特政府的"宏大的普遍免疫计划"开始被定性为"恐慌措施"。③《柳叶刀》上的三篇文章则称那些带头实施该计划的人为"恐慌制造者"。④但指明恐慌的概念并进行尖锐指责的还是《纽约时报》,该报认为猪流感引起的公共卫生恐慌是一种政治策略。"特别是疾控中心,长期以来一直希望扩大规模,增加预算。"⑤随着共和党初选临近,福特总统逐渐不如罗纳德·里根受民众爱戴,随着疫苗接种计划被嘲弄说是想要影响政治选举,福特也成了攻击目标。⑥

在这里,恐慌被视为推进议程的工具,与解决危机的迫切需要毫无关系。而且,关于这场争论的事后分析经常会得出"卫生官员确实失去了理

---

① Kirsten Ostherr, *Cinematic Prophylaxis: Globalization and Contagion in the Discourse of World Health*(《电影预防:世界卫生话语中的全球化和传染》)(Durham, NC: Duke University Press, 2005), 121-154.

② 引自 Richard E. Neustadt and Harvey Fineberg, *The Epidemic that Never Was: Policy-Making and the Swine Flu Affair*(《从未有过的流行病:政策制定和猪流感事件》)(New York: Vintage Books, 1983), 46.

③ Editorial(社论), "Light on Swine Flu(猪流感之光)," *New York Times*, July 20, 1976, 30.

④ 参见"Swine Flu Threat(猪流感威胁)," *Times of India*(《印度时报》), July 9, 1976。

⑤ Harry Schwartz, "Swine Flu Fiasco(猪流感惨败)," *New York Times*, December 21, 1976, 33.

⑥ Editorial, "Light on Swine Flu," *New York Times*, July 20, 1976, 30; Editorial, "Doubts About Swine Flu(对猪流感的怀疑)," *New York Times*, August 9, 1976, 16.

智”的结论，一位作家称积极的猪流感防控措施是“对最小威胁的恐慌过度反应”。①猪流感事件表明，采取防控措施时，除了考虑恐慌的规模，时间也很重要。对1947年天花大流行的回应就让人们觉得卫生官员在恢复社会秩序。相比之下，猪流感的预防措施则大大降低了患病风险（也避免了随之而来的政治恐慌）。从政策角度来看，这些恐慌事件的教训可能是，至少死亡案例的出现能够给予当局足够的理由以采取声势浩大的公共卫生行动（特别是本身可能导致一些生命损失的行动），以避免大规模的患病和恐慌。

　　但在传染病似乎已经被征服的时候，至少在美国范围内，这种强有力的政策回应也只是显得不合时宜而已。随着国际卫生时代向全球卫生时代过渡，随着全球旅行、移民、贸易以及尼古拉斯·金在本书（第八章）中描述的新型传染性威胁的担忧日益增多，政策经营者们会看到自满的代价。②然而，最重要的是，恐慌的发展及其预防代价已经发生了微妙的变化，到了20世纪70年代，这种变化已经和疾控中心的理念不一致了。

从冷战到反恐战争

　　我们必须回过头来看看历史，才能找到疾控中心负面评价的根源。从20世纪50年代早期开始，学术界对恐慌的看法变得更加中立。很多文献都提到，恐慌应该被认为是非社会的而非反社会的，是非理性的而非不理性或理性的。③这只是不适应的行为。④但最关键的是，这是非常罕见的——广岛和长崎核事故幸存者的反应就是一个很好的例子。然而，冷战时期美国的整个民防体系是基于苏联核攻击的恐惧而建立的，由旧的恐慌理论支撑，

①　"Soft Evidence and Hard Sell（软证据和硬销售），" *New York Times*, September 5, 1976, 137.

②　Manuel Castells, *The Rise of the Network Society*（《网络社会的兴起》）(Oxford: Blackwell, 1996); Anthony Giddens, *Modernity and Self-Identity: Self and Society in the Late Modern Age*（《现代性与自我认同：现代晚期的自我与社会》）(Stanford: Stanford University Press, 1991).

③　Quarantelli, "The Nature and Conditions of Panic," 270, 272.

④　Mintz, "Nonadaptive Group Behavior."

这些理论得出的结论是,核战争,特别是生物战将会使国家陷入混乱。①

大众媒体上有很多关于后核大屠杀时代地球上最后几天生活的猜想。②菲利普·威利(Philip Wylie)是一名科幻小说作家,著有关于后末日时代的美国的小说《明天》,他也是新成立的联邦民防署的顾问。他认为,美国人民已经有了一个"原子恐慌"的糟糕案例,而且几乎肯定会在核战争后陷入恐慌。如果战争没有做到这一点,那么看到"丑陋的、走动的"烧焦的幸存者,肯定会让那些本来不恐慌的人如坐针毡。③

瓦尔·彼得森(Val Peterson)是艾森豪威尔政府的第一任联邦民防署长官,他担心大规模恐慌可能"产生比任何已知爆炸物都更具破坏性的连锁反应……大规模恐慌——而非原子弹——可能才是赢得战斗最简单的、成本最低的方法"。④在1952年《科利尔周刊》的一篇广为流传的文章中,彼得森描述了炸弹毁灭曼哈顿的场景:"那些成功逃离该岛的人将涌入邻近地区,成为饥饿的掠夺性暴徒——扰乱救灾,给当地警察带来麻烦,并在不断扩大的范围内散布恐慌。"⑤

虽然确定全国上下都会进入恐慌,但是大家对克服恐慌信心十足。那些试图控制恐慌的人抓住了这样一个观点:提前为混乱做准备可以维持好秩序。但是,尽管联邦民防署的大部分工作集中在控制恐慌上,以防止恐慌带来看似不可避免的核灾难,但一些应急计划者认为,生物战的恐惧对公众来说比其他任何东西都更加可怕。在1949年4月7日国防部长召集的一次会议上,与会者解释了为什么生物战(通常提到的是生物武器)的可能性如此可怕:正是生物武器这种"卓越的秘密武器"的隐蔽性令人恐慌。攻击者

---

① Paul Boyer, *By the Bomb's Early Light: American Thought and Culture at the Dawn of the Atomic Age*(《原子弹的早期光芒:原子时代初期的美国思想和文化》)(Chapel Hill and London: University of North Carolina Press, 1994 [1985]).

② Duane P. Schultz, "Theories of Panic Behavior: A Review(恐慌行为理论:综述)," *Journal of Social Psychology*, Vol. 66, No. 1(1965): 31–40.

③ Philip Wylie, "Panic, Psychology, and the Bomb(恐慌、心理学和炸弹)," *Bulletin of the Atomic Scientists*(《原子能科学家公报》), Vol. 10, No. 2 (1954):37–40, 63.

④ Val Peterson, "Panic: The Ultimate Weapon(恐慌:终极武器)?" *Collier's Weekly*(《科利尔周刊》), August 21, 1953, 99–109.

⑤ 同上,第101页。

可以轻易否认使用了生物武器,就像他们可以轻易地假装使用过这种武器一样,能够引起大范围的混乱。当然,他们可以指责美国使用了生物武器但却"没有受到惩处"。生物武器的这些特征使其成为"非常强大的政治操纵武器"。只有化学武器有类似能力,造成类似"恐惧和焦虑,而使用者也可以不被发现"。但也许最关键的是,委员会总结道,无论是和平还是战争,人们都会害怕疾病,但只有在战争时期,他们才不得不忌惮常规武器。因此,生物武器是一种能从心理上消除和平与战争区别的武器。[①]

亚历山大·朗缪尔(Alexander Langmuir)博士来到疾控中心之后,将成为生物战方面最有影响力的联邦官员。在来美国疾控中心之前,他咨询了武装部队传染病委员会并在布拉格堡(Fort Bragg)的呼吸系统疾病委员会任职。作为约翰斯·霍普金斯大学的一名传染病学教师,他通过国防部生物战委员会参与了生物战,最初是作为成员,后来是作为委员会主席。[②]1949年,当朗缪尔作为首席传染病学家来到疾控中心时,他认识到,与"自然"传染病的日常关注度相比,看似遥远的生物战威胁得到的关注少之又少。然而,他看到了一个能够为疾控中心提供资金和扩大职能的前所未有的机会。

到了1951年春天,朗缪尔后来在黄线纸上手写的笔记中回忆道,朝鲜战争"已经持续了6个月,而且一直很糟糕"。中国人正在发动"一场大规模的宣传运动,声称美国使用了生物武器,就像15年前的日本一样"。关于生

172

---

① Minutes of the First Meeting of the Sub-Committee on the Public Relations Aspects of Biological Warfare of the Secretary of Defense's Ad Hoc Committee on Biological Warfare(国防部长生物战特设委员会生物战公共关系小组委员会第一次会议记录), Held at 4:30 P.M.April 7, 1949, Room 5159, New State Department Building, Washington, DC, 3-4. RB 59 General Records of the Department of State, Office of the Secretary, Special Assist. to Sec. of State for Atomic Energy & Outer Space, General Records Relating to Atomic Energy matters, 1948-1963; Box 60, ARCID 2517138, A1 Entry 3008-A; Folder: 9B Secretary of Defense's Ad Hoc Committee on Biological Warfare, 1949, Minutes of Subcommittee Meeting. Declassified NND 50551.

② Elizabeth Fee and Theodore M. Brown, "Preemptive Biopreparedness: Can We Learn Anything from History(先发制人的生物战准备:我们能从历史中学到什么)?" *American Journal of Public Health*, Vol. 91, No. 5 (2001): 721-726.

物战的"紧张情绪"①——实际上是"歇斯底里的情绪"②，"令人难以置信，更糟糕的是，更高涨的情绪已经进入了体制内"③。为了充分利用这些日益增长的焦虑，朗缪尔"提交了一份详细的计划和预算，并发表了一份关于生物武器潜力的简单明了的声明，并通过军事情报部门进行了秘密调查"④。疾控中心著名的传染病学情报服务是用军事资金建立的。

朗缪尔继续在公共卫生文献和大众媒体中指出，病原体可能会在城市上空飘浮，水或食物可能会受到污染，战略建筑可能会遭到破坏，以便"使关键个人和行业丧失能力，或制造狂躁情绪并破坏公众士气"⑤。在1951年4月3日播出的电视节目《关于生物战你应该知道什么》中——这也是《约翰斯·霍普金斯科学评论》的一部分——朗缪尔生动地展示了一个无赖演员用家用搅拌器和干冰使病原体雾化并飘浮在空气中有多么简单，以及用装有染料的移液管污染公共饮用水又有多么容易。⑥

173 但是，如果朗缪尔把自己描述成一个致力于机械地展示敌人如何攻击和杀死数千或数十万人的科学家，那么他又一次强调了更广泛的联邦观点，即必须解决源于生物武器的"心理问题"。正如朗缪尔解释的那样，其目标是"强调对已知事物的理解，而不是对未知事物的恐惧"⑦。他模糊了蓄意事件和自然事件之间的界限，强调不管发生哪种事件，我们均已做好了充分准备："事实上，几千年来，大自然一直在向人类发动生物战争，但卫生工作

---

① Handwritten talk（手写谈话稿）c. 1978, Alexander D. Langmuir Papers, Alan Mason Chesney Medical Archives of The Johns Hopkins Medical Institutions, Box No. 1, Folder "JHV Honorary Degree 1978."

② Handwritten lecture notes（手写课堂讲稿），March 12, 1971, Alexander D. Langmuir Papers, Alan Mason Chesney Medical Archives of The Johns Hopkins Medical Institutions, Box No. 5, Folder "Lecture Notes, Miscellaneous History CDC."

③ Handwritten talk c. 1978, Alexander D. Langmuir Papers, Alan Mason Chesney Medical Archives of The Johns Hopkins Medical Institutions, Box No.1, Folder "JHV Honorary Degree 1978."

④ 同上。

⑤ Alexander D. Langmuir, "The Potentialities of Biological Warfare Against Man—An Epidemiological Appraisal（生物战对抗人类的潜力——流行病学评估）," *Public Health Reports*, Vol. 66, No. 13（1951）：387-399（388）.

⑥ "What You Should Know about Biological Warfare（关于生物战你应该知道什么）," *Johns Hopkins Science Review*（《约翰斯·霍普金斯科学评论》），WAAM, Baltimore, MD, April 3, 1951.

⑦ 同上。

者一直在研究各种预防方法，这些方法也一直在改进，也得到了应用。"①因此，像无数其他民防电影一样，朗缪尔的《约翰斯·霍普金斯科学评论》试图唤起恐惧，引发恐慌，同时一举解决恐慌问题。

在核焦虑最严重的时候，朗缪尔本人很可能也吓坏了，就像帮助启动原子时代的科学家一样。包括J.罗伯特·奥本海默（J. Robert Oppenheimer）在内的许多人都被他们制造的武器吓得半死，他们认为，如果要让人们相信我们会不惜一切代价避免核战争，广泛的恐惧不仅是恰当的，而且是绝对必要的。②一方面，核战争毁灭力极高，必将带来大规模的恐慌；另一方面，具有讽刺意味的是，对于参与冷战恐慌的官员来说——正如朗缪尔所描述的那样——"主要问题是'不信任的程度'"。③

美国应急规划者在一系列名为"警戒行动"的全国演习中向公众展示了他们所能想象到的最糟糕的核攻击情况。这次演习是模拟核攻击的一部分，要求美国和加拿大16个城市的每个人都躲藏15分钟。参与演习是强制性的，拒绝者将被处以500美元的罚款和一年监禁。④只有当人们能够平静地进入避难所，恐慌才会完全消失。在这些背后，"警戒行动"包含了炸弹落在全国许多城市的复杂场景。参与演习的市政官员将收到一个密封的信封，告诉他们有多少市民伤亡，有多少基础设施遭到破坏，以及有多少土地已经无法居住。例如，1958年，"警戒行动"假设了一次核攻击，使得美国三分之一的人口丧生，预计十分之一的幸存者会患上放射病，并在两个半月内死亡。被摧毁的城市燃着"熊熊大火"，人们还在与大火殊死搏斗，这场大火

---

① Executive Office of the President(总统行政办公室)，Federal Civil Defense United States(美国联邦民防署)，*Civil Defense: Health Services and Special Weapons Defense*(《民防：卫生服务和特种武器防御》)(GPO, December 1950): 25.

② Boyer, *Bomb's Early Light*, 72.

③ Memorandum from Langmuir to Robert Smith, January 31, 1961. Alexander D. Langmuir Papers, Alan Mason Chesney Medical Archives of The Johns Hopkins Medical Institutions, Box No. 2, Folder "1951 BW." 朗缪尔将哀叹公众对生物战可能性的冷漠，直到他生命的尽头。

④ Dee Garrison, "'Our Skirts Gave Them Courage': The Civil Defense Protest Movement in New York City, 1955-1961(我们的裙子给了他们勇气：1955—1961年纽约市的民防抗议运动)," in *Not June Cleaver: Women and Gender in Post-War America, 1945-1960*(《非琼·克里弗：1945—1960年战后美国的妇女和性别》), ed. Joanne Meyerowitz (Phildalphia, PA: Temple University Press, 1994), 205-207.

174 　过后，只剩三分之一的房屋完好无损，医疗设施受损严重，人力资源也非常紧张，燃料短缺，食物无法运输，"工业生产的前景看起来十分暗淡"。①

　　尽管人们对生物武器的焦虑日益增长，但这次演习并不涉及生物攻击。如果这让人有些惊讶的话，那么更令人震惊的是，无论是向州和市官员展示的场景，还是由特定地区制作的报道，都没有透露出大规模恐慌的消息。

　　没有包括生物武器的原因也许是最简单的。尽管生物武器令人恐惧，但它仍然只是萦绕在人们心中的一种可怕的可能性而已，而核事件则更有可能发生。尽管如此，这次"警戒行动"演习并不包含应对实际混乱和错误信息这一部分。关于认为恐慌不可能出现的经验和理论证据日益增多，这次演习可能只是一个代表而已。或者这也可能反映了人们越来越意识到提前准备也只是徒劳而已。1957 年，南达科他州苏福尔斯市（Sioux Falls）——162 个被核弹重创的城市之一——的自卫总监简单地向总部报告："我死了。其他人也死了。永别了。"②也许这是一个讽刺的笑话，又或者，在接受了艾森豪威尔"在任何情况下的警惕和准备对于我们国家的民防都是必不可少的"这一观点之后，也许人们认为美国人民训练有素，符合军事规范。③

　　但是，更广泛的社会、文化和政治变化让恐慌变得不那么明显了。例如，越来越多的人认为对原子弹、生物战的恐惧和恐慌"会让我们变得更好"。④在约翰·肯尼迪政府早期，一场强大的旨在终结"警戒行动"的社会

---

① D+14 Situation Summary for Phase II, *Operation Alert* 1958 (Executive Office of the President, Office of Defense and Civilian Mobilization). Marked Secret and Declassified NND 50531. RG 40, Records of the Department of Commerce, Entry P-6, Box No. 1, Folder: Documents Implementing Pan D-Minus(Copy No. 4) (Draft-11/1/55).

② News roundups for Government Employees, RG 64, Records of the National Archive and Records Administration, Records Relating to *Operation Alert*, 1950-1957, Code Case 057-129, Parts 7b Alerts to Parts 7d Alerts (2), Box No. 1, Entry P-4.

③ Dwight D. Eisenhower, letter to the Heads of All Departments and Agencies, May 16, 1955. RG 64 Records of the National Archives and Records Administration, Records Relating to *Operation Alert*, 1950-1957, Code Case 055-129a, Part 7a to Part 7b (2 of 2); Box No. 2, Entry P-4; Folder: OSS-129, Part 7b (1 of 2).

④ 专栏作家爱德华·C.林德曼，引自 Boyer, *Bomb's Early Light*, 72.

运动获得支持,并最终终结了这种公共预备演习。①但也许最可怕的是,"恐怖的政治化"越来越被视为一种政治策略。②就连曾想让公共卫生政治系统朝着自己理想方向发展的朗缪尔后来也承认,冷战期间形成的那种模式,将继续影响其后的公共卫生政治:"每次紧急情况都会导致预算增加、招聘人数增加以及职业官员增加。"③社会活动家、学生和学者们发起了一轮批判权威的新挑战。随着美国卷入越南战争,一种聚焦社会运动理论的新社会科学大大降低了对大规模恐慌的关注,这种新理论将集体视为感兴趣的行动者团体,而不是人群中无名的面孔或恐慌的暴民聚集在一起④,它强调"管控",管控共产主义扩张和美国的核毁灭恐惧。随着美国外交政策的另一个方面——第一次世界大战之前就有的想要"扩大美国统治权"的目标(基于美国的自由企业、民主资本主义和强大的科技力量)——越来越盛行,管控恐慌战略变得越来越没有意义。⑤

尽管冷战的恐慌游戏失败了,美国也扩大了地理上无限的"市场帝国"的范围,但是预备演习并没有结束,虽然不再要求公众参与,也不进行大量宣传。⑥1972年宾夕法尼亚州三里岛(Three Mile Island)核电站发生了部分核泄漏事故,这一事件直到1978年才被公开,在那之后,新成立的联邦紧急事务管理署将联邦相关灾害部门合并到一起,集中精力处理本国发生的辐射事故。⑦

---

① Garrison, "Our Skirts Gave Them Courage."

② Boyer, *Bomb's Early Light*, 66.

③ Handwritten notes, Box No. 5, Folder "Lecture Notes. Miscellaneous EIS History CDC."

④ Sidney Tarrow, *Power in Movement: Social Movements and Contentious Politics*(《运动中的权力:社会运动和有争议的政治》)(Cambridge: Cambridge University Press, 1998); Doug McAdam, John D. McCarthy, and Mayer N. Zald, eds. *Comparative Perspectives on Social Movements: Political Opportunities, Mobilizing Structures, and Cultural Framings*(《社会运动的比较视角:政治机会、动员结构和文化框架》)(Cambridge: Cambridge University Press, 1996).

⑤ 参见:Andrew J. Bacevich, *American Empire: The Realities and Consequences of US Diplomacy*(《美利坚帝国:美国外交的现实和后果》)(Cambridge, MA: Harvard University Press, 2002); Sheila Jasanoff, "Biotechnology and Empire: The Global Power of Seeds and Science(生物技术与帝国:种子和科学的全球力量)," *Osiris*(《欧西里斯》), Vol. 21, No. 1 (2006): 273–292; Victoria de Grazia, *Irresistible Empire: America's Advance through Twentieth Century Europe*(《不可抗拒的帝国:美国在20世纪欧洲的挺进》)(Cambridge, MA: Belknap Press, 2006).

⑥ Erickson and Barratt, "Prudence or Panic?" 2.

⑦ 同上。

紧接着,20世纪90年代将会上演一场全面的"恐慌戏剧",这将由公共卫生部门全权处理。①在一系列令人震惊的事件之后,美国政府越来越关注化学和生物恐怖主义的威胁,而不是事故本身。②1995年,日本恐怖组织奥姆真理教在东京地铁释放沙林毒气,造成13人死亡、50多人严重受伤。③据说,该组织还计划在纽约州和洛杉矶进行化学攻击。1998年,印第安纳州、肯塔基州和田纳西州的一些诊所收到信件和电话,声称炭疽已经被释放到建筑通风系统中。所有这些都被确定是骗局,但是1995年俄克拉何马城一座联邦大楼的爆炸事件让人们意识到一个新的恐怖主义时代正在到来,这种恐怖主义战术正在美国的土地上生根发芽。俄克拉何马城袭击事件发生的同时,苏联的解体似乎有可能打开了一个安全保障薄弱的生物武器库,而敌视美国的团体可能会拿到这些武器。这些焦虑使得人们开始规划大规模非常规攻击情景。④尽管洲际弹道导弹的威胁似乎已经消退,但民防规划者发现,炸弹或炭疽攻击的破坏力以及随之而来的失控恐慌,这些都迫在眉睫。"恐怖主义现在正在增长。"一份1999年的报纸报道称,"化学或生物恐怖袭击的可能性越来越高,"不是会不会发生而是

_176_

① 背景是,该领域的资金削减,影响了基本公共卫生活动的基础设施。当涉及公共卫生时,里根总统开创了一个个人责任而非国家义务的新时代。到了20世纪90年代,经过十年的资金削减和结核病及艾滋病疫情的重新暴发,公共卫生基础设施的状况出现了真正的恐慌。此外,美国人对传染性恐怖中"新出现的传染病"感到恐慌,如埃博拉病毒,即所谓的食肉病毒。Tomes, "Making of a Germ Panic," 193, 196.

② Erickson and Barratt, "Prudence or Panic?" 3.

③ Paul Keim, Kimothy L. Smith, Christine Keys, Hiroshi Takahashi, Takeshi Kurata, and Arnold Kaufmann, "Molecular Investigation of the Aum Shinrikyo Anthrax Release in Kameido, Japan(日本卡梅多奥姆真理教炭疽释放的分子调查)," _Journal of Clinical Microbiology_(《临床微生物学杂志》), Vol. 39, No. 12 (2001): 4566-4567.

④ J. Barbera, A. Macintyre, L. Gostin, et al., "Large-Scale Quarantine Following Biological Terrorism in the United States: Scientific Examination, Logistic and Legal Limits, and Possible Consequences (美国生物恐怖主义后的大规模检疫:科学检查、后勤和法律限制以及可能的后果)," _Journal of American Medical Association_(《美国医学会杂志》), Vol. 286, No. 21 (2001): 2711-2717. 另见斯普拉特(Spratt)议员在众议院提出的备灾法案:http://www.fas.org/spp/starwars/congress/1996/h9606271.htm (2014年6月1日访问)。

什么时候会发生。"①

　　日本东京地铁沙林毒气事件发生后,1996 年美国国会通过了《大规模
毁灭性武器防御法案》。②值得注意的是,人们认识到不仅公众的恐慌情绪
需要缓解,而且当时的首批急救人员也需要进行隔离。该法案为国内恐怖
主义防御核、化学和生物攻击建立了一个框架,并开发了一个由五角大楼负
责的预备项目,旨在指导 120 个城市的官员如何应对生物或化学攻击,还专
门创建了疫苗接种和去污染小组。③两年后,即将上任的海军部长理查德·
丹齐格(Richard Danzig)在《纽约时报》④的评论版宣称恐慌成为下一个"超
级武器",作为对瓦尔·彼得森(Val Peterson)在《科利尔周刊》的文章的报复
之前不久,新罕布什尔州的共和党参议员贾德·格雷格(Judd Gregg)在 1998
年的支出法案中加入了一项条款,要求针对恐怖袭击进行"演习"。⑤不仅
仅是联邦政府重新强调了预备工作,几乎每个公共卫生学校都建立了备灾
中心和项目。这种对公共卫生预备工作的强调似乎是为了抵消(真实的、想
象的和预期的)恐怖袭击带来的恐慌,尽管恐怖主义并不是唯一的焦点。

　　911 和随后的炭疽袭击事件,让人们开始警惕和怀疑滥用的恐慌情

177

① Steve Goldstein, "Clouded by a Fear of Bioterrorism, Experts Say a Chemical Attack in the U.S. Is a Matter of 'Not If But When.' After a Series of Hoaxes, Some Ask: How Real is the Threat(专家表示:在生物恐怖主义的恐惧笼罩下,美国发生化学武器袭击'不是会不会发生而是何时发生'。在一系列骗局之后,有人问:到底真的有威胁吗)?" *Philadelphia Inquirer*, November 14, 1999. 可查阅:http://articles.philly.com/1999-11-14/news/25495432_1_wmd-weapons-chemical(2014 年 6 月 1 日访问).

② Thomas V. Inglesby, Rita Grossman, and Tara O'Toole, "A Plague on Your City: Observations from TOPOFF(你的城市正在瘟疫中:来自 TOPOFF 的观察)," *Clinical Infectious Diseases*(《临床传染病期刊》), Vol. 32, No. 3 (2001): 436-445.

③ Joshua Green, "Weapons of Mass Confusion: There's Anthrax in the Subway. Who You Gonna Call(制造大规模混乱的武器:当地铁里有炭疽病毒,你要给谁打电话)?" *Washington Monthly*(《华盛顿月刊》), January 5, 2001. 可查阅:http://www.washingtonmonthly.com/features/2001/0105.green.html(2014 年 6 月 1 日访问).

④ Richard Danzig, "The Next Superweapon: Panic(下一个超级武器:恐慌)," *New York Times*, November 15, 1998, 15.

⑤ Patrick Connole, "U.S. Conducts Mock Biological and Chemical Attacks(美国进行模拟生物和化学攻击)," *Reuters*(路透社), May 24, 2000; Erickson and Barratt, "Prudence or Panic?" 4.

绪。①美国认为现在整个国家很脆弱,处于战备状态,因此采取了一系列积极的监控和防范措施。②评论家停止使用"恐慌"一词来描述布什政府为数百万人接种天花疫苗的计划,但是许多卫生专家认为——正如一位天花研究人员在 2002 年告诉《科学》杂志的那样——如此广泛地推广疫苗为时过早。著名医学研究所中,一个委员会被要求对天花计划进行评估,该委员会最初将报告命名为"信任的背叛"。一位在该委员会任职的伦理学家解释说,最初的标题意在"表明成员们认为天花危害被夸大以达到政治目的"③。虽然报告本身很难构成一项政治指控,但它传达了一个明确的信息,即疫苗接种计划是在没有适当的预先考虑或保障的情况下仓促制定的。④

事实上,很多左翼人士认为,天花运动只是国家恐慌时刻紧急公共卫生和国家安全立法的一部分。2002 年,卫生法学者乔治·安拿斯(George Annas)写道:"建设性的公共卫生立法,必须是联邦性的,而不能在恐慌情况下仓促起草。"他总结道:"可以预见的是,它将在没有公共问责的情况下,依赖广泛且任意的国家权力行使。"⑤

178 ## 结论:评判恐慌

在危险和不确定的时刻,激发恐慌情绪将有效吸引公众注意力,获得资源以建立或挑战原本控制疾病的政策。恐慌会引起人们的注意,因为它意

---

① John A. Jernigan, David S. Stephens, David A. Ashford, et al., "Bioterrorism-Related Inhalation Anthrax: The First Ten Cases Reported in the United States(与生物恐怖主义相关的吸入性炭疽病毒:美国报告的前 10 例)," *Emerging Infectious Diseases*(《新发传染病》), Vol. 7, No. 6(2001): 933-944.

② Amy L. Fairchild, Ronald Bayer, and James Colgrove, with Daniel Wolfe, *Searching Eyes: Privacy, the State, and Disease Surveillance in America*(《搜索之眼:美国的隐私、国家和疾病监测》)(Berkeley: University of California Press, 2007).

③ Ronald Bayer, personal communication, December 6, 2012. 然而,医学研究所的高层把它变成了更官僚的东西,见: *The Smallpox Vaccination Program: Public Health in an Age of Terrorism*(《天花疫苗接种计划:恐怖主义时代的公共卫生》)(Washington, DC: The National Academies Press, 2005).

④ Denise Grady, "Officials Press Ahead with Smallpox Shots(官员推进天花疫苗)," *New York Times*, January 18, 2003, A10.

⑤ George J. Annas, "Bioterrorism, Public Health, and Human Rights(生物恐怖主义、公共卫生和人权)," *Health Affairs*(《卫生事务》), Vol. 21, No. 6(2002): 94-97 (94).

味着冲突、困惑、争论、谬误，抑或是战胜可怕的环境。恐慌还代表了一个额外的元素，可以贯穿特纳的"社会戏剧"中每一个场景，使"恐慌戏剧"成为一个独特的叙事类别，展示社会对令人恐惧的情况的反应。

随着时间推移，我们开始期望，尽管无法消除恐慌的不确定性，但仍有一些措施可以用来避免疾病和防止恐慌。这些措施一般可分为两大类：一个是对正在暴发的疾病做出反应的措施（隔离、口罩法、囤积药品或食物、逃离），另一个是提前预测或试图管控疾病和恐慌（去说服公众，疾病、恐怖袭击以及随后的混乱和恐慌是当前明确的危险，通过强制公众参加避难演习，建立第一反应小组，提前接种疫苗以抵御生物恐怖主义威胁）。反应性措施虽然经常被批评来得太晚或忽视、淡化了明显的威胁，但已被证明有充分可行性，经得住批评。然而那些试图阻止新威胁的努力，特别是那些基于稀少、模糊或夸大证据（猪流感事件、天花接种运动）的努力，已经威胁到了公众对那些花费公共资金保护公众健康的官员的信任。重要的是，我们可以看到预防恐慌活动的普遍历史模式：反恐战争反映了冷战时期精心安排的恐慌剧情，计算机科学家、美国中央情报局和国家安全局前雇员爱德华·斯诺登（Edward Snowden）正在上演的一出闹剧，揭示了恐慌如何被利用，并成为政府权力秘密扩张的机会。

对恐慌的预期让人们需要了解措施实施的理由，而不是在健康和安全不确定的时刻去简单地计算采取或不采取行动导致的风险或好处。过去，当有人提出大规模疫苗接种问题时，就会产生何种做法更明智的争论：是冒着会有大量人死于传染病的风险明智，还是采取保证定量但较少人死亡的预防措施更明智？由于知道恐慌是干预过程中的一种评判，也是最后的判断，因此，参与"恐慌戏剧"的人也不得不衡量另外一系列问题。

干预会遏制疾病并缓解恐慌，还是会引发恐惧和恐慌？疾病的威胁是否被夸大从而让民众容易受到疾病引起的恐慌的影响？谁负责缓解过度兴奋的情绪，公务员还是民众自己？散播恐惧和恐慌以刺激人们采取行动的风险是否超过了让民众因恐惧而麻木的风险？利用恐惧和恐慌来达到公共健康目的会导致破坏性行为吗？

恐慌仍将是一个随意使用的术语。当恐惧上升到恐慌时，没有确定公式,没有可靠或客观的定义,历史只强调了恐慌的多重含义和用途。然而,恐慌被使用时,总是成为一个楔子或杠杆,触发对快速行动的需求。当恐慌在空气中弥漫时,就会有一种应该迅速采取行动的感觉。我们希望将其落实的唯一一刻,是事情发生后的回顾性判断或批评,这也意味着事情可能会变得不同。

　　某些大规模恐惧或灾难会导致什么情况发生？对这一问题,目前社会学界正在努力做出描述和说明,他们得出的粗略结论是:我们的噩梦或好莱坞想象中的"恐慌"大多不会发生。但事实上,大多数人仍然相信恐慌并不代表这些学者宣传工作的失败,因为对恐慌的集体信念不仅仅是对经验数据的误读,而是一种无知的表现。我们执着地担心、试图预测并最终寻求避免恐慌,是我们在面临足够数量级的威胁时一次又一次排练剧本的结果。虽然每一次恐慌,我们也会改变戏剧以及制度和权威,但剧本与过去是一致的。当我们审视两个世纪以来的恐慌,我们应该吸取的最核心教训是:如果我们希望改变剧本,我们就必须一路追剧到最后,学会判断何为利用恐慌、何为滥用恐慌。

第八章

调解恐慌：1936—2009 年的『新兴』传染病威胁图像

尼古拉斯·B.金

Mediating Panic: The Iconography of "New" Infectious Threats, 1936–2009

　　本章探讨了过去80年里视觉文化在制造传染病"恐慌"方面的作用，从 181
20世纪30年代和40年代对霍乱和黄热病的担忧，到2009年H1N1流感大
流行。本系列的一个关键问题是历史上如何利用"现代"技术使传染病可
见，以便有效预防、管理或根除传染病。正如其他研究人员所说，"恐慌"可
能不应当理解为现代疾病预防和危机遏制策略的对立面，而是其后果之一。
例如，白锦文在对19世纪90年代电报的讨论（第六章）中指出，到19世纪和
20世纪初，绘制传染病威胁图像已被认为是一个关键的公共卫生工具，与
"疾病地理学"①新分支的出现相关。艾米·费尔柴尔德和大卫·梅里特·约
翰斯（第七章）从另外一个角度，强调了从黄热病到生物恐怖主义，"恐慌戏
剧"（他们借用了文化人类学家维克多·特纳的这一术语）这一表现手法的作
用。这两个讨论的重点都是如何通过一系列媒体将疾病威胁可视化，从而
将流行病定义为离散的、"可知的"、可预测的和可预防的事件。然而，正如
这两个章节所说，在使病原体可见的同时，这些技术经常引起恐慌，而它们
原本声称要控制恐慌。

　　在这一章中，笔者认为西方——主要是美国——对过去一个世纪传染
病威胁的视觉描述，利用了一种常见视觉和发散技巧，强调了可视性和新颖
性。为了在普遍要求的新颖性中强调普通元素的持久性，笔者采用了倒叙
的方法。第一部分从2009年追溯到20世纪90年代，探究新兴传染病与全
球化深化、加速进程相关的"新"现象背后潜在的连续性。然而，在这种"新 182
颖性"的讨论中，关于传染病的常见视觉图案是可辨别的，对特定人物、图像

---

① 关于流行病制图的历史和现代应用，参见 Tom Koch, *Disease Maps：Epidemics on the Ground*（《疾病
地图：地面流行病》）（Chicago：University of Chicago Press，2011）.

和叙事的重复，它们共同构成了"暴发叙事"。①

在第二部分中，笔者关注 50 年前美国公共卫生服务局和世界卫生组织制作的两部公共卫生纪录片：《公共卫生服务工作》（1936 年）和《永恒的战斗》（1948 年）。结合这些宣传影片以及第一部分中介绍的材料，笔者在第三部分重点关注"新兴传染病威胁图像"——整个调查期间伴随叙述表面上"新兴"传染病的五种传染病威胁图像。

在最后几节中，笔者指明这种图像具有非常关键的作用，使原本看不见的疾病变得可见，将这些威胁与全球化和社会变革联系起来，并为"细菌恐慌"②的出现提供了视觉原材料。笔者认为这种图像是有力且持久的，部分原因是这种呈现方式大量借鉴了消费者文化的叙事方法和视觉元素，以及随之而来的对新颖性的关注。最后，笔者反思了这一图像与西方（尤其是美国）对现代性的矛盾心理以及全球化背景下帝国秩序的明显瓦解之间的关系。

因此，本章强调了传染病威胁图像化方式的连续性和不连续性，追踪普遍存在的主题与新型反应之间的紧张关系，来展示过去和现在是如何交织在一起的。尽管过去的观察方式继续影响着我们今天对传染病的理解和体验，但不断变化的可视化技术也产生了新形式的恐慌，这些恐慌与看待世界的新方式密不可分。

回到未来："新兴"疾病简介

2009 年：甲型 H1N1 流感

2009 年 4 月，研究人员首次对 H1N1 流感病毒进行了描述，这是一种由鸟类、猪和人类流感病毒组成的新型病毒。③截至当时，墨西哥和美国已经

---

① Priscilla Wald, *Contagious: Cultures, Carriers, and the Outbreak Narrative*, Durham（《感染：文化、携带者及暴发叙事》）(NC: Duke University Press, 2008).

② Nancy Tomes, "The Making of a Germ Panic, Then and Now（细菌恐慌的形成：过去和现在）," *American Journal of Public Health*（《美国公共卫生期刊》）, Vol.90, No. 2 (2000): 191-198.

③ 参见 Centers for Disease Control and Prevention（疾控中心）, H1N1 Flu. http://www.cdc.gov/h1n1flu/cdcresponse.htm（2014 年 6 月 1 日访问）.

报告了几十例病例和几例死亡，这使得世界各国政府纷纷采取紧急防控措施。在题为"控制流感传播，世界在行动"的报道中，英国广播公司新闻网放上了墨西哥城居民戴着外科口罩的图片，还有一张世界地图，北美地区红色突出显示，表明流感确诊病例数量之多。①《韩国时报》网站故事《航空公司采取预防措施应对流感》也放了一张大韩航空公司工作人员穿着防护服和防毒面具在飞机内喷洒杀虫剂的特写照片。②

2009年，地图和对应地区的法医学图像无处不在，标志着疫情发展的两个方向：横向顺着地理空间发展，纵向向上进入大气。随着整个春季疫情的蔓延，关于成为全球性疫情的担忧也加重了。《新闻周刊》5月25日的封面刊登了一张图片：一只从黑暗的笼子里探出来的猪鼻子。记者劳里·加勒特（Laurie Garrett）的文章《恐惧与流感》直接将"流行病的新时代"放在了副标题当中。6月11日，全球报告病例超过5万例，世卫组织总干事陈冯富珍发布了6级大流行警报。网站和报纸纷纷转载世卫组织发布的全球流感传播地图，累计病例超过500例。各国政府制定了出行限制，实施了隔离政策，关闭了学校，并储备了大量抗病毒药物和疫苗。

2010年8月陈冯富珍宣布大流行结束，累计确诊病例超过100万例，死亡病例约14000例。从那以后，研究者就各种公共卫生反应的有效性展开了辩论。使用网络分析技术的最新研究表明，出行限制基本无效，而关闭学校和隔离可能在一定程度上限制了猪流感的传播。③研究人员也认为甲型H1N1大流行预示着传染病新时代的到来。美国国家科学院在其在线初级读本《关于传染病，你需要知道什么》一书的"全球化"部分指出：

① "World Moves to Contain Flu Spread（世界遏制流感传播的行动）," *BBC News*, April 27, 2009: http://news.bbc.co.uk/2/hi/8019882.stm（2014年6月1日访问）.

② "Airlines Take Preventive Measures Against Flu（航空公司采取预防措施应对流感）," *Korea Times*（《韩国时报》），May 7, 2009: http://www.koreatimes.co.kr/www/news/nation/2013/07/119_44522.html（2014年6月1日访问）.

③ P. Bajardi, C. Poletto, J. J. Ramasco, M. Tizzoni, V. Colizza, and A. Vespignani, "Human Mobility Networks, Travel Restrictions, and the Global Spread of 2009 H1N1 Pandemic（人口流动网络、旅行限制和2009年H1N1大流行的全球蔓延）," *PLoS One*（《美国科学公共图书馆杂志》），Vol. 6, No. 1(2011): e16591.

今天的世界是一个地球村,越来越多的人聚集在大城市,社会或经济压力以及商业和交通的加速发展使得人们大规模迁移……在这个迅速变化而相互关联的世界中,病原体一直在不断寻找新的突破口。2009 年的"猪流感"清楚地展示了全球化和航空旅行对传染病传播的影响。①

184

病毒新变种的出现,以及戴着口罩的旅客和消毒的飞机图片,这一切似乎预示着一种"新兴"21 世纪流行病的出现,它借助交通运输网络在全球传播。

2009 年流行病图像和描述强调了这一威胁的新颖性。然而,这种说法是评论家们从 20 世纪 80 年代末和 90 年代初出现的"新兴"疾病中总结出来的。事实上,当加勒特在《新闻周刊》上宣称"大流行病的新时代"已经到来时,本质上她是在重申其 1994 年畅销书《即将到来的瘟疫:失衡世界中的新兴疾病》的中心论点:在艾滋病之后,疾病使得人类意识到自身面对"新兴"传染病时是很脆弱的。该书的重点是,我们需要用使病毒可见的新方法来解决"目光短浅的政治行动和不作为"带来的问题,对抗新兴传染病带来的"新兴"威胁。"可见性"主题作为赋权形式再次出现。加勒特认为,我们的挑战在于"将人类与微生物的关系看作是动态的、非线性的,而不是线性的"。引用生物物理学家和生态学家迪克·莱文(Dick Levins)的话来说就是:"我们必须拥抱复杂性,寻找方法来描述和理解一个我们看不到却不断受到其影响的、不断变化的生态系统。"换句话说,我们面临的挑战是,将那些无形的、只能通过其破坏性影响才能找到踪迹的事物变成有形的。②

2002 年:"非典"

加拿大全球公共卫生情报网是一个基于互联网的监测系统,监测全球

---

① National Academy of Sciences(美国国家科学院), "Infectious Disease: Global Challenges(流行病毒:世界挑战)": http://needtoknow.nas.edu/id/challenges/globalization/ (2014 年 6 月 1 日访问).

② Laurie Garrett, *The Coming Plague: Newly Emerging Diseases in a World Out of Balance*(《即将到来的瘟疫:世界失衡中的新兴疾病》)(New York: Penguin, 1995), 11.

范围内的阿拉伯文、中文、英文、法文、俄文和西班牙文媒体。2002年11月下旬,该情报网发现中国广东省暴发了流感。[①]三个月后,一架从中国飞往新加坡的飞机转飞到了河内,好让一名疑似肺炎症状的美国乘客下飞机。在接下来的几个月里,该乘客和几名医务人员都不治身亡了。中国香港、加拿大和美国均出现了被称为"严重急性呼吸系统综合征"("非典")的病例。到2003年4月,非典的病因被确定为一种新型冠状病毒。

随着4月和5月病例增加,人们越来越担忧流感大流行。《时代周刊》5月5日的封面是一名戴着外科口罩的年轻女子,标题为"你应该有多害怕?"。杂志里有一张两页的全球非典疫情地图,展示了北美、中国和东南亚的疫情状况。《新闻周刊》5月5日的封面上也是一名戴着口罩的年轻女子,该杂志承诺要告诉读者关于"流行病的新时代""你需要知道的注意事项"。在各国政府加紧控制疫情蔓延时,《今日美国》5月4日的一篇关于美国和亚洲航班抗疫举措的文章,展示了一张卫生官员在泰国航空公司一架飞机机舱内喷洒杀虫剂的照片。[②]

185

非典疫情最终在全球范围内导致8000人确诊、774人死亡。从那以后,非典疫情就成为利用数学模型预测传染病在社会网络中传播的一个有效案例。[③]研究人员还一致认为,非典疫情预示着传染病新时代的到来。国际发展研究中心是加拿大议会创建的公营企业,其发布在该企业网站上的一个观点指出:

> 非典让我们明白,我们是多么依赖于这个相互依存的社会中从不

---

① Public Health Agency of Canada(加拿大公共卫生局), "SARS in Canada: Anatomy of an Outbreak (加拿大的非典:疾病暴发剖析)," Chapter 2: http://www.phac-aspc.gc.ca/publicat/sars-sras/naylor/2-eng.php(2014年6月1日访问).

② Chris Woodyard and Barbara De Lollis, "Asian Airlines Handle SARS Concerns Differently(亚洲航空公司处理非典方式与众不同)," *USA TODAY*(《今日美国》), May 4, 2003: http://usatoday30.usatoday.com/money/biztravel/2003-05-04-disinfect_x.htm(2014年6月1日访问).

③ Vittoria Colizza, Alain Barrat, Marc Barthélemy and Alessandro Vespignani, "Predictability and Epidemic Pathways in Global Outbreaks of Infectious Diseases: The SARS Case Study(全球传染病暴发的可预测性和流行路径:SARS病例研究)," *BMC Medicine*(《生物医学中心医学期刊》), Vol. 5, No. 34 (2007): 34.

间断的生活节奏……细菌对地缘政治和社会界限漠不关心。我们忽视了全球化、气候变化对医疗和公共卫生带来的不利影响，也忽视了绝望的人们敢孤注一掷、铤而走险的现实。忽视了这些，我们终将会自食恶果……非典疫情之所以能够迅速蔓延，就是因为有发达的现代交通系统，对全球经济至关重要的现代交通系统。①

2001年：炭疽

2001年9月和10月，五封含有武器化炭疽孢子的信件被寄给了美国媒体组织和国会议员。《新闻周刊》10月8日的封面是两只从防毒面具后窥视的眼睛，标题为"你应该有多害怕？"——这个标题也适用于一年后《时代周刊》关于非典的封面故事。《时代周刊》的封面上有一只模糊的防毒面具，没有实体，标题是"威胁有多真实？"。该杂志承诺"会分辨事实与谣言"。

对许多人来说，炭疽袭击是一个新世界的先兆，在这个新世界里，自然产生和故意传播的传染病对国际安全构成了严重威胁。就在袭击发生前几周，《乔治敦国际事务杂志》发表了题为"论坛：生物预警"的圆桌会议，来自世卫组织、美国疾控中心和世界银行的代表发表了意见。世卫组织传染病小组执行主任在其主要文章中发出了关于"喷气式飞机可能造成的疾病威胁"警告：

186

　　　　没有一个国家是一座孤岛，现在比以往任何时候都更是如此。没有一个国家能够单独抵御来自其邻国或地球最偏远角落的传染病入侵……我们必须承认传染病还没有得到控制，我们要做出巨大努力，时刻保持警惕，才能确保世界人口的安全。②

---

① Christina Zarowsky, "SARS, AIDS, and Public Health（非典、艾滋和公共卫生），" June 20, 2003: http://www.idrc.ca/EN/Themes/Health/Pages/ArticleDetails.aspx? PublicationID=927（2014年6月1日访问）.

② David L. Heymann, "The Fall and Rise of Infectious Diseases（传染病的兴衰），" *Georgetown Journal of International Affairs*（《乔治敦国际事务杂志》）, Vol. 11, No. 2（2001）: 7–14.

1999年:西尼罗河病毒

在炭疽恐慌的两年前,美国的脑炎暴发也发出了类似的信号。和脑炎后面的"非典"和H1N1流感一样,西尼罗河病毒的出现说明了昆虫可以轻而易举地搭乘飞机或轮船,将病毒传播到其他地方,蚊子也能从夏季害虫变为致命病毒载体。《纽约客》9月27日的封面沿用了其创刊号的封面图,但做了两点关键改动:非官方吉祥物尤斯塔斯·提利(Eustace Tilley)在其大礼帽上顶了一顶蚊帐,他透过单片眼镜盯着一只蚊子,而不是一只蝴蝶。

在2001年的一篇文章中,疾控中心载体传播传染疾病部门主任指出,西尼罗河病毒的流行"说明随着全球经济和现代交通的发展,世界逐渐缩小为一个地球村,美国面临的风险越来越大。尽管全球化极大地促进了经济发展,但其对公共卫生的影响是毁灭性的"。[①]几年后,医学研究所论坛"全球化对传染病出现和控制的影响"的报告是这么评论的:

> 一方面,发达的现代交通让更多的人和产品可以更加快捷地抵达世界各地。另一方面,现代交通也为传染病的跨大陆传播打开了通道。常见例子就是,蚊子可以待在飞机轮子的缝隙里,跟着飞机漂洋过海,将携带的病毒传播到别的地方。这也是猜测1999年西尼罗河病毒传入纽约方式的几种假设之一。[②]

1992—1998年:新兴疾病

从死亡人数不到10人的生物恐怖袭击(炭疽),到只在某一地区的小范围传染病暴发(西尼罗河病毒),再到影响了数千人生活的全球流行病("非典"和H1N1流感),上述四个事件的视觉和叙事主题都是围绕大众和科学

187

---

① Duane J. Gubler, "Silent Threat: Infectious Disease and U.S. Biosecurity(沉默威胁:传染病和美国生物安全)," *Georgetown Journal of International Affairs*, Vol. 11, No. 2 (2001): 15-24.

② Stacey Knobler, Adel Mahmoud, Stanley Lemon, and Leslie Pray, ed., *The Impact of Globalization on Infectious Disease Emergence and Control: Exploring the Consequences and Opportunities, Workshop Summary—Forum on Microbial Threats*(《全球化对传染病的出现和控制的影响:探索后果和机遇——微生物威胁论坛研讨会摘要》)(Washington, DC: The National Academies Press, 2006).

媒体上关于"新兴疾病"威胁的初期报道。尽管这些疾病在当时都被认为是"新兴的"，但是在过去十年里，像加勒特和理查德·普雷斯顿（Richard Preston）这样的记者，还有一群病毒学家和传染病研究者，都在积极宣传"新兴"传染病是人类健康和安全的普遍威胁。[1]

在西尼罗河病毒暴发的前一年，东南亚出现的一种新型流行性流感病毒，引起了美国媒体和公共卫生部门的广泛关注。《时代周刊》2月23日的封面是在荧光绿病毒的背景下的一幅过度饱和的照片，照片中的人物戴着面具和护目镜，穿着防化服，以此来说明"流感猎人……是试图阻止致命病毒向世界各地传播的科学侦探"。然而，流感并不是唯一一种在1998年登上《时代周刊》封面的病原体。这年晚些时候，8月3日的封面向读者发出警告，说"致命细菌"（大肠杆菌）已经进入自来水系统，可以从美国城市的水龙头中涌出来。这种诡异的绿色病原体为流感提供了生存环境，现在人们认为它会直接通过水龙头进入家中。

如果说美国人对"致命细菌"的概念似乎非常熟悉，那可能是因为三年前，他们看到了对最著名的致病超级明星——埃博拉病毒——的大量报道。1995年5月在扎伊尔（刚果民主共和国）的基奎特（Kikwit）暴发的埃博拉疫情，吸引了美国民众一连几周的关注。《新闻周刊》5月22日关于"致命细菌"的封面上画一个生物危害标志和一双戴着手套的手，手里还拿着一小瓶隐形病原体，上面的文字标错了，写成了"艾博拉"。紧随其后的新闻故事《恐惧的爆发》展示了一幅描绘"病毒世界"的地图，并问道："我们想知道埃博拉病毒是否正向我们这边传播。它会不会在第三世界的首都达到顶峰，然后席卷全球？"[2]

1995年，这个问题代表了一种普遍的焦虑。《时代周刊》1994年9月12日的封面是一个放大了的微生物，其封面故事是《致命微生物的复仇》。20

---

[1] 关于"新兴疾病"概念的出现，参见：Nicholas B. King, "Security, Disease, Commerce: Ideologies of Post-Colonial Global Health（安全、疾病、商业：后殖民时代全球健康意识形态）," *Social Studies of Science*（《科学的社会研究》）, Vol. 32, No. 5-6（2002）: 763-789; "The Scale Politics of Emerging Diseases（新兴疾病的规模政治）," *Osiris*, Vol. 19 (2004): 62-76.

[2] Geoffrey Cowley, "Outbreak of Fear（恐惧的爆发）," *Newsweek*（《新闻周刊》）, Vol. 125, No. 21, May 22, 1995.

世纪90年代中期似乎是一个致命病原体从实验室和丛林之类的地方出现的时代;《经济学人》1995年5月20日的封面是一个发光的绿色头骨从培养皿中向外窥视,标题是"疾病的报复"。

　　这种叙述方式不是媒体创造的。早在《时代周刊》的封面故事之前,医学研究所1992年就有关于"新兴传染病"的报告了。该报告和其他报告认为,近期全球的社会和科技进步给健康带来了新威胁,也导致了新兴疾病的出现:

> 　　自冷战结束以来,世界经济日益相互联系,变得更加全球化;竞争、贸易和通信的增多几乎给每个国家的人民都带来了好处,也形成了各国之间的相互依存关系……每天都有200万人跨越国界,国际商业也在日益发展壮大,这一切都不可避免地与健康风险的转移联系在一起。比较明显的例子是传染病、受污染的食品、恐怖主义以及合法或被禁止的有毒物质方面的风险。①

　　这份报告和其他报告共同展示了新兴疾病的图像,在这些疾病中,新的病原体先出现在发展中国家,并迅速成为全球性威胁。新兴传染病威胁这一概念引发了对后帝国时代"全球化"及其通过相互依存引发的失衡力量的间接批判,批判将疾病威胁置于"第三世界"、后殖民时代的贫困空间、不合标准的医疗保健和走向失败的国家的这种行径。

"现代化"的疾病

　　通过以上简要回顾,我们应该可以清楚地看到,20世纪90年代和21世纪初"新兴"传染病威胁的报道采用了一些叙事和视觉比喻,让人们意识到了全球化和高度网络化社会的独特风险。每一阶段都概括了之前的情形,

---

① Joshua Lederberg, Robert E. Shope, and Stanley C. Oaks, *Emerging Infections: Microbial Threats to Health in the United States*(《新兴传染病:微生物对美国的健康威胁》)(Washington, DC: National Academy Press, 1992).

并提供了决定后续反应和报道的线索。虽然这些比喻似乎是对20世纪(特别是后期)现象的反映,但它们实际上可以追溯到更早的时代,当时视觉技术、公共卫生机构和疾病负担的重大变革影响了叙事和视觉图像的发展,这些变化持续了几十年。本节将简要描述在20世纪30年代和40年代两部重要的公共卫生电影中出现的这些比喻。

　　1927年发行的《爵士歌手》预示着有声电影时代的开始,开启了好莱坞的黄金时代,一直持续到第二次世界大战结束。好莱坞电影公司利用声音、色彩和动画技术的进步,增加了流行电影的制作,电影也成为大众传播的主要手段。这一点在第二次世界大战期间体现得淋漓尽致。当时电影被用作激发爱国主义、宣传和塑造美国国内外公众舆论的手段。这一现象最终导致了一位电影历史学家所说的"从理性的印刷文化向印象主义电影世界的过渡",在这种过渡中,公众想象中的静态图像被动态图像所取代。[1]

189　　新的美国和国际公共卫生机构负责监测、抗击和传播有关传染病的信息,他们清楚地认识到电影作为大众传播手段的重要性。美国的疾病控制活动在美国卫生服务署的支持下得以巩固。1942年,美国卫生局长托马斯·帕兰(Thomas Parran)创建了公共卫生服务的战区疟疾控制部门,来控制美国南方军队训练地区的疾病。第二次世界大战期间,战区疟疾控制部门扩大了自己的规模。1946年,战区疟疾控制部门的领导人说服帕兰使之成为一个常设机构(传染病中心),也就是美国疾病预防控制中心的前身。[2]两年后,刚刚建立的联合国成立了世界卫生组织,其任务是监测、分类和防治关键传染病,服务"全球人民,尽可能提高其健康水平"。

　　讽刺的是,正当西欧和北美的工业化国家发展追踪和呈现传染病的机构和技术并想要找到新方法时,这些疾病却逐渐消失了。美国的传染病死亡率从1900年的每100000人中797例死亡下降到1937年的283例,再到

---

① Thomas Doherty, *Projections of War: Hollywood, American Culture, and World War II*(《战争的预测:好莱坞、美国文化和第二次世界大战》)(New York: Columbia University Press, 1993), 6.

② Elizabeth W. Etheridge, *Sentinel for Health: A History of the Centers for Disease Control*(《健康的哨兵:美国疾病预防控制中心的历史》)(Berkeley: University of California Press, 1992).

1952年的75例。①然而，虽然工业化的西方享受到了这种"流行病学转变"的好处，但发展中国家的传染病发病率仍然很高。②尽管结核病、白喉、脊髓灰质炎和痢疾持续在非洲、拉丁美洲和亚洲肆虐，并造成大量死亡，但这些疾病正在从西欧和北美的记忆中消失。

1936年，美国公共卫生署发布了长达40分钟的教育片《公共卫生服务工作》，计划在剧院和教育机构上映，影片概述了公共卫生服务的历史、组织和活动，由独立制作公司布雷制片厂（Bray Studios）制作。该制片厂最早使用赛璐珞（celluloid）胶片制作卡通动画。

这部电影第一章节，也是最长的一个章节，以"防止国外输入性疾病"为题，向我们展示了美国公共卫生署希望展现的世界与当时技术在疾病控制方面的情状。影片也从视觉图像和大众传媒的角度，让我们得以一窥当时艺术的发展。1936年，当时电影处于通信技术的最前沿，同许多其他政府部门一样，美国公共卫生署将自己的许多影片外包给商业制片人进行制作。

第一章节"防止国外输入性疾病"以一连串蒙太奇镜头开篇，运用大型船只、火车、商用螺旋桨飞机的意象表现"现代"运输的画面。旁白发出严肃警告：

> 海陆空交通显著发展，国外输入性疾病带来的风险也随之水涨船高。机械设备改进，人员或财产的运输也更为方便，疾病的传播也变得简单。

画面拉近到特写，只见一根针刺穿了一只旋转的蚊子，接着是一张南美地图，旁白开始：

① Gregory L. Armstrong, Laura A. Conn, and Robert W. Pinner, "Trends in Infectious Disease Mortality in the United States During the 20th Century（20世纪美国传染病死亡率的趋势）," *Journal of the American Medical Association*, Vol. 281, No. 1 (1999): 61-66.

② Abdel R. Omran, "The Epidemiologic Transition（流行病学转变理论）," in *International Encyclopedia of Population*（《国际人口百科全书》）, Vol. 1, ed. John A. Ross (New York: Free Press, 1982), 172-183.

尽管自 1905 年起，黄热病已从我们的海岸消失，不复存在，但仍存在于南美洲和非洲。近期，航空旅行方面的发展使黄热病再次成为美国的威胁。为了对抗黄热病，就必须消灭船只和飞机上携带黄热病病毒的蚊子，检测出受感染的乘客并将其隔离。虽然能够传播黄热病的蚊子只能飞一小段距离，但是飞机能把它们带至数千英里之外。只有绝对小心、时刻不放松警惕，才能将这种危险且充满威胁的疾病隔绝于国界线之外。

镜头转向正从水上飞机下来的穿着考究的乘客，旁白开始描述美国入境口岸处如何检查有相关症状的乘客和机组人员的景象。影片中，人们先做飞机内部吸尘，再进行喷洒，旁白说这些消毒工作是为了阻止黄热病传播。

之后，电影重申了之前的观点，镜头里是一张环太平洋地图，画出了一条从中国途经马尼拉、关岛、中途岛和檀香山到旧金山的航线。旁白提醒道，"开放通往东方的航线将会给防止疾病传入夏威夷和美国本土带来严重问题，特别是霍乱和天花"。

1948 年，联合国电影委员会发行了一部名为"永恒的战斗"的教育片。当时，联合国对大众传媒领域兴趣浓厚，新闻部和联合国教科文组织都对出版、广播和电影进行了大量投资。由于刚刚经历了第二次世界大战，目睹了法西斯宣传者是如何利用大众传媒进行有效宣传的，这些组织视电影为一种特别手段，以促进国际主义和民主在全世界范围内传播。①联合国制作出品的电影有：《面包之战》(*Battle for Bread*)、《绿色黄金》(*Green Gold*，关于粮食问题和联合国粮农业组织的工作)、《生活的十字路口》(*Crossroads of Life*，关于青少年犯罪)、《保卫和平》(*Defense of the Peace*，描述联合国结构)、《一个孩子的命运》(*Fate of a Child*，关于拉丁美洲不发达状况和设立拉丁美洲经济委员会)、《为了世界上的所有孩子》(*For All the World's*

191

---

① UNESCO, "UNESCO's Program of Mass Communication: I(联合国教科文组织大众传播计划 I)," *Public Opinion Quarterly*(《舆论季刊》), Vol. 10, No. 4(1946–1947): 518–539.

Children,关于联合国儿童基金会)。[1]在一份 1946 年发表的大众传媒计划声明中,联合国教科文组织指出:

> 在过去的半个世纪里,几乎在任何地方,我们都能看到过去的文化固定性都在逐步瓦解,新的社会观念和生活方式在出现,但这些还没有定型,所以我们的时代仍处于一个变化和过渡时期。在扩大普通民众推动变革的影响力上,大众传媒起着非常重要的作用……它们帮助打破了……原来的稳定,世界呈现出一派变化和多样化的新景象,这令人激动的同时也令人担忧。与此同时,当人们意识到需要处理问题重要性之高、范围之大时,个人就会有一种孤立无助之感。[2]

　　联合国深知制作兼具娱乐性和知识性电影的必要性,故而经常将项目外包给商业制片人。《永恒的战斗》是在联合国新闻部的赞助下,与玛德琳·卡洛(Madeleine Carroll)电影公司联合制作完成的。卡洛是一位英国女演员,活跃在 20 世纪 20 年代末至 40 年代末的大银幕上,最著名的作品是由阿尔弗雷德·希区柯克导演的《三十九级台阶》(*The Thirty-Nine Steps*),她后任职于联合国教科文组织。《永恒的战斗》这部电影的导演是出生于俄罗斯的维克多·维卡斯(Victor Vicas),他曾经在法国和德国工作,也是简·曼斯菲尔德(Jayne Mansfield)主演的《啼笑因缘路》(*The Wayward Bus*)的导演。

　　《永恒的战斗》讲述了一段始于中世纪,并以世界卫生组织成立为高潮的国际保健发展历程。和《公共卫生服务工作》一样,这部电影也体现了联合国所希望展现的世界状态和良好的控制传染病方法。

　　电影先以木刻版画插图的方式回顾了在没有微生物学说时可怕瘟疫的治疗方法,又对当代如何进行传染病控制做了调查。旁白则以胜利的语调歌颂了这一段的医学进展:

---

[1] Adolf Nichtenhauser Medical Motion Picture Collection(阿道夫·尼敦豪泽医学电影集), National Library of Medicine(国家医学图书馆), Box 23, folder "United Nations films."

[2] UNESCO, "UNESCO's Program of Mass Communication: I," 519-520.

来自各个国家的科学家们不顾无知带来的严重恐慌和传染病潜在的危险,依然继续奋斗。他们用尽全力把自己小小的研究转变为知识,照亮前路,用尽各种交流手段向彼此分享其研究成果。

192

在一次实景真人娱乐活动中,17 世纪的科学家安东·冯·列文虎克(Anton von Leeuwenhoek)出现在一个黑暗的房间里,他正在准备一张幻灯片,并将其举到一支蜡烛前。此时,旁白以胜利的语调继续说道:

> 荷兰人列文虎克的研究为世界各地的科学家提供了显微镜,从此科学家们的视野焕然一新,能看到的东西更多了。如今,终于可以用科学的探照灯检查躲藏起来的敌人了。

微生物游动的图像时断时续,旁白指出,"无论传染病存于何处,病因是什么,都要把它们找出来"。镜头先切换到地球,之后出现了法国地图,最后则是一位演员,他饰演的是路易·巴斯德(Louis Pasteur)。房间里一片漆黑,他坐在一扇窗户前,灯光照在实验室的长凳上,"医学进步了,黑暗之处有了光芒,绝望之境有了希望"。

电影对科赫的发现作了相似镜头描写。之后,在一幅世界地图上,几条线连接了多个大陆,这展现的是科学交流,"固有的偏见打破了,信息能够自由交换,锻造出了能够对抗人类古老疾病的现代武器"。

随后,影片突然开始用庆祝的语调讲述科学进步,再逐渐过渡到平稳的语气,论述全球威胁。在一段工业化和城市化的剪辑画面上,旁白说道:"在19 世纪的进程中,世界经历了惊人的变化,工业革命的出现改变了人们的生活方式。"接着,在一段动画中,一列火车带着一个巨大的头盖骨(代表霍乱)从一个城市穿过一片空旷的土地进入另一个城市。旁白发出警告:

> 新型交通工具把世界紧密地联系在一起,使其成为一个庞大而拥挤的城市。不知不觉间,从某个疾病疫区来的旅行者变成了致命细菌的携带者。他走到哪里,细菌就会被带到哪里,留下来,传播疾病。

之后,在屏幕上出现了飞机旅行和世界地图的蒙太奇镜头,旁白再次发出警告:

> 现如今,世上没有距离可言。飞机连接大陆,就如同火车连接城市。今天,全世界人民成为一个民族,遍布全球的翅膀将他们紧密相连……现代交通带来了全面、普遍的传染新危险。

新兴传染病威胁图像

上述文字无法尽述这两部电影的画面展示和表现手法有多么出神入化。它们对全球交通网络传播传染病威胁的描述是如此熟悉,如果画面变成彩色,飞机换成现代喷气式飞机,用非典冠状病毒的电子显微照片代替霍乱杆菌,这两部电影就与21世纪的电影无异。

这些不同的材料说明,我称之为"新兴传染病威胁图像"的这个东西将会长期存在:这一套对应传染病的叙事套路和图像是新颖的(或者被认为是新颖的)。大萧条末期到后冷战时代的75年间,类似争论仍在上演:我们所生活的这个时代,发生了巨大的社会或科技变革,也产生了各类新威胁——新疾病、新病菌携带者、新武器。

人们很容易将当代人对新颖性和历史例外主义的主张视为错误,而这种错误是不断忘记自己历史的文化产物。而我则想更深入地探究这一现象。我无意于谴责当代观察家犯下的历史错误,只是想试图理解这75年间历史观点的惊人重复。一种观点重复出现,可以理解为是两种相互关联的现象产生的结果:第一,现代技术进步和社会变化之间的矛盾关系将长期共存;第二,视觉技术的特殊之处在于,它不仅是在表现疾病,更是用现代技术手段来表现疾病。

可见和不可见之间循环往复,形成辩证关系,渗入新兴传染病威胁图像中,特别在本章讨论的两部电影中均有体现。首先,可见和不可见处理方法为这些电影中的历史故事提供了担保。《永恒的战斗》讲述了一个人们常见的故事，原始信仰进步到现代科学。这种目的论式的叙事通过丰富的视觉手法来表达：人类"被无知蒙蔽了双眼，充满了恐惧"，因此"用巫术来猛烈抨击黑死病"。偏见、褊狭与残忍主要是因为人们无法看透疾病的本质。

与前现代时期特有的盲目相反，现代科学家"痛苦地……用尽全力把自己小小的研究转变为知识，照亮前路"。列文虎克拿着一张幻灯片，举到蜡烛前。他发明的显微镜使得"视觉变得全新而强大……如今，终于可以用科学的探照灯检查躲藏起来的敌人了"。同样，原本黑暗的房间里，巴斯德坐在一扇窗户前，光投射在其实验室的长凳上。他关于疾病可能由微生物引起的发现开创了一个新时代，一个"医学向前发展，照亮了曾经黑暗地方"的时代。

194 可见性在描述医疗技术时也起着关键作用，它让人们能够看到疾病的实际病因。列文虎克和巴斯德不仅发现微生物是致病原因，还让微生物变得可见。在这方面，这些电影将视觉技术视为现代医学的标志，认为现代医学之所以如此强大，是因为它能看到以前从未见过的东西。

在最明显的意义上来说，电影是一种传达动态视觉图像的媒介。现代科学故事中，科学家看到了细菌，这并非巧合。科学家的每一个镜头都与运动中的细菌相伴，这也并非巧合。细菌在电影中出现不仅是科学进步的基石，在银幕上看到细菌也别有趣味。此外，这也证明了电影可以作为信息传递手段。19世纪的科学家可能已经知晓如何看到疾病，而20世纪的电影让我们普通观众也能看到疾病，这是文字、口头描述和静态图片做不到的。所以，在某种意义上，这不仅是一个关于现代医学技术的故事，也是一个现代表征技术的故事。现代性体现在我们能够看见什么，体现在视觉行为和视觉技术上。

使用不同的视觉媒介技术和媒体形式来表现过去也更好地说明了这一点。因此，举例来说，两部电影展现的是过去的事件，可是过去的事件里不能用到电影，因为在过去事件发生的年代没有电影技术。过去没有电影这个现代产物——这里指的是16世纪到19世纪的大流行病期间。故此，导演们必须使用生硬的拍摄手段，包括木版画、报纸头条、切给《韦伯斯特论瘟疫》的镜头，使对过去的描述更加真实可靠。电影试图创造好的历史，而历史抵制制作好的电影，二者之间存在着一种紧张关系。

疾病的五种图像

新兴传染病威胁图像包括五个种类:病原体图像、病菌携带者图像、地图、网络图像和屏障图像。借助"经典疾病三联体",即病原体、宿主和环境,这些图像提供了一种简洁明了、人人熟悉的方法来使传染病可见,并传达一种新奇感和迫在眉睫的威胁感。

电影的出现为科学家提供了一种方法,让原本人类肉眼看不到的物理空间和过程变得清晰可辨,如致病因子(细菌和病毒)——它是造成传染性疾病的直接诱因。1903 年,英国胚胎学家罗伯特·凯利(Robert E. Kelly)将2000 张鸡胚头部和颈部的染色切片图像汇集成一部电影,在以前,观众是不可能"经历"这些的。[1]特别是,预见体内微生物、各个空间及其关系的能力,是媒介发展中意义最深远的一次创新。[2]

用视觉来描述疾病病原体有双重作用,一是让人看见了原先看不见的威胁,二是颂扬了创造出这种视觉化的现代科学力量。病原体相关动画和图片——通常以图片的形式展现它是怎么生成的,类似通过显微镜镜头或在培养皿中定点观察——让观众看到了原本无法察觉到的风险,而这单看症状或病患是无法做到的。在后微生物理论时代,病原体动画既证明了疾病的存在,又证明了现代医学识别、控制和消灭病毒的能力。这也产生了现实意义:这些细菌真实存在,它们就在那里,我们可以看到它们在移动。如果细菌是真实存在的,那么可以断定疾病是真实存在的,生物武器是可行的,威胁不是嘴上说说而已。

病菌携带者是一种传播机制,指的是微生物从动物宿主进入人体或由人传染到人的过程。尽管病原体图像相对恒定——通常,微生物看起来十

---

[1] Adolf Nichtenhauser Medical Motion Picture Collection, National Library of Medicine, box I, Vol. I, 77-78.

[2] Hannah Landecker, "The Life of Movement: From Microcinematography to Live Cell Imaging(运动的生命:从微电影摄影到活细胞成像)," *Journal of Visual Culture*(《视觉文化杂志》), Vol. 11, No. 3 (2012): 378-399; "Microcinematography and the History of Science and Film(显微摄影与科学史和电影史)," *Isis*(《科学与国际安全研究所杂志》), Vol. 97, No. 1 (2006): 121-132.

分相似——但病菌携带者的图像千变万化。可能是动物，例如传播黄热病病毒的蚊子或传播H1N1病毒的猪；也可能是人，例如无意中携带病菌的航空旅客。病菌携带者可能是原始的，也可能是现代的，可能是无意间感染的，也可能是故意感染的。他们通常（但不总是）种族、阶级和/或性别不同。①

在每一种情况下，病菌媒介都将原本看不见的病原体拟人化，给予它们可识别的形式和中介，并赋予它移动性。病菌携带者把原先科学认为没有实体的威胁转变为普通观众肉眼就可以看见的形象，没有辅助工具，我们看不到微生物，但我们可以看到蚊子、苍蝇、猪、移民和游客。最近，媒体报道②和对所谓的"超级传播者"的科学调查③把卫生保健工作者和普通公众与病菌携带者区分了开来。

196   地图在新兴传染病威胁图像中发挥了很大作用。正如丹尼斯·伍兹（Denis Woods）所言，地图不是在展现客观公正、稳定不变的地理现实，而是根据特定利益构建的世界政治工具。④地理学家埃里克·斯温格多乌（Erik Swyngedouw）和尼尔·史密斯（Neil Smith）认为地图在其所称"规模政治"中也发挥着至关重要的作用。在这个过程中，各方运用图示比例尺来解释事件、支撑论点、结交盟友。⑤

---

① Kirsten Ostherr, "Contagion and the Boundaries of the Visible: The Cinema of World Health（传染与可见的边界：世界健康的电影），" *Camera Obscura*（《暗箱》）, Vol. 17, No. 2 (2002): 1-39；和 *Cinematic Prophylaxis: Globalization and Contagion in the Discourse of World Health*（《电影预防：世界卫生话语中的全球化和传染》）（Durham, NC: Duke University Press, 2005）.

② A. P. Galvani and R. M. May, "Epidemiology: Dimensions of Superspreading（流行病学：超传播的维度），" *Nature*, Vol. 438, No.7066 (2005): 293-295.

③ L. Temime, L. Opatowski, Y. Pannet, C. Brun-Buisson, P. Y. Boëlle, and D. Guillemot, "Peripatetic Health-Care Workers as Potential Superspreaders（作为潜在超级传播者的流动医疗工作者），" *Proceedings of the National Academy of Sciences of the United States of America*（《美国科学院院报》）, Vol. 106, No. 43 (October 27, 2009): 18420-18425.

④ 参见 Denis Wood, *The Power of Maps*（《地图的力量》）（New York and London: Guildford Press, 1992）.

⑤ Neil Smith, "Geography, Difference, and the Politics of Scale（地理、差异与规模政治），" in *Postmodernism and the Social Sciences*（《后现代主义和社会科学》）, ed. Joe Doherty, Elspeth Graham, and Mo Malek (New York: St. Martin's Press, 1992); Erik Swyngedouw, "Neither Global nor Local: Glocalisation and the Politics of Scale（既非全球也非本地：全球化和规模政治），" in *Spaces of Globalization: Reasserting the Power of the Local*（《全球化空间：重申地方的力量》）, ed. Kevin R. Cox (New York: Guilford Press, 1996), 137-166. 亦参见 King, "The Scale Politics of Emerging Diseases."

　　尽管病原体和病菌携带者的图像有助于将疾病形象化、拟人化,但是地图在视觉上将两个地方并置于一个平面上,营造出了邻近感和联通感,即使这两个地方相隔甚远、彼此之间没有交通工具。通过激活地图,并结合病菌携带者图像,这两个地方就有了动态联系,例如探讨《永恒的战斗》中霍乱和《公共卫生服务工作》中黄热病的传播情况就是如此的。地图还可以在空间上确定病原体、人口和病菌携带者,让观众自己代入地图中,自然而然地把广阔的三维世界直接视作二维空间。利用地图,建立可视化联系,研究人员和媒体也同样参与到规模政治中来,遥远地区暴发的疾病立即具有全球意义。

　　与地图紧密相连的是网络图像。网络可以是抽象化的通信和信息交流流动,也可以是运输、贸易和商业的物质基础设施。网络与地图一道建立起了联通性,与此同时,它们也象征着现代化和技术进步。然而,地图展示现实意义上的地理,表现了不同地点和各个社会群体之间存在相似性。而网络通常是抽象的,将差异抹平或消除,并代表通用通信的前景。地图向我们展示了世界有多大;网络则展示了世界现在变得多么小,让我们自行想象身处一个互相联络的系统中。强大的数学建模和社会网络分析的出现,让设想和分析迄今不可见的网络成为可能[1],也可以让网络中的"哨兵"节点得以识别,让我们能够在流行病真正成为可视数据前预测到它们。[2]

　　网络既是造成感染的渠道,也是潜在的预防机制:即使运输网络加速了新病毒传播,更好的监测和通信基础设施的出现也有望提高我们迅速发现和干预流行病的能力[3]。网络既是视觉通信的内容,也是通信手段。就此而言,视觉媒体在使用网络的图像时,也描绘了拍电影用到的装置。

197

---

[1] L. M. Glass and R. J. Glass, "Social Contact Networks for the Spread of Pandemic Influenza in Children and Teenagers(儿童和青少年流感大流行传播的社会联系网络)," *BMC Public Health*(《英国医学会公共卫生》), Vol. 8 (2008): 61.

[2] N. A. Christakis and J. H. Fowler, "Social Network Sensors for Early Detection of Contagious Outbreaks(用于早期检测传染病暴发的社会网络传感器)," *PLoS One*, Vol. 5, No. 9 (2010): e12948.

[3] Nicholas B. King, "Dangerous Fragments(危险的碎片)," *Grey Room*(《灰房间》), No. 7 (2002): 72-81;和"Networks, Disease, and the Utopian Impulse(网络、疾病和乌托邦冲动)," in *Networked Disease: Emerging Infections in the Global City*(《网络化的疾病:全球城中出现的传染病》), ed. S. Harris Ali and Roger Keil (Malden, MA: Wiley-Blackwell, 2008), 201-213.

前面四个方面讲了疾病产生的威胁，而屏障则是干预病原体由病菌携带者向人类传播的技术手段。屏障可以是物理屏障，例如布制外科口罩，布制或橡胶防毒面具，或便携式隔离装置；也可以是政治屏障，例如国家边境的检疫法规；抑或是技术屏障，例如农药、杀虫剂和药品。虽然屏障可以预防传染病，但是它在人类眼里不堪一击，并不安全，是人类对自己在一个由病原体、病菌携带者和网络组成的世界中所处位置以及对脆弱的地理和物质边界感到焦虑的视觉表现。

调解恐慌与现代矛盾心理

恐慌不是凭空出现的，面对新兴威胁，好像自然而然就产生了恐慌。它必然是人为的。自20世纪中期以来，因工业化而富裕的西方国家居民几乎没有经历过传染病或流行病爆发的早期阶段。肉眼看不见病毒，必须用显微镜才能看到，并通过照片或者动画得以表现；病菌携带者通常没有明显的感染症状，除了训练有素的专家，一般人基本看不出来；出现疾病的地区，可能相距甚远，感染病毒的人群，可能彼此之间没有关联，发病的往往是社会中最不起眼的成员，例如穷人或社会边缘群体；决策者和公众几乎看不见这些传染病传播和长期存在造成的威胁。已患病者很少恐慌，恐慌需要某种手段，由此健康的人才能从内心深处体验这看不见也摸不着、但在不断扩散的传染病。①我在本章中指出，新兴传染病威胁图像在制造恐慌、调解恐慌中起到了重要作用。然而，值得思考的是，为什么这些特殊图像一直存在并让人一直深信不疑？

从表面上看，这种图像里最突出的要素是病原体、病菌携带者和地图，这并不奇怪，因为这些是传染病发生的物质基础。这些疾病的症状从而再现了众所周知的"经典疾病三联体"，即病原体、宿主和环境。然而，这是以

198

---

① Charles Briggs, "Pressing Plagues: On the Mediated Communicability of Virtual Epidemics（虚拟流行病的媒介传播能力）," in *Plagues and Epidemics: Infected Spaces Past and Present*（《瘟疫与流行病：被感染空间，过去和现在》）, ed. D. Ann Herring and Alan C. Swedlund (Oxford: Berg, 2010), 39–59.

特定的文化方式来实现的。

　　我发现，从20世纪30年代开始，"新兴"传染病威胁图像大量借鉴了营销（更广泛地来说是消费文化）的文化逻辑和视觉语汇，两者十分相似。广告和消费文化的历史学家斯图亚特·埃文（Stuart Ewen）认为，强调不断制造新奇事物同样源于20世纪30年代的"消费工程学"。在大萧条时期，随着消费市场的崩溃，生产商和广告商转向"过期时尚"，将其作为刺激产品市场持续扩张的一种手段。如果能让消费者相信新奇（即罗兰·巴特所谓的"购入价值"）本身就是一种令人向往的特征，就可以进一步确保消费者始终具有无止境的欲望："在时尚的商业世界里，'塑造日常生活'的基本假设是，生活每天都会发生明显的变化。……未来会发生什么总是难以预测，因此，必然会出现一些新奇的事物。"①

　　新奇也标志着一系列文化共鸣现象：购买新东西意味着参与了科学和文化进步，意味着变得现代和时尚，最重要的是，这还意味着个人消费者自由选择范围扩大。购买新东西这一行为最终取代特许经营，成为美国自由的完美体现。正如历史学家迈克尔·史密斯（Michael Smith）所言，到本世纪中叶，商品化将与技术进步融为一体，产生"一条永不停歇的传送带，输送着更新颖、更先进的产品……与对更多、更大市场的需求相一致，确保消费者的参与，并使其能够取代参与性决策"②。在某些方面，这种新奇性是"美国例外主义"的一个关键因素，也是其自我创造的基础神话。③在消费文化中，"新"总是比"旧"要"更好"（更现代、更有创造力、更有生产力）。

　　对疾病病原体、网络和传播媒介新颖性的广泛强调，实际在形式和实质上都与人们对新颖性和现代性的痴迷不谋而合。这些不仅仅是细菌，而是"新"细菌；不仅仅是媒介，而是"新"媒介；不仅仅是疾病，而是经过改良的

① Stuart Ewen, *All Consuming Images: The Politics of Style in Contemporary Culture*（《消费图像：当代文化中的时尚政治》）(New York: Basic Books, 1988).

② M. L. Smith, "Recourse of Empire: Landscapes of Progress in Technological America（帝国资源：美国技术进步之壮观），" in *Does Technology Drive History? The Dilemma of Technological Determinism*（《技术是否驱动历史？——技术决定论的困境》）, ed. L. Marx and M. R. Smith (Cambridge, MA: MIT Press, 1994).

③ 参见：Philip Abbott, *Exceptional America: Newness and National Identity*（《特殊的美国：新奇性与国家认同》）(New York: Peter Lang, 1999).

"新"超级疾病。由于公共健康的视觉语言被运用于标识市场，因此特定疾病也被描述为时尚的、现代的、新的疾病。甚至，我们可以看到竞争的苗头，也就是"每周疾病"现象，因为不同的传染病会不断出现或消失在公众视野内。①

然而，新兴传染病威胁图解及其随之而来的叙事比喻不仅赞美了新奇和现代，还表达了对现代的矛盾心理。这种形象的描述既是对现代性的批判，也是对现代性的颂扬，尤其是在那些压缩了时间与空间的全球化现代性的各方面。②即使它一直在煽风点火，制造出一种无处不在的威胁或者说当前的危机，它依然在宽慰我们，使我们确信自己的现代性与技术的先进性。新兴传染病威胁图像很少使用原始肮脏的形象，而更倾向于使用现代技术的标志，不会采用受苦受难的穷人形象，而是选用富裕的旅行者形象。在20世纪早期的电影和21世纪早期的视觉媒体中，传染病的发生并不意味着社会福利制度的失败，而是代表着技术胜利的某种意外后果。从这个角度来看，我们一直是具有现代性的，而我们的现代性也带来了新的风险，当然，与之相随的是新机遇。③

这种矛盾的叙述本身并不新鲜。雷蒙·威廉斯（Raymond Williams）在其著作《乡村与城市》（1973年）中就曾指出，这种叙述早就存在于几个世纪之前的田园叙事中：

> 对资本主义突破的生产效率、新解放的力量，我们一次又一次地听到敏锐、不耐烦和被称之为现实的回应。在城市和工业发展的特定形式中，对资本主义既谴责又理想化；对权力、收益、产量的掌控以及对人类掌控大自然的无知赞美，好像剥削自然资源和剥削人类自己是两码

---

① Malcolm Gladwell, "The Plague Year(瘟疫年)," *New Republic*(《新共和》)(July 1995): 38-46; Susan D. Moeller, *Compassion Fatigue : How the Media Sell Disease, Famine, War, and Death*(《同情疲劳：媒体如何销售疾病、饥荒、战争与死亡》)(New York: Routledge, 1999).

② Anthony Giddens, *The Consequences of Modernity*(《现代性的后果》)(Stanford: Stanford University Press, 1990).

③ Ulrich Beck, *Risk Society : Towards a New Modernity*(《风险社会：迈向新的现代性》)(London: Sage, 1992).

事似的。他们一面谴责这种行为,一面又对此大加赞扬。[1]

而威廉斯探讨了那种现代化的现在与理想化的田园般过去相比的说法,新型传染病威胁图景中,把全球化、网络化的当今与另一种想象中的过去相比——过去的人类占据着互不相连且安全的地理上和文化上的小环境,并不是一片广阔的牧歌田园,而是众多自给自足的孤岛。

这些自给自足的岛屿也反映了一种想象中的帝国秩序,在这种秩序中,"现代"殖民中心在空间上、文化上和流行病学上都与"原始"殖民边疆互不相干。从某种层面来说,新兴传染病威胁图像清晰地反映了西方对于帝国秩序在全球化冲击下面临瓦解的担忧。然而,正如笔者在其他地方指出的,这一时期见证的是帝国权力的重新配置而非瓦解。[2]无论是作为掌控远方领土的殖民代理人,还是作为能够监督边界并维护其领土完整以抵御域外政治或经济入侵的稳定实体,民族国家主权的下降并没有导致主权的普遍削弱。相反,19世纪末和20世纪的帝国主义正逐渐让位于一种新的国际主权形式,国家和跨国组织按照一种"单一的统治逻辑"联合起来。[3]新兴传染病威胁图像清晰地阐明了19世纪帝国主义是如何过渡到21世纪的。

结论:可见性和恐慌

新兴传染病威胁图像既是一种警示性叙述,也是一种赞扬式叙述,视现代网络为传染渠道和公共健康预防的基础结构,也体现了可见性长期存在的悖论之一。与《永恒的战斗》揭示的相反,我们并非在黑暗走向光明的单行道上,而是处于一个循环往复的旅程中,在这其中,盲区让位于视觉,但视觉也让我们进一步意识到剩余盲点的存在。我们的监控技术越复杂精密,它们就显得越不完善。我们能够更迅速、更精确地辨别疾病模式的变

---

① Raymond Williams, *The Country and the City*(《乡村与城市》)(New York: Oxford University Press, 1973), 37.

② King, "Security, Disease, Commerce."

③ Michael Hardt and Antonio Negri, *Empire* (Cambridge, MA: Harvard University Press, 2000), xii.

化——包括新病原体的出现、流行病、不断发展变化的健康差异。但我们也越来越清晰地意识到那些我们原本没有注意到的变化，我们期望未来能更快、更准确地识别它们。同样，随着通信基础设施不断发展，与新的健康威胁有关的信息能够传输得更快。这无疑会带来更有效的健康传播，但随之而来的还有对新威胁的贪得无厌，人们期望能够将其填充进视觉系统中。同时，我们对可见威胁的焦虑也会日益增长。这就是视觉的悖论：看得越多，就越觉得自己盲目。

图像捕捉瞬间，使之成为重要时刻。当面对一个似乎在某种程度上捕捉到了新的、可怕的、具有难以言喻的现代性的标志性形象时，我们可能会停下来思考一下，这种互相交织的风险、新奇感和历史例外主义是如何通过图片和视频传递给我们的，而这些手段在制造与促进恐慌的过程中又扮演了什么角色。

致谢

　　在此感谢大卫·瑟琳（David Serlin）和国家医学图书馆提供了这一章提及的电影的相关资料，感谢乔纳·坎贝尔（Jonah Campbell）给予的研究帮助，感谢白锦文提出的编辑建议。

201

后记

恐慌的过去与全球的未来

艾莉森·巴什福德

Panic's Past and Global Futures

© Alison Bashford

2013 年 8 月下旬,叙利亚大马士革以东的古塔(Ghouta)地区发生化学 203
武器袭击事件。无国界医生组织称,当地的三家医院当天上午共接收了约
3600 名患者。无国界医生组织的运营主管认为,从"(患者的)症状、短时间
内涌入大量病人、病人的来源以及对医疗和急救人员造成的污染来看,这是
大量接触神经毒剂造成的"①。叙利亚内战中的这一事件带来了无数死亡,
还在许多地方引发了多种恐慌。很快,情况越来越严重。当地医院挤满了
受伤的平民。成千上万的叙利亚人逃到约旦和黎巴嫩,而那些地方本就已
有成千上万难民。叙利亚政府则因为失去对军队和军火的控制,被形容为
对袭击感到"恐慌"。恐慌在该地区和媒体报道中蔓延。在以色列,平民争
先恐后地去分发点领取防毒面具及其他物资。一个焦虑原因是怕受到来自
叙利亚的化学武器袭击,另一个焦虑原因则与美国可能采取的军事回应有
关。哪怕有人猜测美国不会做出回应,也依然引发了焦虑。以色列总理本
雅明·内塔尼亚胡呼吁以色列人民要保持冷静,但恐慌还在加剧,可以说是
媒体的报道造成了这种恐慌:《以色列时报》称"人民因叙利亚的威胁而恐
慌";还有诸如"抢夺防护物资"等报道,让恐慌加剧。②还有其他媒体的报

---

① "Syria Symptoms 'Point to Neurotoxic Agent(叙利亚症状指向神经毒剂),'" *Aljazeera*(半岛电视
　台), August 25, 2013. 可查阅:http://www.aljazeera.com/news/middleeast/2013/08/2013824171412
　80856.html (2014 年 9 月 17 日访问)。
② "Gas Mask Centers Boost Hours as Israelis Line up for Protection(以色列人排长队领取防毒面
　具)," *Times of Israel*(《以色列时报》), August 29, 2013. 可查阅:http://www.timesofsrael.com/gas-
　mask-centers-boost-hours-as-Israel-line-for-protection/(2014 年 9 月 17 日访问)。

道:"因西方攻击叙利亚而产生的恐惧在中东地区引发恐慌浪潮。"①

整个中东地区可能都陷入了对遭受西方国家袭击的担忧。然而,与此同时,西方国家自身更担心的似乎是任何美国的军事响应都会带来的金融危机。实时互联网通信提醒投资者为市场恐慌做好准备,这样的提醒几乎等于宣告必然会发生恐慌。②作为典型的能产生实际效果的虚拟恐慌场所,全球金融市场陷入动荡。在叙利亚发生的这些恐怖事件引发的后果立刻席卷全球,肉体上的痛苦演变成了心理上的恐惧,同样的事件几乎同时引发了对死亡的恐惧、对战争的恐惧和对经济损失的恐惧。这既与交流传播有关,也与化学武器有关。

《恐慌帝国》中的所有章节都与交流及言语接触密切相关,从词源上看,又和传染紧密联系。传播交流及其使用的手段——即媒体——使恐慌不仅仅与个人或某个地区相关。这种"'接触'就是恐慌如何实现传播、交流以及如何变得'常见'的方式"。一段讲述恐慌和疾病的历史,最终变成了一段关于传播交流和技术的历史。因此,恐慌也与相对时间有关,某种程度上也取决于不同媒体的时间性。

如同传染病一样,恐慌并不总是灾难性的、即时的或迅速的。本书的一些章节谈论了恐慌缓慢起到的作用(即慢性传染)。约翰·卡罗尔的《在中国怒火渐升》说到了点子上,他提到公众持续且低调地关注着火灾和广州事件,随时都可以往其中添把火。公众的恐慌有时也是如此,有时这更像是一种传闻而非熊熊大火,更像是一种长期焦虑而非某种急性反应。然而,焦虑和恐惧是两码事。卡罗尔在这一章中描述了扩散开来的、说不清道不明的殖民"焦虑"与可归因于特定原因的"恐惧"之间的区别。③焦虑有时候被人们赋予了一个实际上可能是虚假的因果关系。

---

① "Fear of West Attacking Syria Sends Panic Waves Across Middle East(对西方攻击叙利亚的恐惧在中东掀起恐慌浪潮)," *Firstpost*(《第一邮报》), August 29, 2013. 可查阅:http://www.firstpost.com/world/fear-of-west-attacking-syria-sends-panic-waves-across-middle-east-1068443.html(2014 年 9 月 17 日访问)。

② "Prepare for Market Panic(为市场恐慌做好准备): Jim Rogers (3:07)," Reuters, August 28, 2013. 可查阅 : http://www. reuters. com/video/2013/08/28/prepare-for-market-panic-jim-rogers?videoId=260178527&videoChannel=5(2014 年 9 月 17 日访问)。

③ 参见 Ranajit Guha, "Not at Home in Empire," *Critical Inquiry*, Vol. 23, No. 3 (1997): 482–493.

　　詹姆斯·比蒂那一章着眼于对因气候和地域问题而长期存在且持续蔓延的焦虑，并观察人们是如何反应的。他认为恐慌本身有时是由致病的"东方"环境造成的。作为一种从特定区域传播开来的发散物，恐慌在某种程度上成为一种环境问题。英国人在印度格格不入，最好的解决办法是把他们的人安置到气候适宜的澳大拉西亚，或是照着澳大拉西亚的样子改造印度的气候。这两种方式都不会引发恐慌，但这也确实引起了人们的反思，即恐慌和慢性文化焦虑的区别到底在哪里？如果长期被后者笼罩，恐慌残留的记忆可能随时会被触发。刚开始可能并不是什么突发事件，但随时都可能爆发成为某一突发事件。正如艾米·费尔柴尔德和大卫·梅里特·约翰斯所说的，19世纪为未来的戏剧性场面奠定了基础，建立了恐慌时刻的记忆，包括谁能从中受益，而谁又得承担损失。

　　疾病、相关新闻报道和其引发的恐慌不一定同时到来。某地附近的霍乱可能很快就会蔓延开来，就像广州的大火一样。但在过去，与之相关的信息传播交流很有可能是十分缓慢的，哪怕当局已经为搜集和发布情报付出极大努力，尤其当传播范围是全国时。①19世纪的大部分重要时刻都与海上相关，因此很可能出现这种情况：船只给澳新殖民地带去了伦敦霍乱流行可能已经结束了的消息，与此同时，这艘船也可能把染病的人带到了这片土地。随着19世纪的发展，蒸汽船可能带来了更及时的交流传播，但讽刺的是，也有可能带来疾病。短途旅程增加了把正处于潜伏期的病人无意中带来的风险。从这个意义来说，孤立、缓慢和全球距离可能有益于保持健康状态。

　　正如白锦文所说，在19世纪末，技术取代了这种费力且反应迟钝的海上通信。电缆和之后的电报将整个世界连接了起来，这种方式几乎立即就被运用于流行病学情报的传播。在那个时代，这种速度无疑是惊人的。白锦文用优美的文字描述了现代通信是如何向着即时通信加速发展的，也介绍了以电报为代表的技术全球化。这种方式确实速度很快，但电报的局限

205

---

① 辛迪·麦克里里和柯尔斯顿·麦肯齐很好地描述了海上时期的信息传播情况，见："The Australian Colonies in a Maritime World（海上时期的澳大利亚殖民地），" in *The Cambridge History of Australia：Volume 1. Indigenous and Colonial Australia*（《剑桥澳大利亚史·第一卷：澳大利亚土著和殖民时期》），ed. Alison Bashford and Stuart Macintyre（Cambridge：Cambridge University Press，2013），560-584.

性可能并不在于时间，更多的还是在于其线性模式。电报实现了从发送方到接收方的通信，但其增速很慢。因为它必须转换成不同的媒介才能产生大规模的影响。恐慌需要一个乘数才能真正传播开来，例如口口相传的谣言、印刷媒体、广播，或是尼古拉斯·金提到的电影。

如果因疾病引起的恐慌一直与传播交流有关，那么传播交流样式的转变就意味着恐慌及其影响也会有所转变。互联网时间是实时的，而旧通信机制之所以显得非常缓慢是因为有新的数字时间机制作对比。如今看来，电报和实时之间的差距确实已经十分明显。有可能引发恐慌的新闻消息会立刻在世界范围内倍速传播。事实上，所有关于互联网如何创造了一个后现代世界的标准学术见解，都可以应用于解释恐慌和疾病的联系。数字世界用各种方式彻底改变了传播交流、恐慌和疾病之间的联系。互联网可以仅用于提高健康传播的有效性。[①]它为全球疾病监测提供了新的机制。[②] 过去当局在监测时，搜索的是身体症状，而如今只需搜索词语表达的模式。示警的传播方式则有以下两种：一是老式的私人通信，也就是"情报"；二是以一种超出 20 世纪现代人想象的公开方式——当然，哪怕电报员最疯狂的梦想也想象不到这种方式。一如既往，情报可以轻易越过封锁线，因此对电报代码的"蓄意破坏"和黑客行为一样长期存在。但两者带来的灾难性影响规模完全不同。

也许，新通信机制中最重要的因素就是当局不干预整个进程的可能性，任何人都可以绕过专家立即传播疾病或疑似病例存在的消息，人们基本不进行核实或索要授权。社交媒体意味着一种新的散文形式，一种开放且多向并且无中心的媒介，同时具有高度的个性化和超乎想象的大众化。可以

206

---

① Sylvia Wen-ying Chou（周文颖）et al., "Social Media Use in the United States: Implications for Health Communication（美国社交媒体的使用：对健康传播的影响）," *Journal of Medical Internet Research*（《医学互联网研究杂志》）, Vol. 11, No. 4（2009）: e48.

② 参见：Lorna Weir and Eric Mykhalovskiy, "The Geopolitics of Global Public Health Surveillance in the Twenty-First Century（21 世纪全球公共卫生监督的地缘政治）," in *Medicine at the Border: Disease, Globalization and Security, 1850 to the Present*（《边境医学：1850 年至今的疾病、全球化和安全》）, ed. Alison Bashford（Basingstoke: Palgrave Macmillan, 2006）, 560–584; Lorna Weir and Eric Mykhalovskiy, *Global Public Health Vigilance: Creating a World on Alert*（《全球公共卫生警戒：创造一个警惕的世界》）（New York: Routledge, 2010）.

说,新的数字世界预示着图解的主导地位将会发生改变(尼古拉斯·金从他关于流行病的"新"图解研究中得出的结论),文字(即文本和短信)将重归其主导地位。数字世界是一个非常真实的世界,一个有关恐慌、疾病、传播交流和控制的新世界。

众所周知,在"阿拉伯之春"后,当下流行的硬件是智能手机而非电脑,其带来的影响也无比真实。恐慌、暴乱和革命本就有着悠久的历史,再辅之以社交媒体,自然会引发媒体传播。在相当大程度上,数字世界的政治已经抹平了最强者与最弱者、东方与西方、南方与北方,甚至最富有国家与最贫穷国家之间的差距。社交媒体作为一种传播手段,既是武器也是机遇。

正如大卫·阿诺德解释的那样,为控制、延缓或消除恐慌所做的努力可能会彻底白费。为控制恐慌而采取的措施同样可能在无意中制造恐慌。这话本就正确,在数字世界里则更显有理。那些旨在解决危机而进行的干预(也就是阿诺德所谓的"政府过于草率的行动"),可能很容易就成为加剧灾难的催化剂。例如印度在1896—1897年所采取的抗疫措施本就是对恐慌和混乱的一种煽动。他认为恐慌总是难以预测的,甚至可能超出可管理范围,是一种几乎难以计算和预测的风险。在印度,尽管黑死病和流感的死亡率与发病率相差不多,但黑死病造成了严重的公众动乱,而流感却没有。因此,从与恐慌和疾病有关的历史事件中,当局可以学习如何遏制这两者的发展,以及如何将遏制恐慌演变为风险管理。但事态也有可能超出当局的可管理范围,2014年埃博拉病毒的暴发就证明了这一点。

这几章恰当地纳入了科学史上空间转折的相关内容,并与地理敏感性相融合,而地理敏感性长期以来一直是疾病管理历史和疾病管理史料编纂的标志。①恐慌总是具有地理属性,会在不同地区蔓延,就像传染病一样。正如若昂·兰格尔·德·阿尔梅达在对1851年《国际卫生公约》的分析中所指出的那样,这种情况存在已久。历史学家们倾向于把这次东西方世界精心组织的大会视为一次失败的尝试,因为双方没有达成任何共识,但若昂·兰

---

① Diarmid A. Finnegan, "The Spatial Turn: Geographical Approaches in the History of Science(空间转向:科学史中的地理方法)," *Journal of the History of Biology*(《生物学史杂志》), Vol. 41, No. 2 (2008): 369-388.

格尔·德·阿尔梅达则认为,无论好坏,这一公约仍旧为未来国际卫生公约奠定了广泛的基础。作为东西方世界之间流行性地缘政治学的早期实践,《国际卫生公约》在注重公共健康的欧洲人和疏忽大意的奥斯曼人之间建立起了某种健康边界。就公共健康而言,奥斯曼帝国的管理方式被视为异类,该国被认为是会威胁到西方国家公共健康的"弱国"之一。①

1851年,叙利亚仍是奥斯曼帝国的一部分,因此也是国际卫生会议的参与国之一。实际上,它几乎是当时的讨论核心,因为大马士革是麦加的主要转口港,而每年的麦加朝圣行动对注重卫生健康的欧洲人来说都是一个重大问题。160多年后,叙利亚、疾病和恐慌再次成为公众关注的焦点。这次依然是东西方之间的问题,尤其是关于化学武器的讨论已经引发了有关非文明战争和文明战争的争论。②几乎不可避免的是,如今这被定义为伊斯兰世界和非伊斯兰世界(但暗指基督教)之间的"文明冲突"。1925年,国际联盟发布的《日内瓦议定书》正式认定化学武器是非文明的。③但是化学战的历史及其引发的恐慌始于欧洲内部事件,而非西方和奥斯曼(或者说"东方"的任何地方)之间的冲突。1915年,德国率先在比利时战场部署有毒物质,引发了对化学战最初的愤怒和恐慌。人们被不可见的毒气悄无声息地毒死,而(绅士风度式)战争的不成文规则也因此被打破。这是对文明的威胁,尤其是战争中的各方都使用了毒气。冷战期间,缘于美国和苏联军火储备多样化,引起恐慌的并不是使用化学制剂本身,而是以威胁为目的进行使用。

化学战和生物战可能是最能引发恐慌和疾病的东西。就叙利亚事件而言,似乎是政府自己使用了化学武器。而在西方,这种威胁更多地来自非政府组织,存在于无法预测且不透明的恐怖组织覆盖区域。最好的预防措施

---

① 参见 Patrick Zylberman, "Civilizing the State: Borders, Weak States and International Health in Modern Europe(文明国家:现代欧洲的边界、弱国和国际卫生)," in *Medicine at the Border*, 21-40.

② Chris Godburn, "O'Donnell: 'War Is the Breakdown of Civilization'(奥唐奈:战争标志着文明的崩溃)," MSNBC(微软全国有线广播电视公司), September 10, 2013. 可查阅:http://tv.msnbc.com/2013/09/10/odonnell-war-is-the-breakdown-of-civilization/(2014年9月17日访问)。

③ Samuel P. Huntington, *The Clash of Civilizations and the Remaking of World Order*(《文明冲突与世界秩序的重建》)(New York: Simon & Schuster, 1996).

是什么？是信息获取，还是教育？至少在某个案例中，疫苗接种被认为是一种基本手段，既能干预公共健康，也能反生化恐怖活动："为城里的人接种疫苗以防恐慌的发生。"①实际上，这种特殊的预防性干预措施有三重效果：疾病免疫、恐怖免疫以及恐慌免疫。

在19世纪和20世纪，恐慌、疾病和恐惧的动态交互一方面从东西方的帝国轴心转移到了全球南北的新帝国轴心，另一方面又转移到了以美国为中心的"文明冲突"上。在冷战时期，恐惧——即潜在的恐慌——是一种强大的武器，在所谓的"反恐战争"期间又再次成为所向披靡的武器。②在某种程度上，这是后帝国主义的表现，但在另一个层面上，这其实是旧帝国主义逻辑的直接延伸。恐慌是与生俱来的，尤其当它与疾病和死亡联系在一起。它也因此可以轻易地被引导或改变方向，陷入恐慌的人们在这个过程中被利用殆尽。所以，对于恐慌和试图控制恐慌自有一套伦理标准。尽管在媒体和通信领域发生了惊人的数字革命，观念和信息的"常态化"成为21世纪的最大特征，但世界大国的博弈中仍然交织着对疾病的恐慌。

---

① Thomas A. Class and Monica Schoch-Spana, "Bioterrorism and the People: How to Vaccinate a City against Panic(生物恐怖主义与人民：如何为城市接种疫苗以抵御恐慌)," *Clinical Infectious Diseases*(《临床传染病》), Vol. 34, No. 2 (2002): 217-223.

② Curtis D. Malloy, "A History of Biological and Chemical Warfare and Terrorism(生化战争和恐怖主义的历史)," *Journal of Public Health Management and Practice*(《公共卫生管理与实践》), Vol. 6, No. 4 (2000): 30-38; Jonathan B. Tucker, *War of Nerves: Chemical Warfare from World War I to Al-Qaeda*(《神经战：从第一次世界大战到基地组织时期的化学战》)(New York: Pantheon Books, 2006).

参考文献

Abbott, Philip. *Exceptional America: Newness and National Identity.* New York: Peter Lang, 1999.

Abeel, David. *Journal of a Residence in China and the Neighboring Countries, from 1829 to 1833.* New York: Leavitt, Lord, 1836.

Ackerknecht, Erwin. "Anticontagionism between 1821 and 1867." *Bulletin of the History of Medicine,* Vol. 22, No. 5(1948): 562-293.

Ahvenainen, Jorma. "Telegraphs, Trade and Policy: The Role of the International Telegraphs in the Years 1870-1914." In *The Emergence of a World Economy, 1500-1914,* 2 vols., ed. Wolfram Fischer, R. Marvin McInnis, and Jürgen Schneider, 505-518. Stuttgart: Franz Steiner Verlag Wiesbaden GmbH, 1986.

———. *The Far Eastern Telegraphs: The History of Telegraphic Communications between the Far East, Europe and America before the First World War.* Helsinki: Suomalainen Tiedeakatemia, 1981.

Alcabes, Philip. *Dread: How Fear and Fantasy Have Fueled Epidemics From the Black Death to Avian Flu.* New York: Public Affairs, 2009.

Anderson, David. M. "Sexual Threat and Settler Society: 'Black Perils' in Kenya, c. 1907-30." *Journal of Imperial and Commonwealth History,* Vol. 38, No. 1 (2010): 47-74.

Anderson, Katharine. *Predicting the Weather: Victorians and the Science of Meteorology.* Chicago: University of Chicago Press, 2010.

Anderson, Warwick. "Making Global Health History: The Postcolonial Worldliness of Biomedicine." *Social History of Medicine,* Vol. 27, No. 2(2014): 372-384.

———— . *The Cultivation of Whiteness*: *Science, Health and Racial Destiny in Australia*. Carlton South: Melbourne University Press, 2002.

Annas, George J. "Bioterrorism, Public Health, and Human Rights." *Health Affairs*, Vol. 21, No. 6(2002): 94-97.

Anon. *The Canterbury Colony*: *Its Site and Prospects, Reprinted from Saunders' Monthly Magazine 1852*. Dunedin: Hocken Library, 1976.

Armstrong, Gregory L., Laura A. Conn, and Robert W. Pinner. "Trends in Infectious Disease Mortality in the United States During the 20th Century." *Journal of the American Medical Association*, Vol. 281, No. 1(1999): 61-66.

Arnold, David. *The Tropics and the Travelling Gaze*: *India, Landscape, and Science, 1800-1856*. Delhi: Permanent Black, 2005.

———— . "'An Ancient Race Outworn': Malaria and Race in Colonial India, 1860-1930." In *Race, Science and Medicine, 1700-1900*, ed. Waltraud Ernst and Bernard Harris, 123-143. London and New York: Routledge, 1999.

———— . "Introduction: Tropical Medicine before Manson." In *Warm Climates and Western Medicine*: *The Emergence of Tropical Medicine 1500-1900*, ed. David Arnold, 1-19. Amsterdam: Rodopi, 1996.

———— . *Colonizing the Body*: *State Medicine and Epidemic Disease in Nineteenth-Century India*. Berkeley: University of California Press, 1993.

———— . "Looting, Grain Riots and Government Policy in South India, 1918." *Past and Present*, No. 84(1979): 111-145.

———— . "Touching the Body: Perspectives on the Indian Plague, 1896-1900." In *Subaltern Studies V*, ed. Ranajit Guha, 55-90. Delhi: Oxford University Press, 1987.

Attewell, Guy. *Refiguring Unani Tibb*: *Plural Healing in Late Colonial India*. New Delhi: Orient Longman, 2007.

Baark, Erik. *Lightning Wires*: *The Telegraph and China's Technological Modernization, 1860-1890*. Westport, CT: Greenwood Press, 1997.

Bacevich, Andrew J. *American Empire*: *The Realities and Consequences of US Diplomacy*. Cambridge, MA: Harvard University Press, 2002.

Bagehot, Walter. *Lombard Street*: *A Description of the Money Market*. London: K.

Paul, Trench, Trübner, 1896 [1873].

Bajardi, P., C. Poletto, J. J. Ramasco, M. Tizzoni, V. Colizza, and A. Vespignani. "Human Mobility Networks, Travel Restrictions, and the Global Spread of 2009 H1N1 Pandemic." *PLoS One*, Vol. 6, No. 1(2011): e16591.

Baldwin, Peter. *Contagion and the State in Europe, 1830-1930*. Cambridge: Cambridge University Press, 1999.

Ballantyne, Tony. *Orientalism and Race: Aryanism in the British Empire*. Basingstoke: Palgrave, 2002.

Ballantyne, Tony, and Antoinette Burton. *Empires and the Reach of the Global, 1870-1945*. Cambridge, MA: Belknap Press, 2014.

Bankoff, Greg, Uwe Lübken, and Jordan Sand. "Introduction." In *Flammable Cities: Urban Conflagration and the Making of the Modern World*, ed. Greg Bankoff, Uwe Lübken, and Jordan Sand, 3-20. Madison: University of Wisconsin Press, 2012.

Barbera, J., A. Macintyre, L. Gostin, et al. "Large-Scale Quarantine Following Biological Terrorism in the United States: Scientific Examination, Logistic and Legal Limits, and Possible Consequences." *Journal of American Medical Association*, Vol. 286, No. 21(2001): 2711-2717.

Barrell, John. *The Infection of Thomas De Quincey: A Psychopathology of Imperialism*. New Haven CT: Yale University Press, 1991.

Barrett, Ronald. "Dark Winter and the Spring of 1972: Deflecting the Social Lessons of Smallpox." *Medical Anthropology: Cross-Cultural Studies in Health and Illness*, Vol. 25, No. 2(2006): 171-191.

Basevich, Andrew J. *American Empire: The Realities and Consequences of U. S. Diplomacy*. Cambridge, MA: Harvard University Press, 2004.

Bashford, Alison. "Global Biopolitics and the History of World Health." *History of the Human Sciences*, Vol. 19, No. 1(2006): 67-88.

———. "'Is White Australia Possible?' Race, Colonialism and Tropical Medicine." *Ethnic and Racial Studies*, Vol. 23, No. 2(2000): 248-271.

Baumgartner, Frank R., and Bryan D. Jones. *Agendas and Instability in American Politics*. Chicago: University of Chicago Press, 2009.

Bayly, C. A. *Empire and Information: Intelligence Gathering and Social Communication in India, 1780-1870.* Cambridge: Cambridge University Press, 1996.

———. *The Local Roots of Indian Politics: Allahabad, 1880-1920.* Oxford: Clarendon Press, 1975.

Beattie, James. "Plants, Animals and Environmental Transformation: New Zealand/ Indian Biological and Landscape Connections, 1830s-1890s." In *The East India Company and the Natural World*, ed. Vinita Damodaran and Anna Winterbotham. Basingstoke: Palgrave Macmillan, 2015.

———. "Imperial Landscapes of Health: Place, Plants and People between India and Australia, 1800s-1900s." *Health & History*, Vol. 14, No. 1(2012): 100-120.

———. *Empire and Environmental Anxiety: Health, Science, Art and Conservation in South Asia and Australasia, 1800-1920.* Basingstoke: Palgrave Macmillan, 2011.

———. "Making Home, Making Identity: Asian Garden-Making in New Zealand, 1850s-1930s." *Studies in the History of Gardens & Designed Landscapes*, Vol. 31, No. 2(2011): 139-159.

———. "Natural History, Conservation, and Scottish-trained Doctors in New Zealand, 1790- 1920." *Immigrants & Minorities*, Vol. 29, No. 2(2011): 281-307.

———. "Colonial Geographies of Settlement: Vegetation, Towns, Disease and Well-Being in Aotearoa/New Zealand, 1830s-1930s." *Environment and History*, Vol. 14, No. 4(2008): 583-610.

———. "Tropical Asia and Temperate New Zealand: Health and Conservation Connections, 1840-1920." In *Asia in Making of New Zealand*, ed. Brian Moloughney and Henry Johnson, 36-57. Auckland: Auckland University Press, 2007.

Beattie, James, Edward Melillo, and Emily O'Gorman, eds. *Eco-Cultural Networks and the British Empire: New Views on Environmental History.* New York and London: Bloomsbury, 2014.

Beattie, James, Emily O'Gorman, and Matthew Henry, eds. *Climate, Science, and Colonization: Histories from Australia and New Zealand.* New York: Palgrave Macmillan, 2014.

Beattie, James, Emily O'Gorman, and Edward Melillo. "Rethinking the British Empire through Eco-Cultural Networks: Materialist-Cultural Environmental History, Relational Connections and Agency." *Environment and History*, Vol. 20, No. 4(November, 2014): 561-575.

Beck, Ulrich. *Risk Society: Towards a New Modernity.* London: Sage, 1992.

Belich, James. *The New Zealand Wars and the Victorian Interpretation of Racial Conflict.* Auckland: Penguin, 1986.

Bell, Duncan. *The Idea of Greater Britain: Empire and the Future of World Order, 1860-1900.* Princeton: Princeton University Press, 2007.

Bendersky, J. W. "'Panic': The Impact of Le Bon's Crowd Psychology on U. S. Military Thought." *Journal of the History of Behavioral Sciences*, Vol. 43, No. 3(2007): 257-283.

Benedict, Carol. *Bubonic Plague in Nineteenth-Century China.* Stanford: Stanford University Press, 1996.

Benjamin, Walter. "A Small History of Photography." In *One-Way Street and Other Writings*, trans. Edmund Jephcott and Kingsley Shorter, 240-257. London: Verso, 1997 [1985]. Bennett, Brett M. "A Global History of Australian Trees." *Journal of the History of Biology*, Vol. 44, No. 1(2011): 125-145.

———. "The El Dorado of Forestry: The Eucalyptus in India, South Africa, and Thailand, 1850-2000." *International Review of Social History*, Vol. 55, supp. S18(2010): 27-50.

Berger, Stefan. *A Companion to Nineteenth-Century Europe, 1789-1914.* Oxford: Blackwell, 2006.

Besant, Sir Walter. *The Queen's Reign and Its Commemoration: A Literary and Pictorial Review of the Period; the Story of the Victorian Transformation, 1837-1897.* London: Werner Company, 1897.

Bewell, Alan. *Romanticism and Colonial Disease.* Baltimore, MD: Johns Hopkins University Press, 1997.

Bhabha, Homi K. "In a Spirit of Calm Violence." In *After Colonialism: Imperial Histories and Postcolonial Displacements*, ed. Gyan Prakash. Princeton: Princeton University Press, 1995.

Bhattacharya, Nandini. *Contagion and Enclaves*: *Tropical Medicine in Colonial India*. Liverpool: Liverpool University Press, 2012.

Bicknell, William J. "The Case for Voluntary Smallpox Vaccination." *New England Journal of Medicine*, Vol. 346, No. 17(2002): 1323-1325(1323).

Birkland, Thomas A. *After Disaster*: *Agenda Setting*, *Public Policy*, *and Focusing Events*. Washington, DC: Georgetown University Press, 1997.

Birn, A. E. "The Stages of International (Global) Health: Histories of Success or Successes of History?" *Global Public Health*, Vol. 4, No. 1(2009): 50-68.

Blum, Alan. "Panic and Fear: On the Phenomenology of Desperation." *Sociological Quarterly*, Vol. 37, No. 4(1996): 673-698.

Boldrewood, Rolf. *Old Melbourne Memories*. Melbourne: George Robertson and Co., 1884.

Boyer, Paul. *By the Bomb's Early Light*: *American Thought and Culture at the Dawn of the Atomic Age*. Chapel Hill and London: University of North Carolina Press, 1994 [1985].

Bowker, John Mitford. *Speeches*, *Letters and Selections from Important Papers*. Grahamstown: Godlonton and Richards, 1864.

Bresalier, Michael. "'A Most Protean Disease': Aligning Medical Knowledge of Modern Influenza, 1890-1914." *Medical History*, Vol. 56, No. 4(2012): 481-510.

Briggs, Charles L. "Pressing Plagues: On the Mediated Communicability of Virtual Epidemics." In *Plagues and Epidemics*: *Infected Spaces Past and Present*, ed. D. Ann Herring and Alan C. Swedlung, 39-59. Oxford: Berg, 2010.

Brigham, Amariah. *A Treatise on Epidemic Cholera*: *Including an Historical Account of Its Origin and Progress*, *to the Present Period*. Hartford, CT: Huntington, 1832.

Brill, Lesley. "Terrorism, Crowds and Power, and the Dogs of War." *Anthropological Quarterly*, Vol. 76, No. 1(2003): 87-94.

Brown, Judith M. *Gandhi's Rise to Power*: *Indian Politics*, *1915-1922*. Cambridge: Cambridge University Press, 1972.

Brown, Lucy. *Victorian News and Newspapers*. Oxford: Clarendon Press, 1985.

Brown, T. M., M. Cueto, and E. Fee, "The World Health Organization and the Transition from 'International' to 'Global' Public Health." *American Journal of Public Health*, Vol. 96, No. 1(2006): 62-72.

Bryder, Linda. "'A Health Resort for Consumptives': Tuberculosis and Immigration to New Zealand, 1880-1914." *Medical History*, Vol. 40, No. 4(1996): 459-464.

Canetti, Elias. *Crowds and Power*. New York: Farrar, Straus and Giroux, 1984 [1960].

Cantril, Hadley. *The Invasion from Mars*. Princeton: Princeton University Press, 1982 [1940 and 1966].

Carey, James W. *Communication as Culture: Essays on Media and Society*. New York and London: Routledge, 1992 [1989].

Carey, Mathew. *A Short Account of the Malignant Fever, Lately Prevalent in Philadelphia: With a Statement of the Proceedings that Took Place on the Subject in Different Parts of the United States*. Philadelphia: Printed by the Author, November 23, 1793.

Castells, Manuel. *The Rise of the Network Society*. Oxford: Blackwell, 1996.

Catanach, I. J. "Plague and the Tensions of Empire: India, 1896-1918." In *Imperial Medicine and Indigenous Societies*, ed. David Arnold, 149-171. Manchester: Manchester University Press, 1988.

———. "Poona Politicians and the Plague." *South Asia*, Vol. 7, No. 2(1984): 1-18.

Centers for Disease Control and Prevention. "Bioterrorism Alleging Use of Anthrax and Interim Guidelines for Management—United States, 1998." *Morbidity and Mortality Weekly Report*, Vol. 48, No. 4(1999): 69-74.

Chahrour, Marcel. "'A Civilizing Mission'? Austrian Medicine and the Reform of Medical Structures in the Ottoman Empire, 1838-1850." *Studies in History and Philosophy of Science Part C: Studies in History and Philosophy of Biological and Biomedical Sciences*, Vol. 38, No. 4(2007): 687-705.

Chandavarkar, Rajnarayan. "Plague Panic and Epidemic Politics in India, 1896-1914." In *Epidemics and Ideas: Essays on the Historical Perception of Pestilence*, ed. Terence Ranger and Paul Slack, 203-240. Cambridge: Cambridge University Press, 1992.

Chandra, Siddharth, Goran Kuljanin, and Jennifer Wray. "Mortality from the Influenza Pandemic of 1918-1919." *Demography*, Vol. 49(2012): 157-165.

Choa, G. H. "The Lowson Diary: A Record of the Early Phase of the Hong Kong Bubonic Plague 1894." *Journal of the Hong Kong Branch of the Royal Asiatic Society*, Vol. 33(1993): 129-145.

Chou, Sylvia Wen-ying et al. "Social Media Use in the United States: Implications for Health Communication." *Journal of Medical Internet Research*, Vol. 11, No. 4(2009): e48.

Choudhury, Deep Kanta Lahiri. *Telegraphic Imperialism: Crisis and Panic in the Indian Empire, c. 1830.* Basingstoke: Palgrave Macmillan, 2010.

———. "Of Codes and Coda: Meaning in Telegraph Messages, circa 1850-1920, " *Historical Social Research*, Vol. 35, No. 1(2010): 127-139.

———. "The Sinews of Panic and the Nerves of Empire: the Imagined State's Entanglement with Information Panic, India, c. 1880-1912." *Modern Asian Studies*, Vol. 38, No. 4(2004): 965-1002.

Choueiri, Youssef. *A Companion to the History of the Middle East.* Malden, MA: Blackwell, 2005.

Christakis, N. A., and J. H. Fowler. "Social Network Sensors for Early Detection of Contagious Outbreaks." *PLoS One*, Vol. 5, No. 9(2010): e12948.

Cipolla, Carlo M. *Miasmas and Disease: Public Health and the Environment in the Pre-Industrial Age.* New Haven, CT: Yale University Press, 1992.

Clarke, Lee, and Caron Chess. "Elites and Panic: More to Fear than Fear Itself." *Social Forces*, Vol. 87, No. 2(2008): 993-1014.

Clarke, Lee. *Worst Cases: Terror and Catastrophe in the Popular Imagination.* Chicago: University of Chicago Press, 2006.

———. "Panic: Myth or Reality?" *Contexts*, Vol. 1, No. 3(2002): 21-26.

Class, Thomas A., and Monica Schoch-Spana. "Bioterrorism and the People: How to Vaccinate a City against Panic." *Clinical Infectious Diseases*, Vol. 34, No. 2 (2002): 217-223.

Clemow, Frank G. "The Recent Pandemic of Influenza: Its Place of Origin and Mode of Spread." *Lancet*, Vol. 143, No. 3676(January 20, 1894): 139-143.

Cleveland, William L., and Martin P. Bunton. *A History of the Modern Middle East*, 4th ed. Boulder, CO: Westview, 2009.

Coates, Austin. *Quick Tidings of Hong Kong*. Hong Kong: Oxford University Press, 1990.

Cohen, Stanley. *Folk Devils and Moral Panics*: *The Creation of the Mods and Rockers*. London: MacGibbon and Kee, 1972.

Cohn, Bernard S. *Colonialism and Its Forms of Knowledge*: *The British in India*. Princeton: Princeton University Press, 1986.

Colás, Alejandro, and Richard Saull, eds. *The War on Terrorism and American "Empire" after the Cold War*. Abingdon, UK, and New York: Routledge, 2006.

Colizza, Vittoria, Alain Barrat, Marc Barthélemy, and Alessandro Vespignani. "Predictability and Epidemic Pathways in Global Outbreaks of Infectious Diseases: The SARS Case Study." *BMC Medicine* Vol. 5, No. 34(2007): 34.

Collinson, D. S. "The Rhine Regime in Transition-Relations between the European Communities and the Central Commission for Rhine Navigation." *Columbia Law Review*, Vol. 72, No. 3(1972): 485-516.

Cooke, William Fothergill. *Telegraphic Railways*; *Or, The Single Way Recommended by Safety, Economy, and Efficiency, Under the Safeguard and Control of the Electric Telegraph*. London: Simkin, Marshall, & Co., 1842.

Conner, Patrick. *The Hongs of Canton*: *Western Merchants in South China, 1700-1900, as Seen in Chinese Export Paintings*. London: English Art Books, 2009.

———. "The Fires of Canton in 'Export' Paintings." *Arts of Asia*, Vol. 38, No. 6 (2008): 110-123. Coons, Ronald E. "Steamships and Quarantines at Trieste, 1837-1848." *Journal of History of Medicine and Allied Sciences*, Vol. 44, No. 1 (1989): 28-55.

Curtain, Philip D. *Death by Migration*: *Europe's Encounter with the Tropical World in the Nineteenth Century*. Cambridge and New York: Cambridge University Press, 1989.

Das, Veena. *Life and Words*: *Violence and the Descent into the Ordinary*. Berkeley: California University Press, 2007.

Davis, John Francis. *The Chinese*: *A General Description of the Empire of China and Its Inhabitants*, 2 vols. London: Charles Knight & Co., 1836.

de Grazia, Victoria. *Irresistible Empire: America's Advance through Twentieth Century Europe*. Cambridge, MA: Belknap Press, 2006.

Delaporte, François. *Disease and Civilization: The Cholera in Paris, 1832*, trans. Arthur Goldhammer. Cambridge, MA: MIT Press, 1986.

Dennett, Tyler. *Americans in Eastern Asia: A Critical Study of the Policy of the United States with Reference to China, Japan and Korea in the 19th Century*. New York: Macmillan, 1922.

Dillon, Peter. *Narrative and Successful Result of a Voyage in the South Seas*, 2 vols. London: Hurst, Chance and Co., 1829.

Doherty, Thomas. *Projections of War: Hollywood, American Culture, and World War II*. New York: Columbia University Press, 1993.

Doughty, Robin W. *The Eucalyptus: A Natural and Commercial History of the Gum Tree*. Baltimore, MD: Johns Hopkins University Press, 2000.

Dowd, Gregory Evans. "The Panic of 1751: The Significance of Rumors on the South Carolina-Cherokee Frontier." *William and Mary Quarterly*, Vol. 53, No. 3 (1996): 527-560.

Downey, Gregory J. *Telegraph Messenger Boys: Labor, Technology and Geography, 1850-1950*. New York: Routledge, 2002.

Downing, C. Toogood. *The Fan Qui in China in 1836-1837*, 3 vols. London: Henry Colburn, 1838.

Drayton, Richard. "Maritime Networks and the Making of Knowledge." In *Empire, the Sea and Global History*, ed. David Cannadine, 72-82. Basingstoke: Palgrave Macmillan, 2007.

Drotner, Kirsten. "Dangerous Media? Panic Discourses and Dilemmas of Modernity." *Paedagogica Historica*, Vol. 35, No. 3(1999): 593-619.

Drysdale, Helena. *Strangerland: A Family at War*. London: Picador, 2006.

Du Toit, Anthonie E. *The Cape Frontier: A Study of Native Policy With Special Reference to the Years 1847-1866*. Pretoria: Government Printer, 1954.

Echenberg, Myron. *Plague Ports: The Global Urban Impact of Bubonic Plague, 1894-1901*. New York: New York University Press, 2007.

————. "'The Dog that Did Not Bark': Memory and the 1918 Influenza Epidemic in Senegal." In *The Spanish Influenza Pandemic of 1918-19: New Perspectives*, ed. Howard Phillips and David Killingray, 230-238. London: Routledge, 2003.

————. "Pestis Redux: The Initial Years of the Third Bubonic Plague Pandemic, 1894-1901." *Journal of World History*, Vol. 13, No. 2(2002): 429-449.

Erickson, Christian W., and Bethany A. Barratt. "Prudence or Panic? Preparedness Exercises, Counterterror Mobilization, and Media Coverage—Dark Winter, TOPOFF 1 and 2." *Journal of Homeland Security and Emergency Management*, Vol. 1, No. 4(2004): 1-21.

Espinosa, Mariola. *Epidemic Invasions: Yellow Fever and the Limits of Cuban Independence, 1878-1930*. Chicago: University of Chicago Press, 2009.

Etheridge, Elizabeth W. *Sentinel for Health: A History of the Centers for Disease Control*. Berkeley: University of California Press, 1992.

Etherington, N. "Natal's Black Rape Scare of the 1870s." *Journal of Southern African Studies*, Vol. 15, No. 1(1988): 36-53.

Ewen, Stuart. *All Consuming Images: The Politics of Style in Contemporary Culture*. New York: Basic Books, 1988.

Fairchild, Amy L. *Science at the Borders: Immigrant Medical Inspection and the Shaping of the Modern Industrial Labor Force*. Baltimore, MD: Johns Hopkins University Press, 2003.

————. "The Polio Narratives: Dialogues with FDR." *Bulletin of the History of Medicine*, Vol. 75, No. 3(2001): 488-534.

Fairchild, Amy L., David Rosner, James Colgrove, Ron Bayer, and Linda Fried. "The Exodus of Public Health: What History Can Tell Us about Its Future." *American Journal of Public Health*, Vol. 100, No. 1(2010): 54-63.

Fairchild, Amy L., Ronald Bayer, and James Colgrove, with Daniel Wolfe. *Searching Eyes: Privacy, the State, and Disease Surveillance in America*. Berkeley: University of California Press, 2007.

Farris, Johnathan A. "Thirteen Factories of Canton: An Architecture of Sino-Western Collaboration and Confrontation." *Buildings and Landscapes: Journal of the Vernacular Architecture Forum*, Vol. 14(2007): 76-77.

Faure, David. *Colonialism and the Hong Kong Mentality.* Hong Kong: Centre of Asian Studies, University of Hong Kong, 2003.

Fee, Elizabeth. "History and Development of Public Health." In *Principles of Public Health Practice*, 2nd ed., ed. F. Douglas Scutchfield and C. William Keck, 10-30. Clifton Park, NY: Thomson Delmar Learning, 2003.

Fee, Elizabeth, and Theodore M. Brown. "Preemptive Biopreparedness: Can We Learn Anything from History?" *American Journal of Public Health*, Vol. 91, No. 5(2001): 721-726.

Ferguson, Niall. *Colossus: The Price of America's Empire.* New York: Penguin, 2004.

Ferrell, Donald W. "The Rowlatt Satyagraha in Delhi." In *Essays on Gandhi Politics: The Rowlatt Satyagraha of 1919*, ed. R. Kumar, 189-235. Oxford: Clarendon Press, 1971.

Fidler, David P. *International Law and Infectious Diseases.* Oxford: Oxford University Press, 1999.

Fletcher, Paul. "The Uses and Limitations of Telegrams in Official Correspondence between Ceylon's Governor General and the Secretary of State for the Colonies, circa 1870-1900." *Historical Social Research / Historische Sozialforschung*, Vol. 38, No. 1(2010): 90-107.

Foreman, P. B. "Panic Theory." *Sociology and Social Research*, Vol. 37(1953): 295-304.

Fosdick, Raymond B. "Public Health as an International Problem." *American Journal of Public Health*, Vol. 34, No. 11(1944): 1133-1138.

Freud, Sigmund. *Group Psychology and Analysis of the Ego.* London: Hogarth Press, 1922.

Frierson, Cathy A. *All Russia Is Burning: A Cultural History of Fire and Arson in Late Imperial Russia.* Seattle: University of Washington Press, 2002.

Frost, L. E., and E. L. Jones. "The Fire Gap and the Greater Durability of Nineteenth-Century Cities." *Planning Perspectives*, Vol. 4, No. 3(1989): 333-347.

Frost, Lionel. "Coping in Their Own Way: Asian Cities and the Problem of Fires." *Urban History*, Vol. 24, No. 1(1997): 5-16.

Galbraith, J. S. "The 'Turbulent Frontier' as a Factor in British Expansion." *Comparative Studies in Society and History*, Vol. 2, No. 2(1960): 150-168.

Galvani, A. P., and R. M. May. "Epidemiology: Dimensions of Superspreading." *Nature*, Vol. 438, No. 7066(2005): 293-295.

Gandhi, M. K. *An Autobiography, or the Story of My Experiments with Truth*. London: Penguin, 2001.

————. *Collected Works of Mahatma Gandhi*, Vol. 17. Delhi: Government of India, Publications Division, 1965.

Garrett, Laurie. *The Coming Plague: Newly Emerging Diseases in a World Out of Balance*. New York: Penguin, 1995.

Garrison, Dee. " 'Our Skirts Gave Them Courage' : The Civil Defense Protest Movement in New York City, 1955-1961." In *Not June Cleaver: Women and Gender in Post-War America, 1945-1960*, ed. Joanne Meyerowitz, 201-226. Philadelphia, PA: Temple University Press, 1994.

Gibbon, Frederick P. *The Lawrences of the Punjab*. London: J. M. Dent & Co. ; New York: E. P. Dutton & Co., 1908.

Giddens, Anthony. *Modernity and Self-Identity: Self and Society in the Late Modern Age*. Stanford: Stanford University Press, 1991.

————. *The Consequences of Modernity*. Stanford: Stanford University Press, 1990.

Gilbert, Pamela K. *Cholera and Nation: Doctoring the Social Body in Victorian England*. Albany: State University of New York Press, 2008.

Gilliland, Jason. "Fire and Urban Morphogenesis: Patterns of Destruction and Reconstruction in Nineteenth-Century Montreal." In *Flammable Cities: Urban Conflagration and the Making of the Modern World*, ed. Greg Bankoff, Uwe Lübken, and Jordan Sand, 190-211. Madison: University of Wisconsin Press, 2012.

Gilman, Sander. "Moral Panics and Pandemics." *Lancet*, Vol. 375, No. 9729 (2010): 1866-1867.

Gladwell, Malcolm. "The Plague Year." *New Republic*(July 1995): 38-46.

Glass, L. M., and R. J. Glass. "Social Contact Networks for the Spread of Pandemic Influenza in Children and Teenagers." *BMC Public Health*, Vol. 8(2008): 61.

Godlonton, Robert. *Case of the Colonists.* Grahamstown: Richards, Slater and Co., 1879.

Greer, Kirsten. "Red Coats and Wild Birds: Military Culture and Ornithology across the Nineteenth-Century British Empire." Unpublished PhD thesis, Queen's University, 2011.

Grove, Richard. *Green Imperialism: Colonial Expansion, Tropical Island Edens and the Origins of Environmentalism, 1600-1860.* Cambridge and New York: Cambridge University Press, 1995.

Gubler, Duane J. "Silent Threat: Infectious Disease and U. S. Biosecurity." *Georgetown Journal of International Affairs*, Vol. 11, No. 2(2001): 15-24.

Guha, Ranajit. "Not at Home in Empire." *Critical Inquiry*, Vol. 23, No. 3(1997): 482-493.

———. *Elementary Aspects of Peasant Insurgency in Colonial India.* Delhi: Oxford University Press, 1983.

Gül, Murat. *The Emergence of Modern Instanbul: Transformation and Modernisation of a City.* London: I. B. Tauris, 2009.

Gussow, Zachary, and George S. Tracy. "Stigma and the Leprosy Phenomenon: The Social History of a Disease in the Nineteenth and Twentieth Centuries." *Bulletin of the History of Medicine*, Vol. 44, No. 5(1970): 425-449.

Gutchen, Robert M. "Local Improvements and the Centralization in Nineteenth-Century England." *Historical Journal*, Vol. 4, No. 1(1961): 85-96.

Haddad, John Rogers. *The Romance of China: Excursions to China in U. S. Culture, 1776-1876.* New York: Columbia University Press, 2008.

Halberstam, Judith. "Technologies of Monstrosity: Bram Stoker's Dracula." In *Cultural Politics at the Fin de Siècle*, ed. Sally Ledger and Scott McCracken. Cambridge: Cambridge University Press, 1995.

Hamill, Lynne. "The Social Shaping of British Communications Networks Prior to the First World War." *Historical Social Research*, Vol. 35, No. 1(2010): 260-286.

Hamlin, Christopher. *Cholera: The Biography.* Oxford: Oxford University Press, 2009.

Hardiman, David. "The Influenza Epidemic of 1918 and the *Adivasis* of Western

India." *Social History of Medicine*, Vol. 25, No. 3(2012): 644-664.

Hardt, Michael, and Antonio Negri. *Empire.* Cambridge, MA: Harvard University Press, 2000.

Hardy, Anne. "On the Cusp: Epidemiology and Bacteriology at the Local Government Board, 1890-1905." *Medical History*, Vol. 42, No. 3(1998): 328-346.

————. "Cholera, Quarantine and the English Preventive System, 1850-1895." *Medical History*, Vol. 37, No. 3(1993): 250-269.

Harrison, Mark. *Contagion: How Commerce Has Spread Disease.* New Haven, CT: Yale University Press, 2012.

————. "Disease, Diplomacy and International Commerce: The Origins of International Sanitary Regulation in the Nineteenth Century." *Journal of Global History*, Vol. 1, No. 2(2006): 197-217.

————. *Climates and Constitutions: Health, Race, Environment and British Imperialism in India, 1600-1850.* New Delhi: Oxford University Press, 1999.

————. *Public Health in British India: Anglo-Indian Preventive Medicine, 1859-1914.* Cambridge: Cambridge University Press, 1994.

Harvey, David. *The New Imperialism.* Oxford: Oxford University Press, 2003.

Hay, Ashley. *Gum: The Story of Eucalypts and Their Champions.* Sydney: Duffy & Snellgrove, 2002.

Hazen, Margaret Hindel, and Robert M. Hazen. *Keepers of the Flame: The Role of Fire in American Culture, 1775-1925.* Princeton: Princeton University Press, 1992.

Headrick, Daniel R. *The Tentacles of Progress: Technology Transfer in the Age of Imperialism, 1850-1940.* Oxford: Oxford University Press, 1988.

————. *The Tools of Empire: Technology and European Imperialism in the Nineteenth Century.* New York: Oxford University Press, 1981.

Helbing, Dirk, Illes Farkas, and Tamas Vicsek. "Simulating Dynamical Features of Escape Panic." *Nature*, Vol. 407, No. 6803(September 28, 2000): 487-490.

Henze, Charlotte E. *Disease, Health Care and Government in Late Imperial Russia: Life and Death on the Volga, 1823-1914.* Abingdon: Routledge, 2011.

Heymann, David L. "The Fall and Rise of Infectious Diseases." *Georgetown Journal of International Affairs*, Vol. 11, No. 2(2001): 7-14.

Hier, Sean P. "Risk and Panic in Late Modernity: Implications of the Converging Sites of Social Anxiety." *British Journal of Sociology*, Vol. 54, No. 1(2003): 3-20.

Hillemann, Ulrike. *Asian Empire and British Knowledge: China and the Networks of British Imperial Expansion*. Basingstoke: Palgrave Macmillan, 2009.

Holland, Peter. *Home in the Howling Wilderness: Settlers and the Environment in Southern New Zealand*. Auckland: Auckland University Press, 2013.

Honigsbaum, Mark. *A History of the Great Influenza Pandemics: Death, Panic and Hysteria, 1830-1920*. London: I. B. Tauris, 2013.

———. "The 'Russian' Influenza in the UK: Lessons Learned, Opportunities Missed." *Vaccine*, Vol. 29, suppl. 2(2011): B11-B15.

———. "The Great Dread: Cultural and Psychological Impacts and Responses to the 'Russian' Influenza in the United Kingdom, 1889-1893." *Social History of Medicine*, Vol. 23, No. 2(2010): 299-319.

Huber, Valeska. *Channelling Mobilities: Migration and Globalisation in the Suez Canal Region and Beyond*. Cambridge: Cambridge University Press, 2013.

———. "The Unification of the Globe by Disease? The International Sanitary Conferences on Cholera, 1851-1894." *Historical Journal*, Vol. 49, No. 2 (2006): 454-476.

Humphreys, Margaret. "No Safe Place: Disease and Panic in American History." *American Literary History*, Vol. 14, No. 4(2002): 845-857.

Hunter, William C. *Bits of Old China*. London: Kegan Paul, Trench, 1885.

———. *The "Fan Kwae" at Canton before Treaty Days, 1825-1844, By an Old Resident*. London: Kegan Paul, Trench, 1882.

Hunter, William Wilson. *A Brief History of the Indian People*. London: Trübner & Co., 1884.

Huntington, Samuel P. *The Clash of Civilizations and the Remaking of World Order*. New York: Simon & Schuster, 1996.

Inglesby, Thomas V., Rita Grossman, and Tara O'Toole. "A Plague on Your City: Observations from TOPOFF." *Clinical Infectious Diseases*, Vol. 32, No. 3

(2001): 436-445.

Inglis, Andrea Scott. *Summer in the Hills*: *The Nineteenth-Century Mountain Resort in Australia*. Melbourne: Australian Scholarly Publishing, 2007.

Institute of Medicine. *The Smallpox Vaccination Program*: *Public Health in an Age of Terrorism*. Washington, DC: The National Academies Press, 2005.

Ivie, Robert L. "Fire, Flood, and Red Fever: Motivating Metaphors of Global Emergency in the Truman Doctrine Speech." *Presidential Studies Quarterly*, Vol. 29, No. 3(1999): 570-591.

Jasanoff, Sheila. "Biotechnology and Empire: The Global Power of Seeds and Science." *Osiris*, Vol. 21, No. 1(2006): 273-292.

Jepsen, Thomas C. *My Sisters Telegraphic*: *Women in the Telegraph Office, 1846-1950*. Athens: Ohio University Press, 2000.

Jernigan, John A., David S. Stephens, David A. Ashford, et al. "Bioterrorism-Related Inhalation Anthrax: The First Ten Cases Reported in the United States." *Emerging Infectious Diseases*, Vol. 7, No. 6(2001): 933-944.

Johnson, Chalmers. *Blowback*: *The Costs and Consequences of American Empire*. New York: Metropolitan Books, 2000.

Johnson, Norris R. "Panic and the Breakdown of Social Order: Popular Myth, Social Theory, Empirical Evidence." *Sociological Focus*, Vol. 20, No. 3 (1987): 171-183.

Kaukiainen, Yrjö. "Shrinking the World: Improvements in the Speed of Information Transmission, c. 1829-1870." *European Review of Economic History*, Vol. 5, No. 1(2001): 1-28.

Kaye, John William, and George Bruce Malleson. *History of the Indian Mutiny of 1857-8*, 6 vols. London: W. H. Allen, 1889-1892.

Keck, Frédéric, and Andrew Lakoff. "Preface." *Limn* (*Sentinel Devices*), No. 3 (2013): 2-3.

Keep, Christopher. "Technology and Information: Accelerating Developments." In *A Companion to the Victorian Novel*, ed. Patrick Brantlinger and William B. Thesing. Malden: Blackwell, 2002.

Keim, Paul, Kimothy L. Smith, Christine Keys, Hiroshi Takahashi, Takeshi

Kurata, and Arnold Kaufmann. "Molecular Investigation of the Aum Shinrikyo Anthrax Release in Kameido, Japan." *Journal of Clinical Microbiology*, Vol. 39, No. 12(2001): 4566-4567.

Kennedy, Dane. "Diagnosing the Colonial Dilemma: Tropical Neurathenia and the AlienatedBriton." In *Decentering Empire: Britain, India and the Transcolonial World*, ed. Durba Ghosh and Dane Kennedy, 157-181. Hyderabad: Orient Longman, 2006.

Khalidi, Rashid. *Resurrecting Empire: Western Footprints and America's Perilous Path in the Middle East*. Boston, MA: Beacon Press, 2004.

King, Anthony D. *The Bungalow: The Production of a Global Culture*. London: Routledge and Kegan Paul, 1984.

King, Nicholas B. "Networks, Disease, and the Utopian Impulse." In *Networked Disease: Emerging Infections in the Global City*, ed. S. Harris Ali and Roger Keil, 201-213. Malden, MA: Wiley-Blackwell, 2008.

——. "The Scale Politics of Emerging Diseases." *Osiris*, Vol. 19(2004): 62-76.

——. "Dangerous Fragments." *Grey Room*, No. 7(2002): 72-81.

——. "Security, Disease, Commerce: Ideologies of Post-Colonial Global Health." *Social Studies of Science*, Vol. 32, No. 5-6(2002): 763-789.

Kirk, Tony E. "Self-Government and Self-Defence in South Africa: The Inter-relations Between British and Cape Politics, 1846-1854." Unpublished DPhil thesis, Oxford University, 1972.

Kitasato, Shibasaburō. "The Bacillus of Bubonic Plague." *Lancet*, Vol. 144, No. 3704(August 25, 1894): 428-430.

Knobler, Stacey, Adel Mahmoud, Stanley Lemon, and Leslie Pray, eds. *The Impact of Globalization on Infectious Disease Emergence and Control: Exploring the Consequences and Opportunities*, *Workshop Summary—Forum on Microbial Threats*. Washington, DC: The National Academies Press, 2006.

Knuesel, Ariane. "British Diplomacy and the Telegraph in Nineteenth-Century China." *Diplomacy & Statecraft*, Vol. 18, No. 3(2007): 517-537.

Koch, Tom. *Disease Maps: Epidemics on the Ground*. Chicago: University of Chicago Press, 2011.

Koselleck, Reinhart. "Crisis." *Journal of the History of Ideas*, Vol. 67, No. 2 (2006): 357-400.

Krell, Alan. *Burning Issues: Fire in Art and the Social Imagination*. London: Reaktion Books, 2011.

Kroker, Arthur, Marilouise Kroker, and David Cook. "PANIC USA: Hypermodernism as America's Postmodernism." *Social Problems*, Vol. 37, No. 4(1990): 443-459.

Kuhnke, LaVerne. "Resistance and Response to Modernization: Preventive Medicine and Social Control in Egypt, 1825-1850." Unpublished PhD thesis, The University of Chicago, 1971.

Kumar, R., ed. *Essays on Gandhi Politics: The Rowlatt Satyagraha of 1919*. Oxford: Clarendon Press, 1971.

Latour, BruNo. *An Inquiry into Modes of Existence*. Cambridge, MA: Harvard University Press, 2013.

———. *We Have Never Been Modern*, trans. Catherine Porter. Cambridge, MA: Harvard University Press, 1993.

Landecker, Hannah. "The Life of Movement: From Microcinematography to Live Cell Imaging." *Journal of Visual Culture*, Vol. 11, No. 3(2012): 378-399.

———. "Microcinematography and the History of Science and Film." *Isis*, Vol. 97, No. 1(2006): 121-132.

Langmuir, Alexander D. "The Potentialities of Biological Warfare Against Man—An Epidemiological Appraisal." *Public Health Reports*, Vol. 66, No. 13(1951): 387-399.

LaPiere, Richard Tracy. *Collective Behavior*. New York: McGraw-Hill, 1938.

Le Bon, Gustave. *The Crowd: A Study of the Popular Mind*. New York: Macmillan, 1896.

Lederberg, Joshua, Robert E. Shope, and Stanley C. Oaks. *Emerging Infections: Microbial Threats to Health in the United States*. Washington, DC: National Academy Press, 1992.

Lee, Heejin, and Jonathan Liebenau. "Time and the Internet at the Turn of the Millennium." *Time & Society*, Vol. 9, No. 1(2000): 43-56.

Lester, Alan. "Personifying Colonial Governance: George Arthur and the Transition from Humanitarian to Development Discourse." *Annals of the Association of American Geographers*, Vol. 102, No. 6(2012): 1468-1488.

——. "Imperial Circuits and Networks: Geographies of the British Empire." *History Compass*, Vol. 4, No. 1(2006): 124-141.

——. "British Settler Discourse and the Circuits of Empire." *History Workshop Journal*, Vol. 54(2002): 27-50.

——. *Imperial Networks: Creating Identities in Nineteenth Century South Africa and Britain*. London: Routledge, 2001.

Lester, Alan, and Fae Dussart. *Colonization and the Origins of Humanitarian Governance: Protecting Aborigines Across the Nineteenth-Century British Empire*. Cambridge: Cambridge University Press, 2014.

Lew, Byron, and Bruce Cater. "The Telegraph, Co-ordination of Tramp Shipping, and Growth in World Trade, 1870-1910." *European Review of Economic History*, Vol. 10, No. 2(2006): 147-173.

Lewis, Bernard. *The Emergence of Modern Turkey*. Oxford: Oxford University Press, 2002 [1961].

Little, Lester K., ed. *Plague and the End of Antiquity*. Cambridge: Cambridge University Press, 2007.

Lubbe, Henriëtte J. "The Myth of 'Black Peril': *Die Burger* and the 1929 Election." *South African Historical Journal*, Vol. 37, No. 1(1997): 107-132.

Mackinder, Halford. "The Great Trade Routes: Lecture V." *Journal of the Institute of Bankers*, Vol. 21, No. 5(1900): 266-273.

——. "The Great Trade Routes: Lecture II." *Journal of the Institute of Bankers*, Vol. 21, No. 3(1900): 137-155.

Maglen, Krista. "'The First Line of Defence': British Quarantine and the Port Sanitary Authorities in the Nineteenth Century." *Social History of Medicine*, Vol. 15(2002): 413-428.

Malloy, Curtis D. "A History of Biological and Chemical Warfare and Terrorism." *Journal of Public Health Management and Practice*, Vol. 6, No. 4(2000): 30-38.

Manela, Erez. "A Pox on Your Narrative: Writing Disease Control into Cold War History." *Diplomatic History*, Vol. 34, No. 2(2010): 299-323.

Marsland, David. "Sociological Analyses of Youth and Community Services." *Paedagogica Europaea*, Vol. 10, No. 2(1975): 93-106.

Marsot, Afaf Lutfi al-Sayyid. *Egypt in the Reign of Muhammad Ali*. Cambridge: Cambridge University Press, 1984.

Martínez, Julia. "Plural Australia: Aboriginal and Asian Labour in Tropical White Australia, Darwin, 1911-1940." Unpublished PhD thesis, University of Wollongong, 1999.

Masco, Joseph. "Atomic Health, or How the Bomb Altered American Notions of Death." In *Against Health: How Health Became the New Morality*, ed. Jonathan M. Metzl and Anna Kirkland, 133-153. New York: New York University Press, 2010.

Mason, Katherine A. "Mobile Migrants, Mobile Germs: Migration, Contagion, and Boundary-Building in Shenzhen, China after SARS." *Medical Anthropology* Vol. 31, No. 2(2011): 113-131.

Massey, Doreen. *For Space*. London: Sage, 1995.

Massumi, Brian. "Preface." In *The Politics of Everyday Fear*, ed. Brian Massumi, vii-x. Minneapolis: University of Minnesota Press, 1993.

Mawson, Anthony R. "Understanding Mass Panic and Other Collective Responses to Threat and Disorder." *Psychiatry*, Vol. 68, No. 2(2005): 95-113.

Mayer, Ruth. "Virus Discourse: The Rhetoric of Threat and Terrorism in the Biothriller." *Cultural Critique*, Vol. 66(Spring 2007): 1-20.

McAdam, Doug, John D. McCarthy, and Mayer N. Zald, eds. *Comparative Perspectives on Social Movements: Political Opportunities, Mobilizing Structures, and Cultural Framings*. Cambridge: Cambridge University Press, 1996.

McCreery, Cindy, and Kirsten McKenzie. "The Australian Colonies in a Maritime World." In *The Cambridge History of Australia: Volume 1. Indigenous and Colonial Australia*, ed. Alison Bashford and Stuart Macintyre, 560-584. Cambridge: Cambridge University Press, 2013.

McCulloch, Jock. *Black Peril, White Virtue: Sexual Crime in Southern Rhodesia,*

1902-1935. Indiana: Indiana University Press, 2000.

McDougall, William. *The Group Mind: A Sketch of the Principles of Collective Psychology with Some Attempt to Apply Them to the Interpretation of National Life and Character.* Cambridge: Cambridge University Press, 1920.

Mellencamp, Patricia. *High Anxiety: Catastrophe, Scandal, Age & Comedy.* Bloomington and Indianapolis: Indiana University Press, 1990.

Melley, Timothy. *Empire of Conspiracy: The Culture of Paranoia in Postwar America.* Ithaca, NY: Cornell University Press, 2000.

Mellor, Bernard. *Lugard in Hong Kong: Empires, Education and a Governor at Work, 1907-1912.* Hong Kong: Hong Kong University Press, 2006.

Menke, Richard. *Telegraphic Realism: Victorian Fiction and Other Information Systems.* Stanford: Stanford University Press, 2008.

Mills, I. D. "The 1918-1919 Influenza Pandemic: The Indian Experience." *Indian Economic and Social History Review*, Vol. 23, No. 1(1986): 1-40.

Mintz, Alexander. "Nonadaptive Group Behavior." *Journal of Abnormal and Social Psychology*, Vol. 46, No. 2(1951): 150-159.

Moeller, Susan D. *Compassion Fatigue: How the Media Sell Disease, Famine, War, and Death.* New York: Routledge, 1999.

Molesky, Mark. "The Great Fire of Lisbon, 1755." In *Flammable Cities: Urban Conflagration and the Making of the Modern World*, ed. Greg Bankoff, Uwe Lübken, and Jordan Sand, 147-169. Madison: University of Wisconsin Press, 2012.

Moore, Jerry D. *Visions of Culture: An Introduction to Anthropological Theories and Theorists.* Walnut Creek, CA; London; and New Delhi: Altamira Press, 1997.

Morrison, Robert. "An Account of the Fire of Canton, in 1822." In *Memoirs of the Life and Labours of Robert Morrison, Compiled by His Widow, with Critical Notices of His Chinese Works, by Samuel Kidd*, 2 vols., ed. Eliza Morrison, Appendix, 33-39. London: Longman, Orme, Brown, Green and Longmans, 1839.

Morse, Hosea Ballou. *The Chronicles of the East India Company Trading to China, 1635-1834*, 5 vols. Oxford: Clarendon Press, 1929.

Mussell, James. "Pandemic in Print: The Spread of Influenza in the Fin de Siècle." *Endeavour*, Vol. 31, No. 1(2007): 12-17.

Muter, Elizabeth. *Travels and Adventures of An Officer's Wife in India, China, and New Zealand*, 2 vols. London: Hurst and Blackett, 1864.

Neustadt, Richard E., and Ernest R. May. *Thinking in Time: The Uses of History for Decision-Makers*. New York: Free Press, 1986.

Neustadt, Richard E., and Harvey Fineberg. *The Epidemic that Never Was: Policy-Making and the Swine Flu Affair.* New York: Vintage Books, 1983.

Nickles, David Paull. *Under the Wire: How the Telegraph Changed Diplomacy.* Cambridge, MA: Harvard University Press, 2003.

Nohrstedt, Daniel, and Christopher M. Weible. "The Logic of Policy Change after Crisis: Proximity and Subsystem Interaction." *Risks, Hazards & Crisis in Public Policy*, Vol. 1, No. 2(2010): 1-32.

Nye, Gideon, Jr. *Morning of My Life in China: Comprising an Outline of the History of Foreign Intercourse from the Last Year of the Regime of the Honorable East India Company, 1833, to the Imprisonment of the Foreign Community in 1839.* Canton: n. p., 1873.

O'Connor, Erin. *Raw Material: Producing Pathology in Victorian Culture.* Durham, NC: Duke University Press, 2000.

Omran, Abdel R. "The Epidemiologic Transition." In *International Encyclopedia of Population, Vol. 1*, ed. John A. Ross, 172-183. New York: Free Press, 1982.

Orr, Jackie. *Panic Diaries: A Genealogy of Panic Disorder.* Durham, NC: Duke University Press, 2006.

Ostherr, Kirsten. *Cinematic Prophylaxis: Globalization and Contagion in the Discourse of World Health.* Durham, NC: Duke University Press, 2005.

——— . "Contagion and the Boundaries of the Visible: The Cinema of World Health." *Camera Obscura*, Vol. 17, No. 2(2002): 1-39.

Otis, Laura. *Networking: Communicating with Bodies and Machines in the Nineteenth Century.* Ann Arbor: University of Michigan Press, 2001.

O'Toole, Tara, Michael Mair, and Thomas V. Inglesby. "Shining Light on 'Dark Winter. '" *Clinical Infectious Disease*, Vol. 34, No. 7(2002): 972-983.

Park, Geoff. "'Swamps which Might Doubtless Easily be Drained': Swamp Drainage and Its Impact on the Indigenous." In *Environmental Histories of New Zealand*, ed. Eric Pawson and Tom Brooking, 151-165. Melbourne: Oxford University Press, 2002.

Park, Robert E., and Ernest W. Burgess. *Introduction to the Science of Sociology.* Chicago: University of Chicago Press, 1924.

Parran, Thomas, and Frank G.Boudreau. "The World Health Organization: Cornerstone of Peace." *American Journal of Public Health*, Vol. 36, No. 11 (1946): 1267-1272.

Parsons, Meg. "Creating a Hygienic Dorm: The Refashioning of Aboriginal Women and Children and the Politics of Racial Classification in Queensland 1920s-40s." *Health & History*, Vol. 14, No. 2(2012): 112-139.

Patterson, K. D. *Pandemic Influenza, 1700-1900: A Study in Historical Epidemiology.* Totowa, NJ: Rowan and Littlefield, 1986.

Patterson, K. David, and Gerald F. Pyle, "The Geography and Mortality of the 1918 Influenza Pandemic." *Bulletin of the History of Medicine*, Vol. 65, No. 1 (1991): 4-21.

Payton, E. W. *Round about New Zealand: Being Notes from a Journal of Three Years' Wanderings in the Antipodes.* London: Chapman & Hall, 1888.

Peckham, Robert. "Infective Economies: Empire, Panic and the Business of Disease." *Journal of Imperial and Commonwealth History*, Vol. 41, No. 2(2013): 211-237.

———. "The City of Knowledge: Rethinking the History of Science and Urban Planning." *Planning Perspectives*, Vol. 24, No. 4(2009): 521-534.

Peckham, Robert, and David M. Pomfret, eds. *Imperial Contagions: Medicine, Hygiene, and Cultures of Planning in Asia.* Hong Kong: Hong Kong University Press, 2013.

Peires, Jeffrey B. *The Dead Will Arise: Nongqawuse and the Great Xhosa Cattle Killing Movement of 1856-7.* Johannesburg: Ravan Press, 1989.

Pelling, Margaret. *Cholera, Fever and English Medicine, 1825-1865.* Oxford: Oxford University Press, 1978.

Phillips, Howard, and David Killingray, eds. *The Spanish Influenza Pandemic of 1918-19: New Perspectives*. London: Routledge, 2003.

Pollitzer, Robert. *Cholera*. Geneva: World Health Organization, 1959.

Potter, Simon J. *News and the British World: The Emergence of an Imperial Press System, 1876-1922*. Oxford: Oxford University Press, 2003.

Powell, J. M. "Medical Promotion and the Consumptive Immigrant to Australia." *Geographical Review*, Vol. 63, No. 4(1973): 449-476.

Prochasson, Christophe. "Les congrès: lieux de l'échange intellectuel. Introduction." *Cahiers Georges Sorel*, Vol. 7(1989): 5-8.

Quarantelli, Enrico L. "The Nature and Conditions of Panic." *American Journal of Sociology*, Vol. 60, No. 3(1954): 267-275.

Raccagni, M. "The French Economic Interests in The Ottoman Empire." *International Journal of Middle East Studies*, Vol. 11, No. 3(1980): 339-376.

Rai, Rajesh. "The 1875 Panic and the Fabrication of an Indian 'Menace' in Singapore." *Modern Asian Studies*, Vol. 47, No. 2(2013): 365-405.

Ramanna, Mridula. "Coping with the Influenza Pandemic: The Bombay Experience." In *The Spanish Influenza Pandemic of 1918-19: New Perspectives*, ed. Howard Phillips and David Killingray, 86-98. London: Routledge, 2003.

Ramasubban, Radhika. "Imperial Health in British India, 1857-1900." In *Disease, Medicine and Empire: Perspectives on Western Medicine and the Experience of European Expansion*, ed. Roy MacLeod and Milton Lewis, 38-60. London and New York: Routledge, 1988.

Read, Donald. *The Power of News: The History of Reuters*, 2nd ed. Oxford: Oxford University Press, 1999 [1992].

Reddy, William M. *The Navigation of Feeling: A Framework for the History of Emotions*. Cambridge: Cambridge University Press, 2001.

Reiser, Stanley Joel. *Medicine and the Reign of Technology*. Cambridge: Cambridge University Press, 1978.

Rice, Geoffrey. "Public Health in Christchurch, 1875-1910: Mortality and Sanitation." In *A Healthy Country: Essays on the Social History of Medicine in New Zealand*, ed. Linda Bryder, 85-108. Wellington: Bridget Williams Books, 1991.

Ridgway, Alex F. *Voices from Auckland, New Zealand*. London: Alex F. Ridgway & Sons, 1862.

Rogers, Naomi. *Dirt and Disease: Polio Before FDR*. New Brunswick, NJ: Rutgers University Press, 1992.

Roitman, Janet. *Anti-Crisis*. Durham, NC: Duke University Press, 2014.

Rosenberg, Charles E. "What Is an Epidemic? AIDS in Historical Perspective." In *Explaining Epidemics and Other Studies in the History of Medicine*, 278-292. Cambridge: Cambridge University Press, 1992.

———. *The Cholera Years: The United States in 1832, 1849, and 1866*. Chicago: University of Chicago Press, 1987 [1962].

Rosner, David. *A Once Charitable Enterprise: Hospitals and Health Care in Brooklyn and New York 1885-1915*. Cambridge: Cambridge University Press, 1982.

Ross, Robert. *The Borders of Race in Colonial South Africa: The Kat River Settlement, 1829-1856*. Cambridge: Cambridge University Press, 2013.

Rothman, David J. *Strangers at the Bedside: A History of How Law and Bioethics Transformed Medical Decision Making*. New York: Basic Books, 1991.

Rudé, George. *The Crowd in History: A Study of Popular Disturbances in France and England, 1730-1848*. New York: New York University Press, 1981.

Rudé, George, and Eric Hobsbawn. *Captain Swing: A Social History of the Great English Agricultural Uprising of 1830*. New York: Pantheon, 1968.

Sahlins, Marshall. "The Return of the Event, Again: With Reflections on the Beginnings of the Great Fijian War of 1843 to 1855 between the Kingdoms of Bau and Rewa." In *Clio in Oceania: Toward a Historical Anthropology*, ed. Aletta Biersack, 37-99. Washington, DC: Smithsonian Institution Press, 1991.

Sand, Jordan, and Steven Wills. "Governance, Arson, and Firefighting in Edo, 1600-1868." In *Flammable Cities: Urban Conflagration and the Making of the Modern World*, ed. Greg Bankoff, Uwe Lübken, and Jordan Sand, 44-62. Madison: University of Wisconsin Press, 2012.

Sawchuk, Lawrence A., and Stacie D. A. Burke. "Gibraltar's 1804 Yellow Fever Scourge: The Search for Scapegoats." *Journal of the History of Medicine and Allied Sciences*, Vol. 53, Vol. 1(1998): 3-42.

Schultz, Duane P. "Theories of Panic Behavior: A Review." *Journal of Social Psychology*, Vol. 66, No. 1(1965): 31-40.

———. "Panic in Organized Collectivities." *Journal of Social Psychology*, Vol. 63, No. 2(1964): 353-359.

Scott, Paul. *The Jewel in the Crown(The Raj Quartet)*. London: Arrow, 1996.

Scully, Pamela. "Rape, Race, and Colonial Culture: The Sexual Politics of Identity in the Nineteenth-Century Cape Colony, South Africa." *American Historical Review*, Vol. 100, No. 2(1995): 335-359.

Sheppard, Ben, G. James Rubin, Jamie K. Wardman, and Simon Wessely. "Viewpoint: Terrorism and Dispelling the Myth of a Panic Prone Public." *Journal of Public Health Policy*, Vol. 27, No. 3(2006): 219-245.

Showalter, Elaine. *Hystories: Hysterical Epidemics and Modern Media*. New York: Columbia University Press, 1997.

Simmel, George. "The Metropolis and Mental Life." In *The Blackwell City Reader*, ed. Gary Bridge and Sophie Watson, 103-110. Chichester: Wiley-Blackwell, 2010 [2007].

Singh, Dhrub. " 'Clouds of Cholera': and Clouds Around Cholera, 1817-70." In *Disease and Medicine in India: A Historical Overview*, ed. Deepak Kumar, 144-165. New Delhi: Tulika Books, 2001.

Slaughter, Anne-Marie. *A New World Order*. Princeton: Princeton University Press, 2004.

Smart, Alan. *The Shek Kip Mei Myth: Squatters, Fires and Colonial Rule in Hong Kong, 1950-1963*. Hong Kong: Hong Kong University Press, 2006.

Smelser, Neil J. *Theory of Collective Behavior*. New York: Free Press, 1962.

Smith, F. B. "The Russian Influenza in the United Kingdom, 1889-1894." *Social History of Medicine*, Vol. 8, No. 1(1995): 55-73.

Smith, M. L. "Recourse of Empire: Landscapes of Progress in Technological America." In *Does Technology Drive History? The Dilemma of Technological Determinism*, ed. L. Marx and M. R. Smith, 37-52. Cambridge, MA: MIT Press, 1994.

Smith, Neil. "Geography, Difference, and the Politics of Scale." In *Postmodernism and the Social Sciences*, ed. Joe Doherty, Elspeth Graham and Mo Malek, 57-79. New York: St. Martin's Press, 1992.

Steiner, Christopher B. "Travel Engravings and the Construction of the Primitive." In *Prehistories of the Future: The Primitivist Project and the Culture of Modernism*, ed. Elazar Barkan and Ronald Bush, 202-225. Stanford: Stanford University Press, 1995.

Stern, Alexandra Minna, and Howard Markel. "Influenza Pandemic." In *From Birth to Death and Bench to Clinic: The Hastings Center Bioethics Briefing Book for Journalists, Policymakers, and Campaigns*, ed. Mary Crowley, 89-92. Garrison, NY: The Hastings Center, 2002.

Stern, Alexandra Minna, Martin S. Cetron, and Howard Markel. "The 1918-1919 Influenza Pandemic in the United States: Lessons Learned and Challenges Exposed." *Public Health Reports*, Vol. 125, suppl. 3(2010): 6-8.

Stirling, J. *Observations on the Climate and Geographical Position of Western Australia, and on Its Adaptation to the Purposes of a Sanatorium for the Indian Army in a Letter Addressed to J. R. Martin, Esq*. London: J. C. Bridgewater, 1859.

Stokes, E. T. "Bureaucracy and Ideology: Britain and India in the Nineteenth Century." *Transactions of the Royal Historical Society (Fifth Series)*, Vol. 30 (1980): 131-156.

Stoler, Ann Laura. *Along the Archival Grain: Epistemic Anxieties and Colonial Common Sense*. Princeton: Princeton University Press, 2009.

Sussman, George D. "From Yellow Fever to Cholera: A Study of French Government Policy, Medical Professionalism and Popular Movements in the Epidemic Crises of the Restoration and the July Monarchy." Unpublished PhD thesis, Yale University, 1971.

Sutphen, Mary P. "Not What, but Where: Bubonic Plague and the Reception of Germ Theories in Hong Kong and Calcutta, 1894-1897." *Journal of the History of Medicine*, Vol. 52, No. 1(1997): 81-113.

Swyngedouw, Erik. "Neither Global nor Local: Glocalisation and the Politics of Scale." In *Spaces of Globalization: Reasserting the Power of the Local*, ed.

Kevin R. Cox, 137-166. New York: Guilford Press, 1996.

Tarde, Gabriel. *The Laws of Imitation*, trans. Elsie Clews Parsons. New York: Henry Holt, 1903.

Tarrow, Sidney. *Power in Movement: Social Movements and Contentious Politics.* Cambridge: Cambridge University Press, 1998.

Taussig, M. "Culture of Terror—Space of Death: Roger Casement's Putumayo Report and the Explanation of Torture." In *Colonialism and Culture*, ed. Nicholas B. Dirks, 135-173. Ann Arbor: University of Michigan Press, 1992.

Temime, L., L. Opatowski, Y. Pannet, C. Brun-Buisson, P. Y. Boëlle, and D. Guillemot. "Peripatetic Health-Care Workers as Potential Superspreaders." *Proceedings of the National Academy of Sciences of the United States of America*, Vol. 106, No. 43(October 27, 2009): 18420-18425.

Thompson, E. P. *The Making of the English Working Class.* London: Penguin, 2002 [1963].

———. "The Moral Economy of the English Crowd in the Eighteenth Century." *Past and Present*, No. 50(1971): 76-136.

Thompson, Kenneth. "Trees as a Theme in Medical Geography and Public Health." *Bulletin of the New York Academy of Medicine*, Vol. 54, No. 3(1975): 518-523.

Thomson, Arthur Saunders. *The Story of New Zealand: Past and Present—Savage and Civilized, Two Volumes.* London: John Murray, 1859.

———. *Prize Thesis: Inaugural Dissertation on the Influence of Climate on the Health and Mortality of the Inhabitants of the Different Regions of the Globe.* Edinburgh: John Carfraw and Son; London: Longman, Orme, Brown, Green, and Longmans; Dublin: Hodges and Smith, 1837.

Tomes, Nancy. "'Destroyer and Teacher': Managing the Masses During the 1918-1919 Influenza Pandemic." *Public Health Reports*, Vol. 125, No. 3(2010): 48-62.

———. "The Making of a Germ Panic, Then and Now." *American Journal of Public Health*, Vol. 90, No. 2(2000): 191-198.

———. *The Gospel of Germs: Men, Women, and the Microbe in American Life.* Cambridge, MA: Harvard University Press, 1999.

Tomkins, Sandra M. "The Failure of Expertise: Public Health Policy in Britain during the 1918-19 Influenza Epidemic." *Social History of Medicine*, Vol. 5, No. 3(1992): 435-454.

Treichler, Paula A. *How To Have Theory in an Epidemic: Cultural Chronicles of AIDS*. Durham, NC: Duke University Press, 1999.

Tucker, Jonathan B. *War of Nerves: Chemical Warfare from World War I to Al-Qaeda*. New York: Pantheon Books, 2006.

Turner, Victor. "An Anthropological Approach to the Icelandic Saga." In *On the Edge of the Bush*, ed. Edith Turner, 71-93. Tucson: University of Arizona Press, 1985.

———. *Dramas, Fields, and Metaphors: Symbolic Action in Human Society*. Ithaca, NY: Cornell University Press, 1974.

Tyrrell, Ian. *True Gardens of the Gods: Californian-Australian Environmental Reform, 1860-1930*. Berkeley: University of California Press, 1999.

UNESCO. "UNESCO's Program of Mass Communication: I." *Public Opinion Quarterly*, Vol. 10, No. 4(1946-47): 518-539.

Ungar, Sheldon. "Global Bird Flu Communication." *Science Communication*, Vol. 29, No. 4(2008): 472-497.

———. "Moral Panic Versus the Risk Society: The Implications of the Changing Sites of Social Anxiety." *British Journal of Sociology*, Vol. 52, No. 2(2001): 271-291.

Valencius, Conevery Bolton. "Histories of Medical Geography." In *Medical Geography in Historical Perspective*, ed. Nicholaas A. Rupke, 121-145. London: Wellcome Trust Centre for the History of Medicine at UCL, 2000.

Valleron, Alain-Jacques, Anne Cori, Sophia Meurisse, et al. "Transmissibility and Geographic Spread of the 1889 Influenza Pandemic." *Proceedings of the National Academy of Sciences of the United States of America*, Vol. 107, No. 19 (2010): 8778-8781.

Van Dyke, Paul A. "Fire and the Risks of Trade in Canton, 1730s-1840s." In *Canton and Nagasaki Compared, 1730-1830: Dutch, Chinese, Japanese Relations*, ed. Evert Groenendijk, Cynthia Viallé, and Leonard Blussé, 171-

202. Leiden: Institute for the History of European Expansion, 2009.

Van Epps, Heather L. "Influenza: Exposing the True Killer." *Journal of Experimental Medicine*, Vol. 203, No. 4(April, 17, 2006): 803.

Vidler, Anthony. *Warped Space: Art, Architecture, and Anxiety in Modern Culture.* Cambridge, MA: MIT Press, 2000.

————. *The Architectural Uncanny: Essays in the Modern Unhomely.* Cambridge, MA: MIT Press, 1992.

Vinten-Johansen, Peter et al. *Cholera, Chloroform, and the Science of Medicine: A Life of John Snow.* Oxford: Oxford University Press, 2003.

Wagner, Kim A. "'Treading Upon Fires': The 'Mutiny'-Motif and Colonial Anxieties in British India." *Past & Present*, Vol. 218, No. 1(2013): 159-197.

————. *The Great Fear of 1857: Rumours, Conspiracies, and the Making of the Indian Uprising.* Oxford: Peter Lang, 2010.

Wald, Priscilla. *Contagious: Cultures, Carriers, and the Outbreak Narrative.* Durham, NC: Duke University Press, 2008.

Walker, David. *Anxious Nation: Australia and the Rise of Asia 1850-1939.* St. Lucia: University of Queensland Press, 1999.

Wallis, Patrick, and Brigitte Nerlich. "Disease Metaphors in New Epidemics: The UK Media Framing of the 2003 SARS Epidemic." *Social Science & Medicine*, Vol. 60, No. 11(2005): 2629-2639.

Watson, R. L. *Slave Emancipation and Racial Attitudes in Nineteenth-Century South Africa.* Cambridge: Cambridge University Press, 2012.

Weinstein, Israel. "An Outbreak of Smallpox in New York City." *American Journal of Public Health*, Vol. 37, No. 11(1947): 1376-1384.

Weir, Lorna, and Eric Mykhalovskiy. *Global Public Health Vigilance: Creating a World on Alert.* New York: Routledge, 2010.

————. "The Geopolitics of Global Public Health Surveillance in the Twenty-First Century." In *Medicine at the Border: Disease, Globalization and Security, 1850 to the Present*, ed. Alison Bashford, 240-264. Basingstoke: Palgrave Macmillan, 2006.

Wenzlhuemer, Roland. *Connecting the Nineteenth-Century World: The Telegraph and Globalization*. Cambridge: Cambridge University Press, 2012.

Wesley-Smith, Peter. "Kwok A-Sing, Sir John Smale, and the Macao Coolie Trade." *Law Lectures for Practitioners*(1993): 124-134.

Westrip, Joyce P., and Peggy Holroyde. *Colonial Cousins: A Surprising History of Connections between India and Australia*. Adelaide: Wakefield Press, 2010.

White, Luise. *Speaking with Vampires: Rumor and History in Colonial Africa*. Berkeley: University of California Press, 2000.

Whitlock, Gillian. "A 'White-Souled State': Across the 'South' With Lady Barker." In *Text, Theory, Space: Land, Literature and History in South Africa and Australia*, ed. Kate Darian-Smith, Liz Gunner, and Sarah Nuttall, 65-80. London: Routledge, 1996.

Wicke, Jennifer. "Vampiric Typewriting: Dracula and Its media." *ELH: English Literary History*, Vol. 59, No. 2(1992): 467-493.

Williams, Raymond. *The Country and the City*. New York: Oxford University Press, 1973.

Wilson, Mark L. "Ecology and Infectious Disease." In *Ecosystem Change and Public Health: A Global Perspective*, ed. Joan L. Aron and Jonathan A. Patz, 283-324. Baltimore, MD: Johns Hopkins University Press, 2001.

Winseck, Dwayne R., and Robert M. Pike. *Communication and Empire: Media, Markets, and Globalization, 1860-1930*. Durham, NC: Duke University Press, 2007.

Wood, Denis. *The Power of Maps*. New York and London: Guildford Press, 1992.

Woodward, Kathleen. "Statistical Panic." *Differences: A Journal of Feminist Cultural Studies*, Vol. 11, No. 2(1999): 177-203.

Worboys, Michael. *Spreading Germs: Disease Theories and Medical Practice in Britain, 1865-1900*. Cambridge: Cambridge University Press, 2000.

Wylie, Philip. "Panic, Psychology, and the Bomb." *Bulletin of the Atomic Scientists*, Vol. 10, No. 2(1954): 37-67.

Zhu, Marlon. "Typhoons, Meteorological Intelligence, and the Inter-Port Mercantile Community in Nineteenth-Century China." Unpublished PhD thesis, Binghamton University, 2012.

Zwierlein, Cornel. "The Burning of a Modern City? Istanbul as Perceived by the Agents of the Sun Fire Office, 1865-1870." In *Flammable Cities*: *Urban Conflagration and the Making of the Modern World*, ed. Greg Bankoff, Uwe Lübken, and Jordan Sand, 82-102. Madison: University of Wisconsin Press, 2012.

Zylberman, Patrick. "Civilizing the State: Borders, Weak States and International Health in Modern Europe." In *Medicine at the Border*: *Disease*, *Globalization and Security*, *1850 to the Present*, ed. Alison Bashford, 21-41. Basingstoke: Palgrave Macmillan, 2006.

索引

A

E

F

T